天鼓

从甲午战争到戊戌变法

侯德云 / 著

上海社会科学院出版社
SHANGHAI ACADEMY OF SOCIAL SCIENCES PRESS

目　录

导言：大清帝国的天鼓 1

卷一　事　件

日本间谍到大清

　　《中日修好条规》签订始末 3
　　日本人眼里的大清国 7
　　日本间谍与"兴亚会" 9
　　乐善堂与日清贸易研究所 11
　　震动中外的日本间谍案 15
　　日本间谍奔赴辽东半岛 18
　　"日中亲善"故事 20

甲午，中日宣战前的博弈

　　日本染指朝鲜 24
　　甲午战争导火索 27
　　大清与日本，针尖对麦芒 30
　　俄英外交斡旋 33
　　宣战！宣战！ 36

甲午，日本的舆论战略

　　三个层面的攻势 40
　　关于战争的西方言论 43
　　化解舆论危机的手段 46
　　大清媒体的假新闻 49

北洋舰队之殇

　　海军衙门在干吗？ 52
　　胜败并无悬念 54
　　海战概况 57
　　北洋官兵怯战？ 58
　　清廷挤压丁汝昌 61
　　洋瘪三抹黑刘步蟾 65
　　方伯谦疑案 67
　　为北洋舰队辩诬 70

"昂贵的和平"之路

　　李鸿章的秘密外交 73
　　清廷暗中求和 76
　　北京城的绝望 79
　　张荫桓"有辱使命" 80
　　"卖国"还须李鸿章 83
　　"裱糊匠"的沮丧 86
　　多余的话 89

卷二　人　物

袁世凯的锋芒

　　跟着干爹去朝鲜 94

在朝鲜当"总理" 98
　　满腔郁闷向谁诉 103
　　小站练兵,"大展宏图" 105

大清帝国的清流党

　　爱唱"红歌"的清流党 108
　　郭嵩焘当"鬼使" 111
　　黄遵宪很郁闷 114
　　"杀敌书生纸上兵" 117
　　清流党的甲午口水战 120
　　翁同龢上前台 124

"小英雄"光绪帝

　　奇怪的《光绪传》 129
　　光绪帝流水账 132
　　"小孩班"班长 133
　　"小孩班"要打仗 137
　　"小英雄"指挥李鸿章 139
　　"小英雄"很生气 142
　　"小英雄"领导戊戌变法 145

康有为究竟何为?

　　"公车上书"真相 151
　　康有为与张之洞 155
　　康有为与翁同龢 158
　　康有为与张荫桓 161
　　康有为的"有为" 164

关于慈禧的五个话题

  紫禁城里的漂亮女人 170

  光绪"亲政"风波 175

  甲午年的焦虑和气闷 178

  对慈禧的妖魔化 181

卷三　思　　絮

从此不再受骗了

  老李是个啥样的人？ 190

  不管公鸡母鸡,能打鸣就是好鸡 192

  "伪君子"的真面孔 193

  "野狐"也想登庙堂 195

  1896年,李鸿章的得意与失意 197

  并非多余的话 199

听唐德刚讲甲午战争和戊戌变法

  历史转型论 200

  大清国的腐败核心 202

  皇帝任性,国家遭殃 204

  为康有为画像 205

  康有为"问政" 207

  一百多天的"胡闹" 208

遗落在日本的甲午战争碎片

  福冈,定远馆 211

  大阪,真田山清军墓 213

  长崎,定远舰炮弹 215

  冈山,镇远舰主锚 216

东京,旅顺要塞炮 217
　　结语 219

马关旧梦：小山枪击李鸿章

　　小山眼里的大清国 222
　　为何要杀李鸿章？ 224
　　小山的心绪与行动 225
　　两首日本流行歌曲 227

迟到的声音

　　睡狮论与睡觉论 229
　　危机感与自信 231
　　北洋舰队的短板 233
　　韩国人的看法 235

回顾与慎思：关于安重根和伊藤博文

　　安重根纪念馆 239
　　安重根击毙伊藤博文 241
　　三个关键词 244
　　我对安重根和伊藤博文的看法 247

尾　声

"以满人为本"与晚清国运 253
晚清的气味 258
遥望"书之国" 261

导言：大清帝国的天鼓

侯德云

1

1898年9月，清廷发动戊戌政变，慈禧太后从幕后走向前台，重新训政。以此为开端，大清帝国的领导核心，不再是光绪帝，而是慈禧太后。

这一次，慈禧太后的"亲政"仪式，一点喜庆色彩都没有，场面充满暴戾之气，说来有失"天朝"脸面。她召集光绪帝和少数朝中重臣训话，让他们都跪在她脚下，然后对光绪厉声训斥，道是："天下者，祖宗之天下也，汝何敢任意妄为！诸臣者，皆我多年历选，留以辅汝，汝何敢任意不用！乃竟敢听信叛逆蛊惑，变乱典型。何物康有为，能胜于我选用之人？康有为之法，能胜于祖宗所立之法？汝何昏聩，不肖乃尔！"之后又说："变乱祖法，臣下犯者，汝知何罪？试问汝祖宗重、康有为重？背祖宗而行康法，何昏聩至此？"

在慈禧的严词责问之下，光绪战战兢兢为自己辩解了几句，说："洋人逼迫太急，欲保存国脉，通融用西法，并不敢听信康有为之法也。"

慈禧大怒："难道祖宗不如西法，鬼子反重于祖宗乎？康有为叛逆，图谋于我，汝不知乎？尚敢回护也！"

光绪闻言，魂飞魄散，"竟不知所对"。

慈禧这个老太太，在那一瞬间，肯定是让光绪，更是让康有为给气糊涂了。你听听她的话，里里外外都是一副反对变法的腔调。主流史学界曾经异口同声把她归并在"守旧派"阵营，大概也是以此为主要依据的吧？实际上，考证戊戌变法史实，哪里能找到一点慈禧反对变法的依据？即便在政变之后，也只是中止了"大跃进"式的变法进程。变法的脚步，并没有完全终止。

谁都一样，难免有情绪激动的时候。换句话说，都有感性疯狂的时候。

慈禧随后把光绪软禁起来，不准他乱说乱动，但她心中的怒气，并没有发泄干净。很多人都知道，慈禧最大的业余爱好是看京剧。史料记载，政变后很长一段时间，慈禧经常点一出叫《天雷报》的京剧。这出戏的主要内容是，一对贫苦夫妻收养了一个弃婴，小男孩长大成人后考中状元，老夫妻前去探望，混蛋儿子竟不相认，悲愤之下，老夫妻撞死在养子面前。上天难容这个逆子，让雷公把他劈死。慈禧还亲自对这出戏加以改动：一是把状元扮成丑角；二是添加情节，让状元的嘴脸更可恶；三是增添五个雷公、五个闪电以及风伯雨师等，音乐效果也随之加强。不难揣测，慈禧是把戏中的混蛋儿子，当成光绪的替身，让雷电反复劈他。

我个人的看法，慈禧的情绪化，一直到庚子年间义和团运动时，还在不断发作，否则局面也不至于那般混乱。由此可知，执政者的最大敌人是自己，是自己的感性颠覆自己的理性。灭秦者秦也，说的也是这般道理。

2

笔者沉溺晚清史籍多年，从中收获很多新鲜的事实和从未有过的思考，同时也激发了一次又一次感叹。

学者羽戈有话："切记，近代史花果飘零，满目疮痍，读来易动肝火、伤心肠，所以读史当如治史，平常心至关重要。"这无疑是知冷知热的行家之言，可惜笔者修养太浅，至今也无法做到以平常心对待。相反，在读到某个令人拍案而起的历史节点时，耳边常常出现幻听，心头也每每陡然一震，似乎"天鼓"在耳边、在心头不断轰鸣。

在我熟悉的语言环境里，"天鼓"是一个极其平常的词汇。这个词汇，蕴藏着一种难以逆转的不祥之兆，它可以跟个体命运相关，也可以跟家庭命运、村庄命运或更大范围的集体命运，紧密相关。

古人对"天鼓"的解释是，"天神所击之鼓"（此外还有两种解释，与本文无关，不提），说是"天鼓震则有雷声"。葛洪《抱朴子》："雷曰天鼓，雷神曰雷公。"李白《梁甫吟》："我欲攀龙见明主，雷公砰訇震天鼓。"说白了，天鼓，跟京剧《天雷报》里的"天雷"，是一回事，即自然界中的雷电。

慈禧老佛爷常看《天雷报》，她想过没有，有一天，天雷也会毫不留情地报应到大清帝国头上？

我以为，对大清帝国而言，"雷公硂訇震天鼓"的不祥之兆，就出现在甲午中日战争和戊戌变法期间。之后，庚子年义和团运动等事，已是天雷引燃地火，帝国之屋的坍塌不可逆转，即便诸葛再生，也无可奈何。

3

中日甲午战争前后的美国驻华公使田贝，提起那场战争时说："中日战争是中国末日的开端。"在他看来，战争之后，"中国的气泡被戳破了"，"里边充满的都是空气"。

抱有这种观点的人，不止田贝一个。抛开旁观者，当局者中，也有不少人清醒地看到战争的危害有多大。李鸿章无疑是清醒者中的一个。此外还有张之洞，所见也很深刻。他在一份奏折里把甲午战争的危害形容为"如猛虎在门，动思吞噬……如人受重伤，气血大损……如鸩酒止渴，毒在脏腑"。之后还说，日本"以我剥肤之痛，益彼富强之资，逐渐吞噬，计日可待……且西洋各大国，从此尽窥中国虚实，更将肆意要挟，事事曲从则无以立国，稍一枝梧（支吾）则立见决裂，是日本之和不足恃，各国之和亦不可恃矣。"

光绪帝的老师翁同龢，在日记里，记载了甲午战争之后，大清国外交界的诡异现象："各国使臣来署（总理各国事务衙门），往往咆哮恣肆，非复前比矣。"这等于说，外国人根本不把大清国的外交官当人看。还有一位官员说他在总理衙门遇见洋人来访，"态度极为凌厉"，把他老人家气得"血管几欲沸裂"。从这两个事例中不难看出，大清帝国的"精气神"，在甲午战后衰败到何种程度。

与此相呼应的另一种说法，是日本政客伊东巳代治在1923年的感叹："呜呼，今日日本国威之隆，实滥觞于甲午之役。"这一声感叹，至今还铭刻在马关"日清讲和纪念馆"门外的石碑上。

甲午战争，大清帝国在物质层面损失巨大：赔款两亿三千万两银子，此外还有割让台湾、开放通商口岸等。中国这位衰老的巨人，在一个"蕞尔小国"面前，算得上是丢尽了脸面。在这些损失之外，还有一种精神层面的损失，可能永远无法用数字来计算。那便是精神上的凌迟之痛。从此在整个东亚地区，大清帝国再无话语权。用日本人的思维来说，便是"利益线"丧失殆尽。如今痛定思痛，那痛依旧铭心。

著名历史学家唐德刚在专著《晚清七十年》中,有过这样一段论述:"老实说,大清帝国之亡国,并非亡于'辛亥革命',而是亡于'甲午战争'。甲午之败把我国现代化运动的第一阶段,历时五十年,尤其是其后期的二十五年的'科技现代化'的总成绩,给冤枉地报废了。甲午之败也拆穿了大清帝国五十年科技建设的纸老虎,而使新(德日)旧(英法俄)帝国主义加紧进逼,而形成1898年的瓜分危机。"我对此论,完全赞同。

也许有人会纳闷,说甲午战争是大清帝国的天鼓,似乎还好理解,怎么把戊戌变法也包括在内?

我的解释是,戊戌变法,完全暴露了天朝的非理性治国思维。这非理性,预告了帝国命运的大劫。清末直隶总督陈夔龙回顾戊戌变法时,用了这样的字眼:"朝野震骇,颇有民不聊生之戚。"在我看来,天鼓的这一次爆响,绝不亚于甲午战争的雷震。《剑桥中国晚清史》这样评价戊戌变法:"这种激进的倾向不但与大多数政府官员的意识形态立场背道而驰,而且也同几乎整个官场的既得利益发生冲突……变法运动的惊人速度和它日益增长的激进倾向,造成了普遍的忧虑和不安气氛,致使变法维新运动很容易被看成要无区别地摧毁一切现成秩序。"你说,如此激进的变法,是不是感性对理性的颠覆?而感性对理性的颠覆,是不是天朝的不祥之兆?

中国改革史研究者雪珥,把戊戌变法称作是"衰老帝国的激情一跳"。确实是"激情一跳",可这同时也是闭着眼睛的一跳,扑通一声,掉到沟里,不光灰头土脸遭人耻笑,还摔折了老胳膊老腿,从此步履更加蹒跚。

羽戈在《从戊戌到辛亥:改革与革命的双重变奏》一文中,用充分的事实论证和严谨的逻辑论证,得出了这样一个结论:"戊戌变法被视为改革,细究其内容,却更接近于一场革命——这正构成了改革失败的最大原因;辛亥革命名曰革命,论其实质,却充满了改革的味道。"对这一结论,我是信服的。那个"广东小人"康有为,在"百日维新"后期,竟然生出"围园(颐和园)杀后(慈禧太后)"之心,走的是"枪杆子里边出政权"之路,不是"革命"又是什么?而辛亥革命,流血不多,清帝退位,是谈判谈下去的,而不是用武力打下去的,改革的元素非常明显。

历史的荒诞让我恐惧。这恐惧随着阅读的深入,越来越强烈。这也导致我的阅读和思考,欲罢不能。

4

我把这本书按内容划分为三卷,"事件""人物"和"思絮"。"事件"是甲午战争和戊戌变法期间的重要事件,"人物"是甲午战争和戊戌变法期间的活跃人物。事件里边有人物,人物活动又是事件的主要成分,两者可以混为一体,只是为了叙述方便,有的篇章以事件为主线,有的则以人物为主线,按不同视角对史料进行有效的组织和裁剪。当然,这里边毫无疑问会夹杂作者的个人观点和情感。在这一点上,我可能永远做不到历史学家那样的冷静。退一步思量,我只是以随笔方式把晚清史作为叙事对象,非虚构写作而已,又何必冷静。最后一卷"思絮",是我阅读部分晚清史籍的感悟类文字。这感悟,绝大部分也是围绕甲午战争和戊戌变法而生发出来的,只有《回顾与慎思:关于安重根和伊藤博文》和《"以满人为本"与晚清国运》两篇,距离这两大历史事件较远,但其中的逻辑联系,显而易见。

我的这次写作之旅,是被一个又一个"兴奋点"驱动而成的。潜水式的阅读之后,便是对这两大重要事件和事件中的重要人物,进行梳理和认知。梳理和认知的结果,如羽戈所说,并没有找到什么真理,"而是从此不会受骗了"。

我真诚期待读者也有同样的感受。无论怎样的年代,不受骗都是一件挺好的事,对吧?

2016年6月5日

卷一

事
件

日本间谍到大清

《中日修好条规》签订始末

近代史上，中日关系具有划时代意义的转折点，是从日本明治维新之后开始的。1870年9月27日，日本外交代表柳原前光，携带明治政府的"无限诚意"，到达天津港，旨在游说清政府与日本订约通商，建立正式外交关系。

柳原率领的代表团，共有十三人。这个数字，在西方人看来很不吉利。后来的事实也证明，日本人的主动"示好"，对于大清帝国，确实很不吉利。

柳原到天津后，先后拜见了三口通商大臣成林和直隶总督李鸿章，递交了日本外务卿清原宣嘉的书信。书信的措辞情真意切："方今文明文化大开，交际之道日盛，宇宙之间无有远迩矣。我邦近岁与泰西诸国互订盟约，共通有无，况邻近如中国，宜最先通情好，结和亲，而惟有商船往来，未尝修交际之礼，不亦一大阙典也乎？"信中的"泰西"，意思是"西方"。

成林很快将书信转交总理衙门。这个大清帝国的外交部，上上下下，最怕办外交，多一事不如少一事也。他们给柳原发照会说："贵国既常来上海通商，嗣后仍照前办理，彼此相信，似不必更立条约，古所谓大信不约也。"结尾还自作多情地加一句："此乃中国与贵国格外和好亲睦之意，谅贵国必明悉此情也。"

先说什么"大信不约"，再把"不跟你玩儿"说成是"格外和好亲睦"，明显是糊弄鬼嘛。柳原不听糊弄，转而游说李鸿章，再三恳请，说："英法美诸国，强迫我国通商，我心不甘，而力难独抗……我国与中国最为邻近，宜先通好，以冀同心合力。"此番言语，一下子挠到老李的痒处。老李是主张"以夷制夷"的呀。何况，早在1865年，他给老师曾国藩的信中，就提出"联日以制泰西"的主张。

李鸿章上书总理衙门，陈述与日本建交是大势所趋。最重要一条："推诚相待，纵不能倚作外援，亦可以稍事联络。"同时成林也上书陈情，意思跟老李差不多。

总理衙门再次照会日本方面，说，好吧好吧，既然"大信不约""格外和好亲睦"你们不干，那就照你们说的办，等明年你们的"特派大臣到津"以后，我们再好好商量这事儿。

随后，恭亲王奕䜣给两宫太后上奏，说日本打算如何如何，臣让李鸿章和成林去交涉，成林"往复再四"劝日本人回去，他们说不。臣为什么没有立刻答应他们呢？怕的是答应得太痛快，他们登鼻子上脸，还会提出更多的要求。另外，要是不答应他们，他们一旦请英法出面帮腔，咱就被动了。咱得罪不起英法啊，到那时候再答应，太丢脸了是不是？与其将来不得不答应，还不如现在就答应算了，省得日本人"饶舌不休"，臣的耳朵都让他们磨出老茧啦。

从奕䜣的奏折可以看出，大清的外交大权，基本掌握在总理衙门手里。上奏，仅仅是通报一下情况。也不难看出，恭亲王把自己的身段放得很低，言辞也很柔软。他还是很讲"政治"的。

洋务派同意跟日本订约的消息传出以后，很快就有人提出异议。反对派以安徽巡抚英翰为代表，提出订约"恐贻后患，殷殷以杜绝为请"，衡量利弊，"与其将就一时而贻害无穷，不如明其大义，以绝非礼之求"。

说起来，清廷还是有一点民主意识的。他们把英翰的奏折"寄谕各疆臣"征求意见。力挺英翰意见的人，皆"以前明倭寇为辞，奏请拒绝日本通商"。

李鸿章坐不住了，上奏驳斥反对派的观点，历数跟日本订约的理由，其中有很尖锐的一段话："闻该国自与西人定约，广购机器兵船，仿制枪炮铁路，又派人往西国学习各色技业，其志固欲自强以御辱。就之距中国近而西国远，笼络之或为我用，拒绝之则必为我仇。"说到底，还是重申"以夷制夷"的思想。不过必须承认，老李对日本及国际形势的认知，显然高人一头。

两江总督曾国藩也上奏表达个人意见，奏折前半截的意思跟李鸿章相近，后半截提出一些具体的订约意见，如"不可载明比照泰西各国总例办理等语"，尤其不可说什么利益"一体均沾"，简而言之，"礼数不妨谦逊，而条理必极分明"。

曾国藩心里有话，没全部说出来。以前，大清跟西方各国订约，吃过"总例办理"和"一体均沾"的亏，他是暗示清廷，不能总吃豆子不知豆腥味。

清廷听懂了曾国藩的言外之意，下诏书表扬老曾"所虑颇为周密"，同时指定由李鸿章负责跟日本人谈判。就在此前不久，大清撤销了三口通商大臣的职位，由李总督兼任北洋大臣。老李办外交的时代开始了。跟日本订约，是他外交生涯的"处女作"。

曾国藩的"所虑"，后来成为中日建交一个激烈的争论点。日本代表团坚持要享受西方各国的一切待遇，商讨信函的措辞非常巧妙，貌似有理有据。李鸿章的两位助手，应宝时和陈钦反驳无据，极不耐烦，竟失外交礼仪，大耍泼妇，说什么，我天朝没想跟你小日本结好啊，是你们腆着脸主动要结好的，那几个破字，就是不能写，你们干就干，不干拉倒！这一通泼妇语，把日本代表团副使柳原给整蒙了，"徘徊踌躇了十几天"，才重开谈判。

谈判从1871年7月29日开始，到9月13日结束，双方签署《中日修好条规》和《中日通商章程》，约定互设使馆、彼此商民往来贸易等各项事宜。

抛开签约日里有个"十三"之外，这里还有一个"十三"——日本成为跟大清建交的第十三个国家。历史深处有一个小鬼头，喜欢开开玩笑。

李鸿章挺高兴，觉得跟以往不同，这是一部平等条约。后来的史书也多持此论。美国学者马士，带点调侃的语气说，这"多少像是两个平等国家之间所缔结的"条约。

至此，大清终于放弃从名义上视日本为"藩属"的想象，承认日本跟大清，是地位相等的主权国家。

《中日修好条规》签订之后，日本动作很快，第二年年初，先后开设上海领事馆和福州领事馆。同年8月，派遣陆军少佐池上四郎等三人，到中国东北侦探考察。第三年，开设香港领事馆。第四年，派遣柳原到北京，设置公使馆，同年又开设厦门领事馆。跟日本的"草率"相比，大清政府"稳重"多了，直到签约后第六年，才派何如璋率使团进驻日本。

从此两国官方和民间交往，日渐频繁。比较而言，还是来多去少。大清对日本真正感兴趣，是在甲午战争之后，以日本为样板推行各种改革措施。战败第二年，就派出十三人（怎么又是十三？）到日本留学，到1905年前后，在日本的大清留学生达八千人之多，这其中，包括后来在新文化运动中博得大名的鲁迅和周作人兄弟。在留学生团体之外，各地官绅到日本游历、考察的也不少。

日本人的动作总是比大清敏捷，自建交之日开始，他们就蜂拥而至。有官方组织派来的,有民间组织派来的,也有自己主动要来的。形形色色的官僚、学者、记者、作家、艺术家、商人等等,都变成小蜜蜂,纷纷来大清采蜜。目的多种多样,有观光旅游的,有求学工作的,有发展实业的。这些人中,混杂了大量日本间谍,以采集大清的政治、经济、文化、军事、地理、风土人情为目的。这支间谍队伍,为后来甲午战争日本的获胜,立下汗马功劳。可怜的大清,那时候,根本不知道间谍为何物,直到战争即将爆发,才把日本间谍当回事。而自己的间谍队伍,仍然是水中月雾中花。

中日两国始于1871年的亲密接触,有一个显著特点,就是日本非常主动,大清先是被动应付,到甲午战败后,才变得主动。对日本来说,大清是它强扭的瓜。谁说强扭的瓜不甜,他们觉得大清这只大西瓜,甜得很。

另外还有一个特点,两国建交归建交,骨子里还是互相瞧不起。在日本一面,认为清廷不是正宗,是窃取中原的"夷"。签订《中日修好条规》时,有一个花絮,日本反对大清自称"中国"。"中国系对己邦边疆荒服而言","大日本"不是你的"边疆荒服",你不能写"中国",只能写"大清"。其实日本人的这种观念由来已久,宋亡于元,他们认为是亡于"夷",宋可亡,而"中国"不可亡,自此以"中国"自居。李鸿章不理那一套,声称:"我中华之称中国,自上古迄今,由来已久,即与各国立约,亦仅自约首,书写'大清国'字样,其条款内容皆称中国,从无改国号之例。"意思不外乎是说,"中国"是大清的固有称号,想侵犯我们的固有称号,我们坚决不答应。为这事,谈判耽搁多日,最后折中,汉文版的条约写"中国",日文版条约写"大清"。由此可以想见,《中日修好条规》是汉文版的说法,日本版应该叫《日清修好条规》。前文提到的日本外务卿清原宣嘉的信件,中有"况邻近如中国"字样,也是汉文版的说法,日文版显然是"况邻近如大清"。

可恼的是,即便折中处理,日本代表团在日方保留的汉文合约中,仍旧使用"大清"而非"中国"字样。大清对此提出严正抗议!日本代表团狡辩。李鸿章息事宁人,算了,鸡毛蒜皮的,没意思,团结一致向前看吧。

其实不光"中国"字样对日本人有刺激,"中华"和"神州"也一样。以大量海外史料为切入点研究晚清的雪珥说:"甲午战争前后的日本文献中,日本人将自己称为'神州''中华'几乎是一种常态,这成为他们战时在东亚进行国家形象塑造的基调。"而且这种宣传,还真的产生了一定效果,日本人觉察到,在大清的通商口岸,"汉人的抗日情绪远低于满人"。

大清朝野对日本的藐视,不以订约而改变,嘴上纸上依旧称对方是"蕞尔小国"或者"蛮夷小邦"。他们做梦也不会想到,二十三年后,这个"蛮夷小邦"竟然不宣而战,"冒犯上国"。

日本人眼里的大清国

从近代到当代,来中国游历的日本人,很大一部分,都会把所见所闻所思,用文字记录下来。这些文字包括日记、游记、笔记、见闻录、报告书、调查书、复命书、地理志、诗文等多种形式。有些公开出版,有些收入秘藏档案。《近代日本人中国游记》丛书的编者,为了叙述方便,将这些文字,统称为"游记"。这些游记成为日本了解中国的"落地窗"。

这些游记的总量有多少,连日本人自己也弄不清。日本国立国会图书馆的支部——东洋文库,收藏这类文字最多。该文库的中国研究委员会,于1980年出版《明治以降日本人的中国旅行记解题》一书,对明治(1869~1912)、大正(1912~1926)、昭和(1926~1989)三个时期,超过四百种的中国游记,作了简要提示或简介。此书前言中说,这四百多种游记,相对于明治以来出版的中国游记总数,"只是九牛一毛而已"。可以想见,日本对中国的"热情",高涨到什么程度。

我们把眼光聚焦在日本明治时期。那时候日本人眼里的大清国,到底是个什么样子呢?

日本的"清国通"曾根俊虎在1874年写下的《清国漫游志》中说,大清官员"在北京耀武扬威,轻侮人民,聚集赌博,沉湎酒色,或行骗术,或贪贿赂,其为非作歹绝非语言能形容"。官如此,民如何?曾根叹道:"从上海出发以来,途经两千五百余里,其地皆已不知廉耻,民心殆离。人人尚黠诈,惟私利是图。呜呼宜哉!满清不振。想来变换之势,由来不远矣。"

此时距甲午战争,还有二十年,距大清灭亡,也不过三十七年。曾根所说的"变换之势",果然"由来不远"。

曾根在《北中国纪行前编》(1875)中有《天津总说》一节,对天津官民以及社会情状,有如下描述:

此地人情，如西洋人历史书中所载，此方人能诈伪，巧偷盗，其中本土人情极为狡诈，不知义理为何物，加之1860年（清咸丰十年）与英法之战败，活计极为穷困，故只知惟利是图之短策。

……穷困之人丧葬甚至没有棺椁，或置于屋后，或弃于城墙之下，被猪狗尿粪所污，市郊边缘更有棺木朽烂白骨外露而不能收尸敛骨者。鸦片烟之盛，甚于上海。木材极少，价格昂贵，多从南方运来。至于柴薪、煤炭等价格，高于本邦数倍。官员之威权极为凶猛，道台或府令等出门，不自骑马，必坐轿子，从者数十人。一年一度（旧历四月初七、八、九），无贵贱、男女、老幼之别，都赶赴城里城隍庙集会，各自祈祷心中所愿，通宵达旦……官员之玩弄男色者最多。

……有乞丐，有裸体者，有身穿单衣者，满身污垢如墨，横卧桥头或大道，双眼盯着过往行人，以为是有钱之人，众乞丐则蜂拥而上，口称老爷，讨得钱物，方才止步。

参照《曾国藩日记》来阅读上面的文字，别有一番滋味。日记中记载，1868年，曾国藩从两江总督调任直隶总督，就任之前，慈禧太后跟他有过四次谈话。最后一次，慈禧问他："尔到直隶办何事为急？"答："臣遵旨，以练兵为先，其次整顿吏治。"慈禧说："直隶吏治也疲顽久了，你自然也都晓得。"曾说："一路打听到京，又问人，也就晓得些。属员全无忌惮，臣到任后，不能不多参人。"慈禧又说："百姓也苦得很。"曾附和说："百姓也甚苦，年岁也不好。"

曾国藩事先摸了底，心中有数，但到任后，还是被直隶官场之腐败所震惊，在奏折或给同僚的书信里，反复说，直隶"风气之坏，竟为各省所未闻"，"此间吏治极坏"。他把工作的主次关系颠倒过来，反腐第一，练兵第二。而那时候，天津驻军已经腐烂透顶，等于是穿制服的土匪。

曾国藩在天津掀起了一场反腐风暴。老曾素有"曾剃头"之名，在手握雄兵的十七年中，生杀伐断，毫不犹豫手软。到天津也是如此。第一批，他就剃了十一名官员的头；第二批，又剃了九名官员的头。直隶官僚，度日如年。

在第一批"剃头"之后，曾国藩与幕僚赵烈文深夜长谈，对时局极为悲观，似乎不抱任何幻想。

从曾国藩掀起反腐风暴的1869年，到曾根俊虎看到天津情状的1875年，中间相差六年时间。也就是说，反腐风暴的六年后，天津官员仍然"极为凶猛"，作威作福，而百姓也照样"苦得很"，只能寄托于宗教来安慰自己的灵魂。

对大清国情的认识，最为清晰的，是日本间谍的报告。1889年4月，荒尾精向日本参谋本部递交一份重要报告《复命书》，全面分析了大清的形势。报告中说，清国"上下腐败已达极点，纲纪松弛，官吏逞私，祖宗基业殆尽倾颓"，已经无可救药，日本必须先发制人才行。

在日本间谍向国内递交的报告中，有个突出特点，都是再三强调大清的"全民腐败"，指出日本先要改造大清，然后才能联合起来，共同对抗西方。

在日本间谍群中，对大清国情认识最深刻的，是宗方小太郎。他在《中国大势之倾向》中，详细分析大清的两个要害：一是严重的腐败。民间每年税赋的总量，是大清国库收入的四倍，"定额以外之收入，一钱不入国库，均为地方官吏所私有"。他举例说，两广总督岑春煊一次宴会就"动需洋酒千数百金"，还在衙门里设有"洋酒委员"一职。军队走私贩私，北洋海军尤甚。整个朝野"人心腐败已达极点"。其表面的改革进步，"犹如老屋废厦加以粉饰"（李鸿章自嘲，说自己是"大清朝这座破屋的裱糊匠"，异曲同工）。二是缺失信仰，精神支柱坍塌。所谓孔孟之道，仅仅是科举的材料、当官的阶梯。一旦当上官，孔孟那一套就被丢在脑后，"得其位不行其道，而谋营私者也"，导致清廷上下"有治国之法而无治理之人"。

颇有讽刺意味的是，宗方还引用孟子的话，为大清的未来做了结论："上下交征利，则国危。"他预测，在十到三十年之间，大清"必将支离破碎呈现一大变化"。史实告诉我们，宗方写完这篇文章十六年后，大清"支离破碎"。

日本间谍与"兴亚会"

日本派遣到大清的第一批间谍当中，有一个代表性人物，就是曾根俊虎。1871年，曾根投身海军，翌年，担任海军少尉。1873年，为交换《日清修好条规》，作为代表团的随员，第一次踏上大清的土地，年底，升任海军中尉。1874年，因日本政府决定出兵台湾，又被派遣到上海筹措军需物资，同时收集情报。此后又多次潜伏到大清，从事间谍活动。1878年，明治天皇接见，曾根向天皇呈献《清国近世乱志》和清国《诸炮台图》，这是他在大清收集到的重要情报。

1879年,曾根升任海军大尉。

1880年,三十三岁的曾根在日本创立"兴亚会",任干事长,倡导"大亚洲主义",主张日清两国亲密合作,共同对抗西方。在兴亚会成立之前的若干年,他先成立"振亚社",兴办汉语学校,培养跟大清互通往来的专门人才。他的振亚兴亚思想,在《清国漫游志》中,已经有所表述。他认为,当时亚洲各国,如越南、泰国、缅甸、印度等,已分别沦为欧洲列强的殖民地,原因在于亚洲各国"国不相依,人不相辅,萎靡姑息,轻薄苟且,无能张纲纪而独立",要想摆脱欧洲列强的蹂躏,日清两国必须"同心协力,兴亡相辅,然后推及亚洲诸邦,共相奋勉"。这是他《兴亚管见》一文的思想框架。

《清国漫游志》中记载,曾根在杭州参拜岳飞庙时,曾默默祷告:"东海一书生远道而来,表达钦佩之情。君如有灵,辅我微忠,振兴亚洲。"

1886年9月,曾根在《奉总理大臣伊藤伯阁下书》中,对当时的日清关系,表达了深深的忧虑:

> 本邦人见清国人与见欧美人大异也,视之牛猪,加以轻蔑。清国人亦轻蔑本邦人,而至呼假洋鬼子……夫如此两国人民互失和睦、相互轻蔑之原因何在?我政府自知明治维新至近年,对清国之处置(台湾、琉球事件等)纵无侮彼之心,亦不免其形。我已侮彼,彼亦侮我,若不得侮,且怒且怨。呜呼,积怨深怒,何日不泄耶?

当然,曾根的大亚洲主义,骨子里,还是为了日本的国家利益着想。"急派遣有志者往清国,一结彼欢心,二察其动静。今日之清国,本邦无机可乘。治世之贸易,乱世之战争也。战争也好,贸易也罢,不知己知彼,决不能制胜。"

由此可见,曾根的主张,并不是一味跟大清结好,也有为战争做准备的意思在内。只是暂时无机可乘,应以"结彼欢心"为主旋律罢了。

曾根在呈交给伊藤博文的《清国政府之概况》中,对此观点,表达得更加直白:

> 夫清国与本邦仅隔一带水,非或为辅我之良友,或为袭我之强敌哉!然则于本邦不管其治其乱,往彼之要地派遣志士,使通晓其事情,后来之事

不可不深谋远虑也。夫用兵掠地,清国也;欲由贸易致富,亦清国也。

伊藤对曾根的大亚洲主义,显然不太重视。他信奉的是"脱亚入欧"的思想。这一思想在当时的日本处于强势地位。两种思想较量的结果,是大亚洲主义败下阵来。曾根不受伊藤赏识,多年仕途不顺,这是主要原因。

但兴亚会在中日两国的影响,仍然不可小觑。创立不久,当时担任大清驻日公使的何如璋就加入此会,并介绍晚清著名报人王韬加入。

诡异的是,甲午战争前后,活跃在大清的日本间谍,无一例外都是兴亚会成员。其中的翘楚,荒尾精和宗方小太郎,更是坚定不移的大亚洲主义战士。不过这时候的大亚洲主义者,对大清现状,已经深深失望。他们认为日本必须调整战略战术,才能实现自己的战略目标。

荒尾精的兴亚思想,曾经得到日清两国的广泛关注。他的《兴亚策》被称为兴亚思想的经典之作。他提出一个大胆设想,如果日清联合,结成战略伙伴关系,那么,依靠大清的财力,可以组建一支一百二十万人的强大陆军,同时还可以组建一支拥有百艘以上军舰的强大海军。由此,"日本的尚武精神与中国的尚文风气相融合,并行不悖,相辅而进,则东洋文明必将发挥于宇内,宣示亚洲之雄风于四海"。此论,在宗方和梁启超那里,引发共鸣。

甲午战争爆发后,日本的大亚洲主义者并不认为这是日本对大清的侵略,反而觉得这是振兴亚洲、解放大清的崇高事业,具有相当浓厚的理想主义色彩。他们坚信,只有革除大清的种种弊端,日本才能领导和团结大清,实现黄种人的崛起。这种思想显然具有很强的蛊惑性。甲午战后,大清朝野并没有弥漫强烈的仇日情绪,相反却从官方到民间,都把清日亲善关系推向了一个新的高度,来往更加频繁,以至于西方政治家和媒体,频频大谈"黄祸论"。这一现象的出现,不能说跟日本的兴亚宣传毫无关系。

更为诡异的是,以推翻皇权为目标的晚清革命党人,竟然把日本的大亚洲主义者,看作是"驱除鞑虏,恢复中华"的"同志加兄弟"。

乐善堂与日清贸易研究所

日本的间谍系统,有四个层面,一是内阁情报机构,二是外务省情报机构,三是军队情报机构,四是民间情报机构。甲午战争前后,活跃在大清的日本间谍网,主要是由私人企业汉口乐善堂构建起来的,有点志愿者性质。这个企业从事商业活动的目的不是赚钱,而是为了"精忠报国"。商业活动,只是为间谍们提供活动经费而已。

乐善堂的创始人,是日本商人岸田吟香。

岸田是日本最成功的企业家之一,其声望可以跟启蒙思想家福泽谕吉相提并论。他先是从事新闻业,创办《海外新闻》报,后又担任《东京日日新闻》主笔,纵谈时事,笔力雄健,一时声名鹊起,被称为日本"四大名记"之一。1874年,日本侵略台湾,岸田成为第一位随军记者,他的战地报道,让《东京日日新闻》销量大增。正当新闻事业蒸蒸日上之际,他突然弃笔下海,开始经商。1877年,他正式在东京注册公司,名为乐善堂,经销眼药水等各种药品和书籍,生意兴隆,很快成为巨富。

那时候眼药水刚刚问世不久。它的发明者,是美国宾夕法尼亚大学医学博士赫本。这个赫本,就是后来美国大牌影星凯瑟琳·赫本的亲爷爷。赫本博士以传教士身份,先后在日本生活过三十三年,岸田曾经担任他的工作助手。后来,赫本博士把眼药水配方送给岸田,让岸田完成了从笔杆子到商人的华丽转身。

东京乐善堂获得成功以后,岸田来到远东第一大城市上海,在英租界内开办上海乐善堂,很快打开局面,成为上海滩的名人,在大清官场左右逢源,跟湖广总督张之洞颇有交情,同时跟上海文化界人士,过从甚密。1888年3月23日,上海《申报》有文章写道:"东瀛岸田吟香先生风雅士也……招致海内名流,开宴小饮,拟设诗社……沪江为文人士所萃,能诗者辈出,惟创设诗社者,未之闻也。吟香先生风雅好事,实能开其先声矣!"岸田成立了"玉兰诗社",用以广泛结交上海的文化名流。

岸田还经常做些慈善活动,免费向平民发放药品,把自己装扮成慈善家的模样。

1886年,日本参谋本部谍报官荒尾精,奉命潜入上海,很快跟岸田相识。一番晤谈之后,岸田为荒尾精指点迷津:"足下如欲调查中国大陆,最好化装成商人,较为便利。本人可助一臂之力,当在汉口设立一乐善堂支店,委君经营,足下可分头派人赴中国各地贩卖本堂药物等品,既可掩人耳目,又可将售得之款,供调查费用。"

很快，汉口乐善堂开张，从在华的日本浪人中召集了不少"爱国志士"充当间谍。

汉口乐善堂在大清全国各地，设置了大量"支部"。开张之初，就设立长沙支部，之后又先后设立四川、北京、天津和上海支部。各支部无一例外，表面上都是店铺，间谍们留长辫，穿华装，打扮成清国人模样，以行商作掩护，大摇大摆行走各地。也有假扮和尚、乞丐的，参山拜佛，沿街乞讨，趁机收集情报。

汉口乐善堂自堂长荒尾精以下，内部分设三个机构，一是主管经营和会计的部门，二是负责整理各地间谍调查报告、摘录报刊消息、考核"干部"等业务的部门，三是将各地调查报告、报刊消息汇集成书的部门。

这一间谍组织内部管理非常严密，自我价值的认定，也拔得非常之高，强调他们的"强烈之事业""小之有关日本，大之有关世界"。他们自称"我党"，订立"党规堂章"，要求"同志们"平日与外人交往时，"不可流露少壮书生的狂态，尤其与支那人相遇之时，尤应谨慎，既系化装商人，故谈述事项，全需集中商情方面，以免被人察出真正面目"。

北京支部在荒尾精眼里是"我党演戏之首要地方"，派最信赖的间谍宗方做掌门人，同时兼任天津支部的"支部书记"。主要任务是，考察清廷中央动态，北洋舰队的动向，此外还要收集山东、山西、东北各省和内蒙古的情报。

据日本《东亚先觉志士记传》记载，汉口乐善堂将六种清国人列为侦察和统战对象，包括君子、豪杰、豪族、长者、侠客和富人，而且把这六种人又做了细致的分类，如"君子"分为六等，第一等，"有志于救全地球者"，第二等，"有志于振兴东亚者"，等等。

汉口乐善堂发起的最大规模的一次活动，名为"四百余州探险"，各支部按总部统一部署，大搞"上山下乡"。一时间，日本间谍的足迹遍布两湖、四川、陕西、甘肃、云南、贵州，甚至包括新疆和西藏，对所到之处的气候地理、风土人情、交通产业、兵营关卡、军事要塞等相关情报，进行了一次大摸底。

1892年，汉口乐善堂根据所收集的情报，编辑出版了一本巨著《清国通商综览》，分两编三册，达两千三百多页，成为日本研究大清的重要文献。

在进行谍报活动的同时，岸田和荒尾精还克服重重困难，在上海建立了一所间谍学校，名为日清贸易研究所，全力培养"商战"和"兵战"两栖情报人才。

有意思的是，日清贸易研究所在1890年底，因经费和课程设置问题，还闹过一次学潮，直到1891年2月，才完全平息。荒尾精大刀阔斧，开除了三十多名带头闹学潮的学生。

日清贸易研究所学制三年，课程包括汉语、英语和中日问题研究等等。实际上，这所著名的间谍学校，只培养了一届毕业生，共八十九人，于1893年6月毕业。学生毕业后，还需在清国"实习"一年。那时候，日清关系已经趋于紧张，支持办校的某些"有志之士"向学生们发出紧急呼吁："日清之战迫在眉睫，此战系以自诩富强之清帝国为敌手，不容乐观。所幸诸君通晓华语，又多少熟悉中国事，所以希望诸君暗察敌军军情及其他内情，为皇国效力。"

战争爆发后，间谍学校停办，日方从乐善堂和日清贸易研究所的间谍中，征召九十一人入伍。这些人随日军来到大清各个战场。他们中的大多数是担任随军翻译，也有少数，继续进行间谍活动。

甲午战争结束以后，荒尾精在上海的间谍活动并没有停止。他和宗方联手成立东亚同文书院，继续研究大清国。该书院在1918年前后，编辑出版了《支那省别全志》，为日本在20世纪30年代发动的全面侵华战争，提供了重要参考。

在日本的民间情报体系中，首屈一指的人物当属荒尾精。他是一位学者型的间谍，在日本朝野拥有广泛影响。日本《东亚先觉志士列传》称赞荒尾精是"五百年才降世的一大伟人"，关于他的第一部个人传记，题为《巨人荒尾精》。

另一个重量级人物，是宗方小太郎。雪珥在《绝版甲午：从海外史料揭秘中日战争》（下文简称《绝版甲午》）中对他有比较详细的介绍，他的"事迹"，一是刺探军情，二是编书著文，三是办报。

宗方除了刺探北京、天津的情报以外，还多次潜入威海，侦察北洋舰队的动向。有一种说法，说他探听到北洋舰队的出发时间，使日本联合舰队得以在1894年9月17日，部署在黄海大东沟海域，以逸待劳，对北洋舰队发起致命一击。为此，日本陆军大将本庄繁说他"对君国做出极大贡献"。此说真假，不必斤斤计较，当故事听听也就罢了。不过日后明治天皇接见过宗方，倒是确有其事。

编书是指宗方参与编辑出版《清国通商综览》。著文是指他向天皇呈交过两份战略报告：《中国大势之倾向》和《对华迩言》。办报指的是，在甲午战后的1896年，宗方购买英国字林商行的汉文报纸《字林汉报》，更名为《汉报》出版发行。这是日本人创办的首家中文报纸，共经营四年，其宗旨是弘扬大亚洲主义，先改造大清，然后日清联手对抗西方。该报言论，在清廷看来，"误信康党之谣言，竟不知康党之陷中国于危难之深渊"。跟康有为穿一条裤子，那怎么行？于是由张之洞出面查禁。张的手段很柔软，以三千两白银收购。

耐人寻味的是，宗方为日军所写的中文文告中那句响亮的口号，"驱除鞑虏，恢复中华"，后来被孙中山的革命党借用，用来号召推翻满清政府。

震动中外的日本间谍案

1894年7月25日，清政府租用英国籍商船高升号向朝鲜运兵，在朝鲜丰岛附近海面，被日本军舰浪速号击沉，一例震动中外的日本间谍案，随之浮出水面。

高升号从天津塘沽港出发之前，日本信义洋行雇员、德国人满德向李鸿章报告："有一倭人久住塘沽。此倭人才具甚大，华英德法言语俱能精通，看其与他人言论间……随时用铅笔注载……爱仁、飞鲸、高升船载若干兵、若干饷、何人护送、赴何口岸，该倭人无不了彻于胸。"

此后，李鸿章对日本间谍有了警觉。7月30日，电告总理衙门："自五月初至今，日派奸细二三十分赴各营各处侦探，并有改装剃发者。狡诈可恶！拟令出境，以杜诡谋。如再有影射奸探，即行查捕。"总理衙门接电，立即行文全国督抚将军等："所有沿海沿江及内地各省倭人足迹能到之地，均应一体防缉，以重防务。"等于在全国掀起一场缉拿日本间谍的运动。

事实上，很多史料表明，日本舰队似乎对大清舰队的航行情况，并不完全掌握。他们是主动寻找战机，打的是海上"游击战"。

后来清政府认定，那个"才具甚大"的日本间谍，是石川伍一。此人是曾根俊虎的学生，也是日清贸易研究所培养的间谍。

石川被捕，跟满德的告密，关系不大，而是由一个偶发事件造成的。1894年8月1日，清日两国正式宣战那天，一群大清士兵，冲上停泊在塘沽港的英国籍客船重庆号，抓捕日本乘客。这件事后来引起了一场国际纠纷。李鸿章否认是清军所为，说是一群"无赖"假扮成士兵。尽管在外交上很被动，不过也有所得，就是意外发现日本间谍的线索。由此，清政府对日本间谍越发重视起来。

8月4日，天津城守营在天津军械局职员刘树棻家里，将石川拿获。

清日宣战后,日本外交人员和侨民等,一概撤离天津,石川受命潜伏。美国领事坚决反对他滞留在美国租界,石川只好搬到被他收买的刘树棻家里潜藏。

石川被捕后,宗方在日记中说:"予望其从容就死,示奴辈以神州男儿之真面目。"这里的"奴辈"指大清,"神州"指日本。

石川被捕后第十天,8月14日,上海法租界破获楠内有次郎、福原林平间谍案。再过六天,8月20日,浙江破获藤岛武彦、高见武夫间谍案。

这三起日本间谍案,因美国插手,闹得沸沸扬扬。美国也不是无缘无故插手。清日开战后,双方都委托美国保护其侨民。美国这是行使保护日本侨民的权利,清政府无法拒绝美国的饶舌。

石川案引起光绪帝的高度关注,8月28日,下发谕旨,要求李鸿章彻查此案。9月1日,再发密旨,要求李"严行审讯,如究出探听军情等确据,即行正法……不得稍涉宽纵。"

8月29日,美国驻天津领事,遵循上司驻华公使田贝指令,发函李鸿章,要求释放石川,理由比较可笑:"日本声称此人并非间谍。"

李鸿章想:你一个天津领事,什么级别啊,让我回话,有失外交礼仪嘛,让天津海关道盛宣怀答复一下就行了。盛宣怀回函,对美国的无理要求严加驳斥:"本道查《中日修好条规》载明,两国商民,均不准改换衣冠。是两国和好,尚然有此禁例。现在两国失和,忽然改装易服,潜匿民家,四出窥探,其意何居?况……该犯被获之时,形迹可疑之处,不一而足,其为间谍无疑。"

美国驻华公使田贝在李鸿章这里吃瘪不久,就回国疗养了。由他的儿子小田贝担任驻华临时公使。这小田贝的个性,不在中国传统的十二属相之内,是属鸭子的:嘴硬。

日本间谍楠内和福原,是在上海的法租界被抓获的。上海道台衙门依据外交有关条例,将案犯送交给法租界巡捕房。不知何故,法方将两名案犯交给了美国驻上海总领事馆。日本间谍声称清国诬告他们,要求美国总领事馆庇护。总领事馆应允,同时拒绝清政府的引渡诉求。清政府向小田贝提出严正交涉,同时指示大清驻美国公使,直接跟美国国务院进行交涉。

美国国务卿葛礼山是一个理性的人,曾经当过律师,讲究按法理行事。他指示小田贝,把日本间谍交给清政府。

小田贝的嘴巴立马硬起来,不同意,说应该"领事裁判",不能让清政府裁判。葛礼山反复劝说，没用。两个人发生激烈争吵，往来电文十分频繁。

葛礼山很不耐烦，不跟小田贝扯了，直截了当说，闭上你的鸭子嘴，执行命令吧。小田贝迫于压力，只好指示上海总领事把日本间谍交给上海道台。从抓获日算起，扯皮扯了二十多天。

两江总督刘坤一亲自下令，将楠内和福原，押解南京审讯。

葛礼山却因这一决定引火烧身。除了小田贝的鸭子嘴继续嘚吧嘚吧以外，美国驻宁波领事福乐，也火上浇油，对葛礼山大加指责，还把火苗散播到美国国内，煽动国会议员起哄，随后媒体也参与进来。直到清政府处决了所有日本间谍，这场大火还在燃烧，而且火势越发强劲，竟然烧到总统身上。

1894年12月1日，美国新闻界赫赫有名的《哈泼斯周刊》发表长篇报道《美国在华的袖手旁观》，尖锐批评美国对华政策的软弱，矛头直接指向总统克利夫兰。这篇文章在美国社会引起极大震动，《纽约时报》等主流报刊纷纷转载。《纽约世界》报甚至公开质问，"葛礼山脑子是否正常？"还说"一个正常的领导人是不会这么做的"。在野的美国共和党，更是抓住机会向民主党政府发起猛烈攻击。后来当上总统的共和党领袖罗斯福，鼓动议员发起弹劾。议会内部炮声隆隆。

美国史学界把这件事叫作"上海间谍事件"，或者"上海间谍丑闻"。

事情闹到这种程度，葛礼山非常愤怒，严厉斥责小田贝的胡言乱语。小田贝见事情闹大，实在不好收场，鸭子嘴才软下来，承认日本人的间谍行为证据确凿。等于承认葛礼山同意引渡的"大方向是正确的"。

这件事给葛礼山造成很大伤害，说心力交瘁也不过分，没多久，竟然猝死在办公室里。

奇怪的是，在外交上一贯见缝插针、强词夺理的日本人，在这场间谍风波中，却表现得很乖，默不作声充当看客的角色。有史料显示，日本政府认真研究相关条规后，认为美国确实没有权利干预大清对日本间谍的审判和处置。就是说，他们认为葛礼山是对的。

1894年9月20日，石川和刘树棻在天津被处决。10月，另外两起日本间谍案的案犯，也先后在南京和杭州被处决。

甲午战争期间，日本间谍案，不仅仅这三起。10月31日，大连金州也处决过三名日本间谍。在这些间谍案中，石川是唯一被枪毙的，其他都是砍头。而审讯之残酷,也让人咋舌。

美国《哈泼斯周刊》这样报道清政府对日本间谍的"非人折磨":

> 中国人将这两名日本青年带到南京,在那里他们遭受了两天——有的说是三天的酷刑。他们让日本人跪在铁链上,用木条穿腿,人还站压到木条上。日本人的指甲也被生生拔除。他们在日本人的手腕上绑上铁链,再拿开水不断浇在铁链上,直到铁链嵌进了骨头。他们嵌压日本人的舌头。他们把日本人最敏感的部位捏碎。在种种生不如死的折磨中,刽子手的剑倒成了最痛快的一种。

《哈泼斯周刊》同时还报道了日本间谍面对酷刑和死亡的"大义凛然",认为他们体现了"日本人的精神"。报道引用楠内的家书:"今日之事,乃国家安危之关键,皇运隆盛之所系。苟帝国臣民临事而偷安,异日之事不可问矣。"

清政府对间谍的粗暴处置,引起海外媒体的普遍反感,大量报道中,都渲染了大清的野蛮、落后和言而无信。这绝非等闲之事。整个甲午战争期间,西方国家几乎都认为日本"文明",大清"野蛮",而日清之战,是"文明"对"野蛮"的战争,这跟清政府的种种"不拘小节"有很大关系。总而言之,大清不"清",连"乱翻书"都不会,糊里糊涂,总也看不懂国际形势,的确病得不轻。

雪珥在《绝版甲午》中颇有愤恨之意,总结说:"上海间谍门事件,也是大清国最后一次得到西方大国的平等对待,此后,甲午战争彻底暴露了清政府的虚弱,世界上再也没有一个强国给予中国平等待遇,如何瓜分中国成为东亚国际政治主流。"你大清国参加的这场"球赛",丢分丢大了!

日本间谍奔赴辽东半岛

日本与大清正式宣战的当天,日本陆军参谋本部特别召见日清贸易研究所毕业的六名间谍,分别是向野坚一郎、藤崎秀、山崎羔太郎、钟崎三郎、大熊鹏、猪田正吉。日本参谋总长亲自训话,勉励他们"为君国尽最大努力"。这一"送死秀",令他们"铭感至深",顿生"沐浴着无尚的荣光,立誓舍身报国,粉身碎骨在所不辞"之念。

这六位间谍，都是血气方刚的年轻人，大多二十几岁，年龄最大的山崎，才三十岁。他们都连续两年蓄发，剃成清式的半和尚头，留清式发辫。收集情报和绘制军用地图等间谍必备技能，对他们来说，自然不在话下。

1894年9月17日，日本联合舰队与北洋舰队黄海大战之后，日本取得了制海权。日本大本营决定第二年春天实施"直隶作战"计划，要求本年度，必须占领辽东半岛，作为对华决战的根据地。9月21日，大本营下达作战命令，第二军向辽东半岛进发，六位间谍组成"特别任务班"，随军行动。

10月22日晚上，第二军司令官大山岩亲自给六位间谍布置侦察任务。每人分发约三十两的马蹄银一块，作为活动经费。考虑花销不方便，还特意把马蹄银切成碎银。

10月24日，"特别任务班"随第二军第一师团先头部队，从花园口登陆（这一登陆地点，由日本海军选定，陆军司令官强烈反对，原因是花园口一带海域，退潮时淤泥带宽达一千五百米，不利于登陆部队行动，建议在离大连湾更近的貔子窝登陆。貔子窝是笔者的老家，现为大连普兰店市皮口镇。日本海军忌惮旅顺口北洋舰队的鱼雷艇袭击，坚持在花园口登陆。担心这种分歧贻误战机，陆军司令妥协），随后乔装行动。为安全起见，他们故意错开出发时间。最早的午后一点出发，最晚的傍晚五点出发。向野和藤崎秀是最后一批出发的。

出发命令，由日本第一师团参谋长大寺安纯大佐"洒泪"下达。

他们每个人的任务都不同。向野负责侦查复州（笔者现在所居的瓦房店市）、普兰店一带清军设防情况；藤崎秀、钟崎负责侦查和尚岛、金州；山崎负责侦查旅顺口；大熊鹏、猪田，未见史料确切记载，笔者推测应该是负责侦查盖平（盖州）、海城一带。

向野和藤崎秀先是同行，后在一个洼地告别。告别前，向野为藤崎秀编好发辫，"完成支那装束最后工序"，还流了眼泪。

早在战争爆发之初，东北地区的清军已经对日本间谍提高了警觉，在前线各地，设卡缉拿。辽南的清军，特别颁发一种红色通行证，没有证件者，过卡时一律拿下。据可靠史料，六位间谍中，钟崎是在离花园口不远的碧流河渡口被捕，山崎是在离碧流河不远的貔子窝被捕，藤崎秀是在一个叫曲家屯的小村庄被捕，大熊鹏和猪田失踪。后来日军探听到，清军中有两位日本青年很受器重，估计就是这两位，被捕但没有认定是间谍，而是随军效力，后来可能死于战火或瘟疫。

六位间谍中,唯一的幸存者是向野。

向野一身大清渔民打扮（日本军舰高千穗号,在日本第二军花园口登陆之前的10月19日,前往旅顺口侦查时,捕获大清一条渔船,强行扒下渔民的衣服,作为间谍的乔装道具）,辫子长达一尺二寸,会说汉语,但发音不标准,跟辽东半岛的方言,相差很大。甲午战争前后的日本间谍,都面临这种尴尬。他们到大清北方,只好自称自己是福建人或者广东人。向野也是如此。

雪珥在《绝版甲午》中,对向野的行踪,介绍得比较详细,在此不妨"挪用"。雪珥的资料来源是向野的日记和回忆录,足以采信。

向野运气不佳,竟被早于他出发的日军第一师团第一联队拿获,以为是当地人,让他搬运货物。向野背着货物,走了一里多地,才向日军表明身份,立刻被释放。

次日凌晨,向野从碧流河上游徒步过河,躲过了清军在渡口的检查。即便如此,向野还是在一个叫王家屯的小村庄,被清军捕获。清军以为他是朝鲜人。当时向野的靴子里藏着一张军事地图。在清军把他押往貔子窝的途中,为了毁灭证据,他故意踩着泥水行走,希望能将地图弄湿踏烂。途中,他辩解说自己是福建人,说自己要是回不去,父母会饿死,边说边哭边磕头。随后他送给押解者一块碎银,说绑得太紧,难受,希望松一松。这招好使,果然就松了。当夜逃跑,以北斗星为灯塔,向西拼命逃去。说"逃"并不准确,西边,是他的使命所在。

向野逃到山里的僻静之处,弄断绳子,继续往复州方向侦查。一路上很狼狈,帽子、夹袄都弄丢了,加上遇到大雨和冰雹,晚上露宿,"倍感寒风彻骨"。幸运的是,在当地百姓的"热心帮助"下,好歹解决了吃饭问题。

那时候,向野绝不会想到,自己能在复州地界,演绎出一段让他终生难忘的"日中亲善"故事。

"日中亲善"故事

1894年10月28日,向野到达复州城。原先驻扎在城内的清军一个营,已经奉命增援金州。盖平的清军,也向金州方向调动。当天上午,日本第一师团在貔子窝附近,与清军一支三百人的小部队相遇,清军不战而退。日军占领貔子窝以后,后续部队的一部分,从貔子窝登陆。已经从花园口登陆的部队,也向貔子窝方向集结。他们的进攻方向是金州城。他们的战略意图是占领金州,隔断旅顺清军和奉天清军之间的联系。

向野在复州城没见到清军,扭头向普兰店奔去。不料途中迷路,当晚在一个名叫黄旗大屯的小村庄露宿。十月底的辽南,昼夜温差很大,晚上气温很低。村中一个名叫姜德纯的农民,在龙王庙门口见到瑟瑟发抖的向野,顿生怜悯,主动请他到自己家里住宿。

姜德纯的父亲姜士采,是村里的私塾先生,喜欢谈论学问,只是苦于听不懂"福建人李宝林"的汉语。向野于是跟他笔谈,谈《论语》,谈《诗经》,谈得挺投缘。笔谈中,向野了解到复州城和盖平部队调动的消息。

当夜,向野睡在姜家热乎乎的土炕上,心里那个美呀。自离开花园口,他就没睡过一次好觉。这一回,可以好好睡了。他在日记中说:"此夜,上天怜此哀民,使我得以避朔风之寒苦,真是承蒙皇天之恩!想到此,不觉潸然泪下。"

向野这家伙有点不像话,他不感谢大清民风之淳朴和姜家心地之善良,倒感谢起"上天"和"皇天"来了。

第二天早晨,姜家为向野准备了早餐,玉米粥、黑豆豆酱、小菜,还有猪肉。上路前,还送他两个玉米饼子作为午饭。向野拿出一小块碎银给姜家,被坚决辞谢。

向野在前往普兰店途中,多次遇到清军,几番盘查,都侥幸过关。10月30日,到达普兰店,发现根本没有清军防守。至此,他的侦察任务已经完成,可以回去复命。可他不想回去。他担心受命侦察金州的藤崎秀出现意外,金州清军布防情况,就无从得知。毕竟,日军进攻的第一个重要目标是金州。不过事关个人安危,他不能不有所顾忌。于是用小石子占卜,卦象显示,此行大吉。

这里顺便插一句,我读过的许多晚清史籍,在细节问题上,都有纰漏。雪珥《绝版甲午》中,说普兰店距金州,"仅四五里路",错了,哪止四五里啊,说四十多公里还差不多。宗泽亚《清日战争》中,说花园口是"金州沿岸的小渔村",距金州城仅仅二十多公里,距旅顺口三十六公里,也错得离谱。我搞不清楚,他们的这些数字,都是从哪弄来的。类似的错误还有不少。不过都是小节,不必深究。还有好多"大节"错误,看着让人发笑,你又能怎么着?

闲话少叙,书归正传。当晚,向野在金州城外露宿,10月31日清晨,混在菜农堆里,顺利进城,多处游逛,摸清金州布防情况。出城后,向野又意外发现清军在石门子一带设有防御阵地,而且在前沿埋了大量地雷。

向野的情报,为日军进攻金州城起到"向导"作用。埋设大量地雷的石门子,让日军给绕过去了,从三十里堡发起进攻。向野由此受到军方嘉奖,被称为"我们的爱子"。

当时向野并不知道,他潜入金州的当天晚上,他的三位同伙:山崎、钟崎和藤崎秀,在金州城外玉皇庙附近被清军斩首。

1895年5月1日,在复州城随军行动的向野,决定去黄旗大屯拜访他的"恩人","以尽礼节"。几经周折,终于找到。可姜家人根本认不出眼前这个日本军官。向野跟他们好一通怀旧,姜家人终于想起来了。双方"回想去年相逢事,不胜喜悦,激动得流下了眼泪"。向野在日记中特别提到:"我作为一个曾被救助的落难人,语言难以表达我此时的快活。"

向野送了五元日本银币给姜家,姜家一番推谢之后收下了。这是日军第一师团特别奖励给姜家的。很多围观的群众都称赞向野是一个"不忘恩德的人"。

随后向野还请姜家到日军指挥部一起吃饭,并安排日军对姜家予以保护。

一周之后,私塾先生姜士采领着十三岁的孙子姜恒甲,来复州城看望病中的向野,还带了四只鸡和十八个鸡蛋。姜士采在言谈中,要求向野收他的孙子姜恒甲为义子。向野高兴地答应了,还把义子安排到日军在复州建立的"行政署"里"行走"。

那年向野才二十七岁,就有个十三岁的义子了,而姜士采当了"汉奸"自己都不知道啊。

他还真就不知道。在这里我用不着为姜士采这位"古人"辩护,但当时的史情,容不得用今天的爱国主义或民族主义情绪去大肆篡改。那时候大清国老百姓心目中,根本就没有国家观念,只有皇帝、朝廷、官员什么的,而这些东西,都不把老百姓当人看。日本是来跟皇帝、朝廷、官员打仗的,跟我们老百姓有什么关系啊!这种想法,不光老百姓有,读书人也有。梁启超在《新民说》中说过,中国人并非没有爱国的天性,可在晚清年间,他们根本不知道什么是国。"既无国矣,何爱之可云?"民国初年思想家、中共创始人陈独秀,1904年在《说国家》一文中说:"我十年以前,在家里读书的时候,天天只知道吃饭睡觉。就是发奋有为,也不过是念念文章,想骗几层功名,光耀门楣罢了,哪知道国家是个什么东西,跟我有什么关系呢?"陈独秀所说的"十年以前",正是甲午年,那年陈独秀十五岁。他说"我生长到二十多岁,才知道有个国家,才知道国家乃是全国人的大家,才知道人人有应当尽力于这大家的大义。"也就是说,陈独秀是到了1899年以后,才弄明白国家和"大义"的概念。由此,我们就没有理由去厚责1895年的乡村老朽姜士采,也没有理由去轻责十三岁的乡间顽童姜恒甲。

5月18日,向野离开复州去金州,姜家前来送别。向野"想到复州从此难以再见时,不禁怀恋此地的山和水"。

离开复州以前,向野把姜恒甲介绍给一位日军将领。该将领很喜欢这个小顽童,建议送他去日本留学。姜家闻言十分高兴。6月17日,姜恒甲去金州,准备奔赴日本京都。向野亲自送行,分手时"姜含悲告别"。

姜恒甲到日本,先在名古屋小学就读,后在京都中学就读,然后当了船员。日俄战争爆发后,他成为煤炭商人,获利颇丰。1914年,日本攻占青岛后,他又在青岛担任银行行长,广置田产,"成了很体面的绅士"。1924年,向野到青岛与义子姜恒甲见面,跟其父姜德纯热烈拥抱,从此"互相保持着亲密的关系"。

向野1906年之后,在东北经商多年,于1931年9月17日去世。他与复州姜家共同演绎的"日中亲善"故事,也就此落幕。他去世的第二天,史上著名的"九一八事变"爆发,一场更大规模的中日战争,从此拉开帷幕。

主要参考书目

1. 王芸生编著,《六十年来中国与日本》,生活·读书·新知三联书店,2005年。
2. 〔日〕曾根俊虎著,《北中国纪行·清国漫游志》,中华书局,2007年。
3. 宗泽亚著,《清日战争》,世界图书出版公司,2012年。
4. 〔澳大利亚〕雪珥著,《绝版甲午:从海外史料揭秘中日战争》,文汇出版社,2009年。
5. 〔澳大利亚〕雪珥著,《天子脚下:1860—1890晚清经改始末》,中国华侨出版社,2012年。
6. 〔澳大利亚〕雪儿简思著,《大东亚的沉没:高升号事件的历史解剖》,中华书局,2008年。
7. 戚厚杰著,《谍影:日本侵华中的间谍秘档》,台海出版社,2013年。
8. 张社生著,《绝版李鸿章》,文汇出版社,2009年。

甲午，中日宣战前的博弈

日本染指朝鲜

　　明清之际，朝鲜曾经是中国的"模范藩属国"，惟中国马首是瞻，推行儒学和朱子学说，模仿明清两朝的科举制度。在外交上，除了跟中国经常"走亲戚"外，对其他各色人等，一概鼻孔朝天，做仰望星空状，瞅都不瞅一眼，甘做"隐士的王国"。用史学界流行的贬义说法，叫"闭关锁国"。

　　可恨的是，两次鸦片战争，把个好端端的大清帝国，弄得灰头土脸、斯文扫地，这对朝鲜自然也会产生情绪上的动荡不安。不过总体而言，亲清派势力，还是占据上风。这个势力，史称"事大党"。

　　当日本明治天皇立志"开拓万里波涛，布国威于四方"之后，朝鲜的平静，很难再维持下去。日本认识到朝鲜一直掌握在大清手中，会对自身的安全构成威胁。日本若不控制朝鲜，"则实失我唇，而我齿必寒"。早在明治维新之前，日本启蒙思想家吉田松阴就指出："我与俄美媾和，既成定局，不可由我方决然背约，以失信于夷狄。但必须……在此期间养蓄国力，割据易取之朝鲜、满洲和中国，在贸易上失于俄美者，应以土地由朝鲜和满洲补偿之。"明治维新不久，日本国内的"征韩论"就扬起漫天的沙尘暴。

　　1870年（明治三年），日本特使佐田白茅奉命赴朝商谈建交事宜，被朝鲜拒绝。这不是第一次被拒绝。佐田恨得咬牙，回国后上书政府，叫嚣"征韩"。他说：

　　　　朝鲜知守不知攻，知己不知彼，其人深沉狡狯，固陋傲顽，觉之不觉，激之不激，非断然以兵莅之，则必不为我用也……当天朝加兵之日，则遣使于清国,告其所以伐朝鲜之故;若清必出援兵,则可并清而伐之。

这份报告里有三点耐人寻味:一是日本也自称"天朝",并非大清专利,这跟吉田那段话里把俄美称为"夷狄",在心理层面同出一辙;二是根本没把大清放在眼里,所谓"征韩论",也是委婉的"征清论";三是朝鲜"知守不知攻",也是大清的德行,朝鲜学大清,学得很到位。

"征韩论"并没有立即付诸行动,但朝鲜不跟日本玩游戏这个问题,已经到了"非解决不可的程度"。日本需要做的,只是等待时机。

1873年,朝鲜摄政王大院君退位,儿子李熙亲政。这位庙号"高宗"的国王,是个软蛋,亲政不久就被以王妃闵氏为首的外戚窃取权力,左右朝政。大院君派官僚不甘心失势,奋起抗争,朝中内斗加剧。

1875年5月,日本派遣云扬号等三艘军舰,侵入朝鲜釜山港,开炮演习。这仅仅是一次示威,以此震慑朝鲜。9月,云扬号独自侵入江华岛进行测量,遭到朝鲜守军炮击,日舰还击,摧毁江华岛炮台,并侵入内陆,攻占永宗城。12月,日本再派六艘军舰开往朝鲜,向朝鲜提出严正抗议,要求两国建交并缔结通商条约。这事,日本并没有瞒着大清,而是公开遣使商谈。一番周折之后,大清同意朝鲜跟日本建交通商。至于谈判,大清不参与,多一事不如少一事,你们小哥俩谈去吧,别烦我。

1876年,日本和朝鲜签订《日朝修好条规》,史称《江华条约》。日本实现在朝鲜的第一个战略目标,为日后对朝鲜的进一步渗透,留下一道伏笔。《江华条约》第一款特别规定:"朝鲜国自主之邦,保有跟日本国平等之权。"这等于是承认朝鲜独立,不再是大清的藩属国。言外之意,此后日本可以撇开大清,跟朝鲜自由交往。大清岂能甘心被撇在一边?这也为后来大清跟日本在朝鲜问题的纠缠留下隐患。

日本跟朝鲜建交以后,闵妃一派亲日势力,开始招募日本军事顾问,编制训练新军。新军的各项待遇非常优厚,触动了朝鲜旧军人的利益,两者之间的矛盾越来越深。

1882年,闵妃集团给驻守首都汉城的朝鲜旧军发放饷米,拖欠了一年却只发一个月的,质量还很差,掺杂了很多沙石和糠糟。旧军恼怒,大院君趁机挑拨,于7月23日激发叛乱,矛头对准闵妃集团和日本,史称"壬午兵变"。乱军焚烧了日本公使馆，杀死七名日本军事顾问和部分使馆官员，还冲入王宫缉拿闵妃。日本驻朝公使花房义质当夜潜逃回国。很快，日本派遣陆海军两个大队开赴朝鲜。

大清国这边不干了。噢，你日本能出兵，我大清就不能出啊，好歹朝鲜是我的藩属国，我得保护它才是。再说逃出王宫的闵妃已经向大清呼救，咱出兵是有"合法性"的！

清廷下令，北洋水师提督丁汝昌率军舰三艘、广东水师提督吴长庆率淮军六个营，进军朝鲜平叛。那时候谁都想不到，在吴长庆军中效力的一个小人物袁世凯，日后会成为大清驻朝鲜的一个"大人物"。在日本人眼里，他简直就是朝鲜的"太上皇"。

入朝后，清军诱捕大院君，继续扶持李熙政权。李熙和闵妃两口子那个感动啊，都不知说点啥好了。从此，朝鲜宫廷完全倒向大清，连内心的嘀嘀咕咕都没有，日本在朝鲜则备受冷落。

日本哪是吃亏的主儿呀？几番口舌之辩，强迫朝鲜签订《济物浦条约》，赔偿损失五十五万日圆，允许日本在朝鲜驻扎一千人的军队，保护侨民和公使馆。此外，朝鲜还要派遣特使前往日本谢罪。

该条约深深刺激了大清，国内清议派爱朝廷主义者特别受伤，立马愤慨起来，呼吁大清也跟朝鲜签订"不平等条约"。这呼吁果然见效，清政府很快把多年来西方国家强加给大清的种种条款，有选择地强加给朝鲜，还特别加了一条，让袁世凯为朝鲜编练新军，同时，又急急忙忙从国内增派三千兵力开进朝鲜。这等于把朝鲜的政治、经济、外交和军事全部控制起来。这一下，朝鲜的一些官僚心里不愿意了，跟大清离心离德的迹象很快露出端倪。

与此同时，清日两国在朝鲜也呈现对峙状态。

受朝鲜政府派遣，到日本谢罪的金玉均、朴泳孝等人，在日本受到高规格接待，日方还不断向他们灌输民族主义思想，唤醒他们的独立自强意识。这个药方很见效。金玉均一行人等回国后，结成"开化党"，立志仿效日本改革维新，与闵氏集团的矛盾日益加深。

1884年，朝鲜"开化党"趁大清陷入中法战争难以自拔之际，于12月4日，借日本军力，挟持国王发动政变，史称"甲申政变"。政变一时得手，"开化党"立即宣布，朝鲜废除跟大清的宗属国关系，自主独立。闵妃吁请袁世凯救援。清军迅速出击,很快镇压了政变。金玉均等人的政权,刚刚建立三天就流产了,主谋数人外逃日本避难。

清军镇压政变过程中,与日本公使馆警卫队发生火拼,造成一定数量的伤亡。为解决这一纠纷,伊藤博文到天津跟李鸿章商谈。1885年4月,两国签订《中日天津条约》。其中一项规定:"今后朝鲜国若有重大变乱事件,清日两国如要派兵,须事先相互行文知照。"这为九年后,清日两国出兵朝鲜,从而引发甲午战争,设定了一个由头。同时也不言而喻,大清"独占"朝鲜的局面已被打破,日本和大清对朝鲜拥有"共同宗主权"。

李鸿章对伊藤博文印象很深,给清廷上过一道奏折,专门谈他:

此日使(伊藤)乃强干之政客,曾旅欧美,注重其竞争实力。此时其无意于开启衅端,仅决意推行商业扩张之策,以图富国强民。十年之内,日本必将成为强国,现虽不甚堪虞,但必将为我国之大患。

此番言语,不幸而言中!

签约之后,日本加速染指朝鲜,贸易额不断增加,本国的军事力量也不断增强。到1892年,日本对朝鲜的贸易,基本接近对大清的贸易水平,军费开支则占据财政支出的三分之一左右,"强国"的模样,大致成形。

甲午战争导火索

1894年,朝鲜又出事了。两件小事,一件大事。

这个国家,自大院君下野,王妃闵氏弄权以来,就不断出事。我在日本人佐藤铁治郎的《袁世凯传》里,看到过闵氏的照片(韩国史学家说,这照片是后人伪造的),年轻漂亮的一个小女子,双目有神,有弄情的天赋。这女人比国王李熙大一岁,李熙亲政那年,她二十二岁。1895年在"乙未事变"中,被日本人暗杀,香陨九天,享年四十四岁。1897年,李熙改国号为大韩帝国,追谥闵妃为明成皇后。当今韩国史学家多称她为"明成皇后"。

闵妃对权力的嗜好,有如犯了魔怔一般。此外她还有一个糟糕的嗜好,即生活糜烂奢侈。然而后者,闵妃比大清帝国的慈禧太后稍逊一筹,没法子,朝鲜的国力,毕竟不能跟大清相提并论。可闵妃的某些做派,也足以让读史之人"刮目相看"。1882年,清军帮助朝鲜平定"壬午兵变"之后,朝鲜派使团到大清谢恩,使团携带十万两白银,到大清国为闵妃购买奢侈品。袁世凯听说此事,气得大骂:"是无心肝,不亡何待!"

不说闵妃了,说说朝鲜到底出了什么事。先说小,再说大。

小事是两件暗杀事件。暗杀的对象,是1884年"甲申政变"失败后逃离朝鲜的"开化党"领袖——金玉均和朴泳孝。事件发生的时间,也都在1894年4月,看起来有预谋、有计划,很适合改编成电影、电视剧什么的。这事要是发生在大清或民国,我们的"影视工作者"可能早就动手了,弄成哪年的"贺岁片"也说不定。

朴泳孝很幸运,不光没死,还把其中一个凶手给制服了。这次暗杀地点在日本。被捕的凶手向日本当局招供,说他是按照朝鲜国王的命令行事。另一凶手逃到朝鲜驻日公使馆。日方索要凶手,朝鲜公使拒绝,竟然下旗回国。

金玉均死了,死在上海的一家旅馆里。杀他的凶手,是"甲申政变"中被清军处死的朝鲜邮政总办洪英植的儿子洪钟宇。上海当局按照李鸿章的指示,逮捕凶手,将他和金玉均的尸体一道送回朝鲜。朝鲜政府对凶手予以嘉奖,委任官职。对金玉均的尸体,先是公开示众,然后实施戮尸,装模作样施行凌迟大刑。

这两件小事,在日本人看来,都不小,是大清和朝鲜针对日本的敌对行为。一些激进分子为金玉均举办盛大葬礼和纪念会,还派代表面见外相陆奥宗光,要求政府对清国宣战,占领朝鲜。议会里也炸了锅,敦促政府尽快采取针对大清和朝鲜的行动。

大事是朝鲜的"东学党"起义,直接导致日本跟大清反目。

东学党是一个民间宗教组织。那时候,朝鲜事事都向大清看齐,民间宗教,也从大清这边汲取营养,把儒教、佛教和道教,剁巴剁巴一锅炖了,像东北菜中的"乱炖"一样,炖成一锅"东学"之说,跟西方天主教对立。教义非常简单,每天吟诵十三个字,就能祛病免灾。朝鲜政府不喜欢这个组织,斥为"左道""邪教",残酷打击,还把它的创始人崔济愚斩首。可这组织像韭菜一样,割了一茬,还有一茬。二代教主崔时亨重组教团,树立为"教祖申冤""驱逐倭洋"的旗号,公开与官府抗争。

那时候的朝鲜社会,跟大清也是一个模子脱出来的,"上下交争利",极度腐败,民生凋敝。1894年2月,朝鲜全罗道农民,对郡守赵秉甲的酷政忍无可忍,发动骚乱。东学党势力立即渗透,很快取得领导权。数月间乱民发展到几万人之众,整个朝鲜南部,政局动荡。5月9日,朝鲜发兵镇压。区区八百人的队伍,即便是"精锐",也是小众,怎么"镇压"得了几万人的大众?果然,不等接战,这些"精锐"便丢盔弃甲,四散而逃。没办法,还得请大清出兵救援。

朝鲜的"太上皇"袁世凯认为,此时大清出兵清剿乱党,有利于在政治上和军事上加强对朝鲜的控制,机不可失,于是向李鸿章进言。而朝鲜政府内部,为是否向大清请援的问题,也没有统一意见,还在争论。历史学家唐德刚常说一句话,"形势比人强",拿到这里使用,非常恰当。5月31日,东学党占领全罗道首府全州府,形势危急,朝鲜内部争论停止,决定向大清紧急呼救。6月3日,呼救的正式公文送到袁世凯手中,袁立即电告李鸿章。李迅速上报总理衙门和光绪帝。光绪下旨:

> 李鸿章电奏已悉,此次朝鲜乱匪聚党甚众,清国派兵助剿,地势敌情均非素习,必须谋出万全,务操必胜之势,不可意存轻视。如需厚集兵力,即著酌量添调,克期续发,以期一鼓荡平,用慰绥靖藩服至意。

按《中日天津条约》相关规定,大清出兵朝鲜,必须照会日本。

其实此时日本对大清的动向,已经格外关注。6月3日上午,日本驻朝鲜代理公使杉村濬,亲自拜访袁世凯,探讨朝鲜时局,公开表示,"贵国出兵,那我国也不能不出兵"。当天夜里,杉村濬再访袁氏,继续打探消息。袁告诉他,"朝鲜政府已经下达请求我朝援兵公文,清国准备派发一千五百人兵力,赴朝镇定东学民乱。"

6月4日,杉村濬急电东京:"清国北洋水师威海卫基地已经出航四艘军舰驶向天津,为赴朝清兵的商船护航,日本政府应迅速派遣军队进驻朝鲜。"

日本政府不敢怠慢,临时内阁会议决定,马上出兵朝鲜,抢先完成在朝鲜的军事部署。6月5日,日本成立战时大本营,下达向朝鲜增派混成旅团的动员令。在国内休假的驻朝公使大鸟圭介,取消休假,紧急凑集七十名海军陆战队员,疾奔朝鲜。到仁川后,跟五艘日本军舰汇合,组成总员近五百人的先遣陆战队,又疾奔朝鲜首都汉城而去。同时,国内的陆海军也在紧急集结,做好入朝的各种准备。

6月7日，大清驻日本公使汪文藻代表清政府，向日本外相陆奥递交照会，声明："此番清国派兵援助朝鲜，乃我朝保护属邦之旧例，清国政府依据1885年清日《天津条约》中第三条规定，特知会日本政府。"

陆奥立即回复照会："承知贵国出兵朝鲜，但日本历来不承认朝鲜是清国属国。日本政府为应对朝鲜之乱，保护本邦在朝居民安全，也准备向朝鲜派出若干军队。"

6月9日，大清再次照会日本："清国保护属国之行动，乃应朝鲜政府镇定国内民乱之请求。然贵国派兵仅为保护居留民安全，故无需派遣大军入朝并不得进入朝鲜内地。"

大清这是把自己当盘菜了，日本政府什么时候听过你的？你说保护属国，人家就说不承认朝鲜是你的属国，这番你又说日本不得派大军，还不得进入朝鲜内地，可想而知，人家偏偏要派大军，偏偏要进入内地。

这一回，日本同样毫不客气，回复大清照会："日本派遣军队入朝，是根据日朝《济物浦条约》主旨以及《日清天津条约》之约定，属于条约分内之举动，与清国的主张无关。"总之，就是不理你那一缕山羊胡子，你能怎么着？

外交上的对峙，很快演变成军事上的对峙。朝鲜，即将成为大清和日本的决斗场。

大清与日本，针尖对麦芒

日本的军事行动跟外交一样敏捷。1894年6月12日至18日，混成旅团先头部队在仁川登陆；23日，混成旅团主力包围汉城；28日，混成旅团全军在朝鲜登陆，兵员达到八千人。除了汉城之外，在仁川和釜山也都有驻军。而此时此刻，进入朝鲜的清军，只有驻扎牙山的两千人。

大清和日本的军事调动，尤其是日本的军事调动，把朝鲜给吓坏了，把西方国家也吓了一跳。6月10日，俄国和法国驻朝公使馆开始陆续撤离工作人员。朝鲜的对策是，赶紧与东学党妥协，双方谈判，满足他们的诉求。6月10日，双方签订《全州和议》，农民军退出全州，回家务农去了。6月13日，朝鲜政府致函袁世凯，要求大清退兵，以解除日本出兵的借口。李鸿章得报，电令叶志超，入朝清军集结牙山,准备回国,同时命令袁世凯,通过外交途径,敦促日本尽快退兵。但日本不想退兵,不仅不退,还在不断增兵。这有悖常理啊,怎么说你也得找个借口吧,不然在外交上会陷入被动。日本不傻,他们正在寻找借口。陆奥在回忆录《蹇蹇录》里说:

> 他(大鸟圭介)一进入汉城,就感到和从日本出发时所预料的情况有所不同,朝鲜国内出乎意外地平稳,清国派去的军队只是驻扎在牙山并未进驻内地……所以该公使一再致电政府建议"目前若向朝鲜派遣过多军队,就会引起朝鲜政府和人民尤其是第三者外国人发生不必要的怀疑,在外交上实非得计。"然而,反观我国国内情况,已成骑虎之势……我政府一方面认为大鸟公使的建议非常恰当,另一方面又实难预料何时发生不测的变化。考虑在此千钧一发之际,成败的关键完全取决于兵力的优劣,所以决定仍按政府原定计划,迅速先将预定的混成旅团派往朝鲜为万全之策……
>
> 如上所述,我国政府的政策,在外交上虽然居于被动的地方,但在军事上却要先发制人。因此,在此间不容发的时刻,为了外交和军事关系上取得协同一致的步调,各当局莫不潜心策划,煞费苦心,至今思之,犹不禁悚然……除去实施一种外交策略使局势改观以外,实在没有其他方法。

看得出来,日本面对这个局面,也一时感到头疼,"至今思之,犹不禁悚然"嘛。外交无小事,不可不慎。好在,这个借口,还真让他们给想出来了。陆奥《蹇蹇录》里说:

> 某日,在内阁会议上,伊藤总理曾亲自拟出下列一种方案,征询阁员意见……其内容是:"朝鲜内乱,应由清日两国军队共同尽力迅速镇压;乱民平定后,为改革朝鲜内政起见,由清日两国向朝鲜派出若干名常设委员,调查该国财政概况,淘汰中央及地方官吏,设置必要的警备兵,以维护国内安宁;整顿该国财政,尽可能地募集公债,以便用于兴办公益事业。"阁员对此一致表示赞同,我也没有异议……我在次日的内阁会议上,在伊藤总理提案之外又提出下列两项附带条件:"不问与清国政府的商议能否成功,在获得结果以前,我国绝不撤回目下在朝鲜的军队;若清国政府不赞同日本

提案时,帝国政府当独立使朝鲜政府实现上述之改革。"此项提案经过阁议通过后,再由内阁总理大臣上奏天皇裁可。

现在我国的外交显然是百尺竿头更进一步了。今后的一线希望,只系于清国政府能否同意我国的提案。如果清国政府拒绝我国的提案,不问其理由如何,我政府皆不能漠视,并由此可断定清日两国的冲突终将不可避免,不得不实行最后之决心。这个决心,帝国政府在最初向朝鲜出兵时业已决定。事到今日就更无丝毫犹豫之理。

此后日本果然提出清日两国共同镇压朝鲜民乱等事。大清拒绝,已经不乱了嘛,还镇压什么?那就共同参与朝鲜的内政改革吧?大清还是拒绝,说先撤军,不撤军,什么都不谈。其实这些,都在日本的预料之中,管你说什么,我就是不撤军,不行就打呗。

大清不参与朝鲜内政改革,日本自己动手。6月26日,日本驻朝鲜公使大鸟面见朝鲜国王,奏请改革内政。同日,再向朝鲜国王上书,详细说明日本绝不撤军,同时要积极对抗大清。同一天的两回折腾,给朝鲜国王以强烈的刺激。两天后,他跟群臣议事时说:"外侮如此,国势可知,言之亦耻矣。惟当奋发惕励,可以自修自强矣。"

诡异的是,日本人只是作为不撤军借口提出的朝鲜内政改革方案,竟然赢得了西方各国的高度赞扬。尤其是美国媒体,简直把日本捧到脑门上,同时把大清踩到脚底下。《纽约先驱报》发表文章说:"(日本)在朝鲜的作为将有利于整个世界,它一旦失败将令这一隐士之国重回中国野蛮的统治。"《旧金山检查者报》发表社论,指责大清把朝鲜控制得非常死板,"这个可怜的国家看起来并不存在,它的一千万人民的任何野心都会被轻轻掸去,这是中国的一个毫无色彩和低能的翻版"。《亚特兰大宪政报》指出:"美国民众毫无疑问同情日本,一般认为日本代表着亚洲的光明和进步。"

有史料显示,国际舆论的一边倒,跟日本在国际社会的宣传公关大有关系。到此为止,大清在外交和国际舆论上都处在被动境地,在军事上,也落了下风。一是军队的数量不成比例,二是战略位置轻重失调。日军进入朝鲜的心脏和两肋,清军驻扎在牙山算什么?顶多是个手指头。

形势对日本非常有利。大清国遭遇了出兵之后的第一个尴尬。明明说是出兵平乱,可现在,路归路,桥归桥,就是走它不得。朝鲜说暴乱已定,你们都回去吧。清军撤不撤呢?倒是可以撤,也愿意撤,问题是日本不撤。咱不能自己灰溜溜走了,把朝鲜一股脑丢给日本。向朝鲜内地进兵行不行呢?也不行。日军挡在前边,你怎么进兵啊?

尴尬,太尴尬了。

此时日本的态度已经不可逆转,继续拿朝鲜内政改革说事。陆奥《蹇蹇录》说得透彻:"所谓朝鲜内政改革的提案只是徒有虚名而已,清国政府一定会拒绝日本的提案。如此一来,阻碍朝鲜国家进步的责任在清国,日本和清国决裂一战就会名正言顺。"说到底,就是找茬跟大清干一仗。

朝鲜对日本的高压非常愤怒,但又无力拒绝日本的要求,他们把大清当成最后一根稻草,指望大清能把朝鲜从即将灭顶的灾难中捞出来。

李鸿章的脑子有点乱。可再怎么乱他也知道,朝鲜局势危如累卵,总得想办法解决才好。不过有个底线他还是要坚守,无论如何,不能跟日本开战。之所以在军事上、外交上都很被动,主要原因是不敢打。目下的难题是,谈又谈不拢,打又打不得,怎么办呢?看样子没有更好的办法,还是"以夷制夷"吧。

俄英外交斡旋

李鸿章首先想到俄国。

1894年6月20日,朝鲜局势因中日相继出兵而扑朔迷离之际,俄国驻华公使喀西尼要回国休假,路过天津时,拜访了李鸿章。谈话中,老李以大清政府的名义,恳请喀西尼转告俄国政府,希望俄国出面调停大清与日本的矛盾纠纷,迫使日本与大清同时退兵。为了"调动"俄国参与调停的积极性,还说什么大清政府"认为俄国与此事有直接利害关系,故俄国有出面调停的特殊权利"。同时暗示,英国已经主动提出要调停,但大清政府"认为俄国在此次事件中有优先权"。

从李鸿章和喀西尼的谈话中,我们不难看出,老李很讲究战术,是个"战术党"。可惜,他的对手日本,是个不折不扣的"战略党",战略为主,战术次之。战术和战略,显然不在一个水平线上。

李鸿章的一番话,把喀西尼的热情一下子撩拨起来,待在天津不走了。6月22日,他给俄国外交大臣吉尔斯发电,转达大清的意愿,还特别指出,"我国决不应错过"这次调停机会。

吉尔斯当日上奏俄国沙皇，沙皇准奏。6月23日，吉尔斯电令俄国驻日本公使希德洛夫向日本政府提出劝告。6月25日，希德洛夫拜会日本外相陆奥，提出日本从朝鲜撤军问题。陆奥答复，撤军可以，前提是清日两国必须共同负责对朝鲜政府进行内政改革，完成之后再撤；如果清国不参与，日本也要做，那时候清国无论直接间接都不得加以阻挠。陆奥这番话，等于是用托词把俄国挡回去了。

俄国不甘心，于6月30日，向日本政府递交了一份措辞强硬的照会，主要内容是："朝鲜的内乱已经平息，日本应遵从朝鲜政府要求，接受日清两国军队同时撤兵的方案，否则日本将负有重大责任。"这段话里有通牒的意思，暗示日本要为今后可能发生的意外事故承担后果。

俄国这一照会，让陆奥觉得事态非常严重，他立即前往首相官邸听取伊藤博文的意见。伊藤看完俄国照会，沉思良久。陆奥征询意见，伊藤语气沉重，说："局面已经发展到了现在的地步，还如何应和俄国的要求，将我军从朝鲜撤回呢？"陆奥回答："尊意与鄙见完全符合，然今后之事态无论演变得如何艰难，都是你我两人的责任，其他不必多言。"

陆奥当夜给俄国公使发去急电，委婉驳回俄国的照会："日本同意俄国的要求，但目前尚不是撤军的时机。"电报发出之后，内心依然惴惴不安，担心此举会为日本引来不测之祸。

陆奥和伊藤都担心俄国出兵。以日本的国力，同时对大清和俄国作战，绝对没有必胜把握。

当时的俄国，希望在远东地区寻求国家利益，对朝鲜的窥视也不是一天两天的事，而且也在朝鲜宫廷内培植了一股亲俄势力，日本担心俄国会有军事上的行动，也在情理之中。

陆奥后来在《蹇蹇录》里谈到俄国照会的时候说道："呜呼，追思当时情形，至今都毛骨悚然。"他是后怕。

让人难以理解的是，俄国收到日本的回复，强硬态度立即收缩回去了。等到十年后，为东亚利益再跟日本起争端，日本已经不在乎它了，一场日俄战争，打得北极熊差一点找不到北。那时候俄国再想起甲午年对日本的态度，是不是后悔莫及呢？

这边李鸿章还在喀西尼身上下功夫。7月1日，喀西尼致电吉尔斯，说："局势已很危急……显然清国希望避免战争,日本却似乎有意寻求战争,深以为胜利非己莫属。危险正来自日本方面,而不是清国方面。"

应该说,喀西尼还是有些洞察力的。可惜,他的洞察力,还有他的热心,都没有得到应有的回报。7月13日,俄国政府给自己找了一个台阶,照会日本,说什么对日本政府的态度,"甚为满意","俄国政府以邻国之故,对于朝鲜事变自不能袖手旁观,然今日之事,完全出于希望预防清日两国之冲突,希为谅解。"

怎么了这是?还给日本道歉了。匪夷所思。

这还不够,7月21日,又画蛇添足再发一照会,"从友谊上再提请日本政府注意",在朝鲜问题上不能违背各国间所缔结的条约。等于是朋友的口气。

李鸿章对俄国的调停,寄予很大的希望,深信俄国能把日本压服,以至于在军事上迟迟没有动作,造成极大的被动。

这期间,英国驻华公使欧格纳,也参与了调停。先是跟英国驻日临时代理公使巴柴特商量,让对方跟日本交涉,说你们之间闹成这个样子,对谁都不好,能不能坐在一起谈谈?日本回复,可以谈谈。于是在7月9日,日本驻华代理公使小村寿太郎到大清总理衙门,跟庆亲王奕劻等各大臣磋商,却毫无结果。小村向日本政府汇报磋商情况,日本政府认为英国调停失败,是"可喜之事",电令小村向大清提交强硬照会,大意是,英国大臣为了清日和好,出面调停,而你们清国一意孤行,不尊重我们的意见,这是"有意滋事也",此后如"有不测之变,我政府不任其责"。史学界把这一照会,称为日本对清国的"第二次绝交书"。而"第一次绝交书",是在6月22日发出的,针对大清要求日本从朝鲜撤兵的诉求,强硬表示,日本绝不撤兵,你清国爱咋地咋地。

在"第二次绝交书"发出的同时,陆奥电令日本驻朝鲜公使大鸟:"英国调停已告失败,现在必须断然处置。"意思是说,你可以在朝鲜动手了。

事已至此,英国驻华公使欧格纳还在继续调停,他指示英国驻日临时代理公使巴柴特,再跟日本交涉。陆奥毫不客气,回复巴柴特,"清国政府如不能自本日起于五日内以适当手续表明态度,日本政府将不再与清国进行会商。此外,清国如在此期间再向朝鲜增派军队,日本政府即认为是威胁之行为"。态度蛮横如此,还怎么谈呢?这方面你不佩服英国人还真就不行,按伦敦电令,巴柴特于7月23日拜会陆奥,提出:"今后清日两国若发生战争,清国的上海,为英国的利益中心,希望取得日本政府不在该地及附近作战的保证。"原来如此!陆奥答复得很痛快,放心吧,没问题,多大个事呀。

而此时此刻,欧格纳仍然奔走呼号,想让清日在朝鲜的军队各自后撤,不要接触。他哪里知道,日本驻日公使大鸟,已经在朝鲜"飞"起来了。

宣战!宣战!

没等宣战,日本就不宣而战。

1894年6月至7月,日本无论在外交还是军事方面,都动作频频,螳螂拳,太极拳,南拳北拳少林拳,什么拳脚都有。而在大清一边,除了6月上旬派兵入朝以外,再就是要嘴皮子,好一通唾沫飞溅,到了,啥用也没有。清廷由此极为震动,清议派各色人等,纷纷上奏,力主"抗日援朝",同时对李鸿章加以责难。

在群蛙鼓噪之中,有一个人的声音格外响亮,这人就是礼部右侍郎志锐。志锐先是分析了目下的朝鲜局势,指出事态紧急,后把矛头指向李鸿章,说他"一味因循玩误""专恃外国公使从中调处,藉作说和之客,以图退兵之计"。又说,于日本,咱是势在必争,于朝鲜,咱是绝不可失。"当今之计,应请皇上"当机立断,"速敕北洋大臣李鸿章,厚集兵力,分驻高(高丽)境,克期进发,迅赴事机"。之后又把矛头指向叶志超和丁汝昌,说他们是"败叶残丁",陆军不进汉城,海军不守仁川,把军事要地,都拱手让给日本……好一通慷慨陈词。可惜,他的"急治军旅,力敌势均"言等,已是事后诸葛,梦梦而已,于大局毫无补益。在志锐上奏清廷的第二天,日本驻朝鲜公使大鸟,已展翅高"飞",弄出不小的响动。事态至此,断断不可逆转。

7月18日,大鸟遵日本外相陆奥旨意,派兵控制朝鲜王宫和京城外围。20日,照会朝鲜政府,提出四项要求:在汉城和釜山间架设军用电线;朝鲜为日本建立军营;朝鲜宣布脱离与清国的藩属关系,将清国军队逐出朝鲜;废除与清国之间的各项条约。

7月22日,朝鲜回复大鸟照会,说同意放弃与清国的藩属关系,已经要求清国撤军。大鸟指责朝鲜只是口头应付,并无实际行动,于7月23日凌晨,命令日本混成旅向朝鲜王宫发起攻击。三个多小时以后,战斗结束,日本以一死一伤的代价,占领王宫。为应付国际舆论,大鸟拥立大院君为朝鲜摄政王,让国王退政。

7月25日,大院君以朝鲜政府名义,通告废除与大清的各项条约,委托日军驱逐牙山的清军。由此，日军在朝鲜针对清军的行动，就拥有了"合法性"。

日本是一个急性子的国家。早在1876年1月，日本驻华公使森有礼跟李鸿章就朝鲜是否大清属国问题，所进行的长达七小时的交谈中，就谈及日本与大清性急与性缓的问题。森有礼说："西国人言日本办事性过急，大清办事性过缓；急性遇着缓性，难以商量。"

既然"难以商量"，那就索性不商量。急性子的日本开始行动了。7月25日，日军占领朝鲜王宫之后，日本联合舰队在朝鲜丰岛海域，向大清发起攻击，击沉运兵的英籍商船高升号。日本陆军混成旅团也做好战前准备，几天后向牙山的清军发起攻击。

日本不宣而战！

李鸿章得讯，于7月28日，电告总理衙门，建议布告各国，日本首先开衅。总理衙门得电，于7月30日，照会各国公使，同时降旨驻日使馆和领事馆，说日本首先开衅，不得不另筹决意办法，并委托美国代为保护日本的华侨。31日，照会日本驻华公使小村寿太郎，"日先开衅，致废修好条约，此后与阁下无可商之处，殊为可惜。"这是宣布跟日本断交，暗示小村赶紧滚蛋。

8月1日，光绪帝下旨向日本宣战，说：

> 倭人无故派兵，突入汉城，嗣又增兵万余，迫令朝鲜更改国政，种种要挟，难以理喻……著李鸿章严饬派出各军，迅速进剿，厚集雄狮，陆续进发，以拯韩民于涂炭。并著沿江沿海各将军督抚及统兵大臣，整饬戎行，遇有倭人轮船驶入各口，即行迎头痛击，悉数歼除……

日本人性急的毛病这时候又发作了。7月30日，内阁起草了宣战诏书草案。7月31日，外相陆奥向各国公使递交了日清交战通告书，其实就是实质意义上的宣战书。加拿大史学家陈志让在《袁世凯传：外国人眼中的袁世凯》一书中说"日本天皇于7月31日宣战，中国皇帝于1894年8月1日宣战"，是符合实情的。麻烦的是，日本宣战诏书的具体措辞，在内阁引起争议，前后修改六次才通过，这样就把时间耽搁了，直到8月2日，日本天皇才正式签发宣战诏书。到9月10日，内阁会议正式确定，日清战争开战日为7月25日，宣战日为8月1日。这是后来史学界认定，大清和日本在8月1日同一天宣战的缘由。

日本天皇签发的宣战诏书说：

　　朕兹对清国宣战，百僚有司，宜体朕意，海陆对清作战，努力以达国家之目的。苟不违国际公法，既宜各本权能，尽一切之手段，必期万勿遗漏……（清国）更派大兵于韩土，要击我舰于韩海，狂妄已极……事既至此，朕虽始终与平和相终始，以宣扬帝国之光荣于海外，亦不得不公然宣战，赖汝有众之忠实勇武，而期速克平和于永远，以全帝国之光荣。

　　有史家评论说，明治天皇的宣战书，在"境界"上，要超出光绪皇帝的宣战书。这是打嘴仗。在这件事情上，用流行话说，不看广告看疗效，战场上的胜利者，才是真正的胜利者。枪杆子说话，是最有说服力的。

　　让我辈咬牙的是，你大清国在战场上，也是一个孬种。

主要参考书目

1. 王芸生编著，《六十年来中国与日本》，生活·读书·新知三联书店，2005年。
2. 宗泽亚著，《清日战争》，世界图书出版公司，2012年。
3. 〔加〕陈志让著，《袁世凯传：外国人眼中的袁世凯》，湖南人民出版社，2013年。
4. 〔日〕佐藤铁治郎著，《袁世凯传：一个日本记者三十年中国、朝鲜生活札记》，安徽人民出版社，2012年。
5. 端木赐香著，《历史不是哈哈镜：真假袁世凯辨别》，金城出版社，2012年。
6. 〔澳大利亚〕雪珥著，《绝版甲午：从海外史料揭秘中日战争》，文汇出版社，2009年。
7. 〔美〕马士著，《中华帝国对外关系史》，上海世纪出版集团，2005年。

甲午，日本的舆论战略

2014年元旦，日本华文媒体《新华侨报》发表《从一个甲午到另一个甲午的"危机"》，文章对中日围绕钓鱼岛问题，持续了两年的纷争和摩擦，表示担忧。文章声称，新的甲午年中日似乎又到了战争的边缘。

对中日在21世纪发生战争的担忧，是一个普遍现象。国内外媒体，在整个2013年度，已经多次发表类似言论。

《新华侨报》的文章刚刚发表一个星期，国内媒体《环球时报》发表《打赢同日本的"舆论甲午战争"》，对日本外务省计划邀请一百多名驻华外国记者访日，向他们宣传日本与中韩领土争议立场一事，反应敏感，说"中日舆论战看来面临全面升级"。文章分析了日本在这次舆论战中的目的，指出"日本会千方百计把中日冲突描绘成它同一个威胁世界的集权大国之间的斗争，从而唤醒西方主流舆论对它的同情，让意识形态和地缘政治情结主导西方舆论界对中日冲突的态度"。文章提醒国内同行，要讲大是大非，不作枝杈之争，"紧紧咬住"安倍参拜靖国神社和他的历史观不放，抓住日本与德国对"二战"态度的巨大区别不放，从而打赢这场"舆论甲午战争"。

说起来，这次中日间的舆论战，从2012年4月日本提出"购买"钓鱼岛的那一刻已经打响，几番舌剑唇枪的较量，声调时高时低，不见罢口迹象。

《环球时报》的文章说，在这场舆论战中，日本会以其丰富的舆论资源和技术优势，同欧美社会进行沟通，争取更多好感。还说，"日本做这些事的手段多、也更灵活。它的舆论引导能力、制造热点能力都接近世界一流水平"。这段话让我想到一百二十年前，甲午战争中的舆论战，日本就是以多种灵活的手段，以丰富的舆论资源同欧美社会进行沟通，成功地将大清帝国妖魔化，把那场战争渲染成文明对野蛮的战争，从而赢得全世界的普遍好感。而大清帝国，在舆论战场上，时时处处被动挨打，毫无还手之力，比军事战场败得更惨。前事不忘，后事之师，我们应该铭记这一惨痛教训。

当年的日本首相伊藤博文，对舆论战的重要性有深刻认识，在他看来，利用媒体攻势取得国际舆论的支持，等于拿下战争一半的胜利。而大清帝国的栋梁之材李鸿章，对此毫无认知，等于先把一半的胜利，拱手让给日本。

宗泽亚在《清日战争》一书中说："清日战争作为近代战争所表现出的一大特征，是重视媒体对战争的作用。通过媒体向国际社会陈述本国的战争立场，求得列强支持。媒体成为作战国主张战争合法性和为战争行为狡辩的重要工具。"严格说来，这个总结，只是针对日本一方而言。在整个战争过程中，舆论几乎是一边倒。大清这边，别说主动出击，连"防御"的手段都极少。所以，我对那场"甲午舆论战争"的梳理，只能取名为"日本的舆论战略"。

现在我们来看看日本的舆论战略是如何展开的。

三个层面的攻势

让人郁闷的是，从中日双方宣战的那一刻起，日本就占据了舆论的制高点，从此一直居高临下，直到战争结束。

日本的舆论攻势，表现在三个层面：一是宣战书，二是外交战略，三是媒体战略。

先说宣战书。

1894年7月25日，日本联合舰队与大清北洋舰队，在朝鲜丰岛海面打了一场遭遇战，严格地说是日本不宣而战。李鸿章于7月28日致电总理衙门，说日本先开战这事，咱们得通知各国，让他们都知道，不是大清去挑衅日本的。电文强调，朝鲜是大清藩属国一事，"文内轻笔带叙，斯我先派兵非无名"。这些都是实情，谈不上摆弄手段。谈得上摆弄手段的，是建议对日本进行经济制裁，"暂停日本通商，日货不准进口"。7月30日，总理衙门照会各国公使，先介绍大清向朝鲜派兵和日本先行开战的相关事宜，后说在这种情况下，大清"不得不暗筹决意办法"，暗示要向日本宣战。8月1日，光绪帝下旨宣战。宣战书采用李鸿章的思路，大意是说，朝鲜是大清的藩属国，前些日子出现内乱，俺大清派兵前去戡乱，这事跟日本没关系，它不应该派兵，更不该不宣而战，俺大清不能容忍这事，现在决定打它个小倭。基本上是就事论事。这份宣战书影响到后来的主流教科书，对甲午战争的起因，都沿用这种解释。当时的清廷，更是恪守这一"中央精神"。

日本对大清的宣战书，前后经过六次大幅度修改，字斟句酌，其中第三、四、五稿，都包含对朝鲜的宣战内容。鉴于朝鲜政府同意日本要求将日军进攻朝鲜王宫一事，解释为两国士兵间的摩擦，是偶然事件，才在第六稿删去针对朝鲜的宣战内容。现在史学家公认说两国是同日宣战，这与事实略有出入。真实的情况是，7月31日，日本外相陆奥宗光向各国公使递交日清战争通告书，实际上就是宣战书。8月1日，宣战书内容在内阁引发争议，不断进行修改。8月2日，内阁通过宣战诏书议案，呈请天皇签发。9月10日，内阁通过决议，日清战争开战日为1894年7月25日，宣战日为1894年8月1日。这就是所谓"同日宣战"的历史依据。

明治天皇的宣战书说："朝鲜乃帝国首先启发使就与列国为伍之独立国，而清国每称朝鲜为属邦，干涉其内政……朕依明治十五年条约，出兵备变，更使朝鲜永免祸乱，得保将来治安，欲以维持东洋全局之平和，先告清国，以协同从事，清国反设辞拒绝。"等于说日本师出有名，为的是推动朝鲜独立，维护朝鲜的主权和领土完整，不受清国染指，这也是为东亚和平尽力尽责。

史学界比较普遍的看法，两份宣战书，完全不在一个量级上。日本的宣战书，更胜一筹，占领了道义高地。这样说不算错，只是过于笼统。我的看法是，日本提出朝鲜独立问题，挠到了西方各国的痒痒肉，让它们感觉很舒服。大清这边，从李鸿章到总理衙门，再到光绪帝，都在意淫，以为西方各国默许大清跟朝鲜的藩属关系。真实的情况是，日本跳脚反对，美国也给大清施加压力，提出让朝鲜独立，其他各国跟朝鲜签约时，对藩属关系不置一词，实质上存有腹诽。何况那时候，大清跟越南的藩属关系，因中法战争之败，已经土崩瓦解。这种情况下，日本的呼吁，自然更能唤起西方的共鸣。

再说外交战略。

在舆论战方面，大清谈不上有外交战略，还是一如既往，就事论事，给各国公使发个照会之类。可笑的是，当时大清驻各国的外交官，绝大多数不懂外语，英语、法语、德语，管你什么语，咱不会说，更听不懂，爱咋地咋地。更可笑的是，大清驻美国公使杨儒，把精力都用在美国国务卿葛礼山的老婆孩子身上，经常"亲密接触"，送点小礼品啥的，利用"枕边风"进行外交，化公为私。

日本则完全相反，奉行积极外交策略，驻各国外交官，都精通所在国语言，有些口语较差，但可以运用所在国的语言写作，达到报刊发表水平。其中两位外交官更是表现出色。一个是驻英国和德国公使青木周藏，另一个是驻美国公使栗野慎一郎。青木战前担任外相，战争爆发后，"下放"到欧洲。他的主要任务，是把欧洲舆论控制在有利于日本的范畴。青木在化解高升号外交危机上，有过出色表现。栗野是哈佛大学毕业生，英语不在话下，外交手段也非常健朗。他的做法跟大清驻美国公使杨儒形成鲜明对比。为达到本国外交目的，栗野天天去美国国务卿葛礼山办公室拜访，畅谈国际事务，从"公谊"入手，表达日本对美国的重要性，把葛礼山对大清的好感，削掉了很多。此外，他还经常组织外交人员和学者，为美国报刊撰稿，阐释日本所作所为的"合法性"以及大清对东亚和平的威胁等等。（据雪珥先生吐槽，他翻遍甲午战争期间《纽约时报》《泰晤士报》等西方所有大报，没看到一篇大清官方或个人发表的文章。）青木和栗野更突出的贡献，是联手促成日本政府和军方允许外国武官随军观战，同意西方媒体随军采访，此举让战争期间日本的形象得到彰显。而大清不仅拒绝西方媒体随军采访请求，作战中，清军还把两个迷路的西方记者砍了头，闹出不少丑闻。

第三，也是最重要的，媒体战略。

在军事上，日本早在战争爆发之前的6月5日，就成立了战时大本营。在舆论战方面，也同样设立了"总指挥部"。也是在公开宣战之前，日本秘密聘请美国《纽约论坛报》记者豪斯，担任媒体战的"总指挥"。这豪斯是个搞宣传的行家里手，熟悉西方媒体的运作方式。在他的策划下，战争初期，美国报刊发出的声音，绝大多数有利于日本，塑造了日本的"文明"形象。

《清日战争》说中日甲午之战，"是在国际社会的注目和监督的大背景下展开的，带有浓厚的新闻色彩，透明度较高"。还说"媒体的近代化，推进了战争的明朗化，引导国际社会知晓和理解战争"。这个分析是中肯的。这个现象的出现，完全得益于日本对媒体的高度重视。而日本运用、利用媒体的柔软手段，更是为自身的形象锦上添花。

当时，大清的主要媒体，影响比较大的，有《申江新报》（也称为《申报》）《万国公报》《字林沪报》《上海新闻画报》《点石斋画报》等，不超过十家，还都是外资创办。由于清政府对媒体的种种限制，不能派记者随军采访等原因，媒体根本拿不到第一手材料，只能转载外国报纸的报道，做外国报纸的传声筒，再就是把小道消息或者前线故意的虚报，当作事实大肆宣扬，频频搞笑。当时日本国内的媒体，有《东京日日新闻》《国民新闻》《读卖新闻》《中央新闻》等六十六家之多，派遣一百一十四名记者、十一名画师、四名摄影师随军采访。批准外国媒体《纽约世界》《伦敦时报》《黑白画报》等大报记者十七人随军采访。除了媒体，军方也派出自己的摄影师队伍，组成写真班，战后出版《日清战争写真帖》三大册。这些照片现在有好多出现在网络上，对了解甲午战争以及晚清社会，都有重要的参考作用。

雪珥在《绝版甲午：从海外史料揭秘中日战争》中介绍，当时的日本媒体，引进了西方观念和运作方式，被称作是"第四种权力"，相对独立，不受政府任意干涉。相反，媒体对政府行为，有时能形成巨大制衡，可以批评政府的某些做法"因循误事"。在甲午战争爆发前夕，日本《国民新闻》竟然扬言，要是政府向清国屈服，"国民将趋于反动，乃至大大地反动，而且也将使国民的舆论沸腾起来"。就是这样的独立媒体，战争期间，却能主动配合政府，美化战争，美化日军，有效地凝聚了日本的民心士气，显得特别"主旋律"。

有意思的是，大清的新闻媒体，尽管是外资创办，在战争期间，也是特别"主旋律"，自觉过滤素材，对大清不利的事情咱不报，对大清有利的事情咱使劲报，有时用力过猛，对日本极尽讽刺挖苦。比如，北洋舰队旧舰操江号被日军俘获后再利用，《申报》《字林沪报》等先后发文，说什么日本把"既小且旧，为中国所不甚爱惜"的破船当宝贝，还为这等小事奉告祖先，是"言词夸诞欺及先人"云云。这等讽刺挖苦，今日读来，心中别有滋味。

李鸿章在战后出访美国，接受《纽约时报》采访时说："中国办有报纸，遗憾的是中国的编辑们不愿将真相告诉读者，他们不像你们的报纸讲真话，只讲真话。中国的编辑们在讲真话的时候十分吝啬，他们只讲部分的真实，而且他们的报纸也没有你们这么大的发行量。由于不能诚实地说明真相，我们的报纸就失去了新闻本身的高贵价值，也就未能成为广泛传播文明的方式。"这是实情。不过，老李不提清政府对报纸的严加管制，只把棍子打到报纸的屁股上，也着实有点霸道。

关于战争的西方言论

延至今日，国内史学界一致认为，甲午战争是一场由日本发动的，对大清国的侵略战争。当时的日本媒体却认定,那是一场文明之战、解放之战和救亡之战。文明之战指的是,先进文化战胜了落后文化;解放之战指的是"驱除鞑虏,恢复中华",日本是来解放中国、光复中原,把清廷这个"蛮夷"赶走;救亡之战指的是,日本必须先拯救中国,才能解救整个"中华",让黄种人团结起来,携手对抗西方的压迫。由宗方小太郎起草的、日军在大清国土上到处张贴的"开诚忠告十八省豪杰",表达的就是这个意思。

当时的西方观察家和媒体,对战争性质的判断,跟大清的自我认定,完全南辕北辙,而是偏向于日本的观点,普遍认为,这是一场文明对野蛮的战争,是文明对野蛮的胜利。尤其是美国媒体,亲日倾向最为明显,甚至把日本人称作是"东方美国佬",或者东方的"盎格鲁—撒克逊人",而把清国人看作是"东方黑鬼和犹太人"。

我从相关史料里,抄录部分西方主要媒体和旁观者的言论,借此重温那场对大清而言的舆论噩梦。

之一,《纽约先驱报》认为,日本"在朝鲜的作为,将有利于整个世界,它一旦失败,将令这一隐士之国重回中国野蛮的统治"。

之二,《旧金山检查者报》发表社论,指责大清将朝鲜控制得如此死板:"这个可怜的国家似乎并不存在,它的一千万人民的任何野心都会被轻轻掸去,这是中国的一个毫无色彩和低能的翻版。"

之三,《纽约世界》随军记者观察报道:"日本军队拥有超出想象的诸多优秀之处,令我感慨备至。其一,他们是一支沉默的军队,部队在行进中始终保持肃然寂静,没有奏乐、没有旌旗招展、没有喧哗,组织井然、军势威严、沉默有序、疾行向前……其二,日军不但拥有与欧洲诸国比肩的武器、器械、兵法、组织和统辖部队的军官,而且拥有完整的野战医院配置体系……其三,日本军夫的胆量令人感叹……其四,日军缜密的作战规范值得赞誉……"

之四,一个不知名的外国记者手记:"两周前随军参加了平壤战斗。日军从汉城向平壤进军,一路跋涉之艰难,文笔无法言表。沿途群邑的村镇已经被清军尽数掠夺,居民四散逃离,部队向当地居民求食求水,竟然找不到一个人影。朝鲜山多,道路崎岖,部队所到之处常常是人迹罕见的未开垦地。武器、弹药、辎重由随军的军夫搬运,过山开路、渡河架桥,凭借马背和人力把重武器运往前线,士卒们克服疲劳和艰难,生气勃勃到达平壤。这是一支英武的军队,服装端正、纪律严明、武器精锐。经过辛酸跋涉之苦,没有挫伤他们战斗的勇气,在平壤激战中表现出无畏的武士精神。"

之五,《泰晤士报》发表言论说:"日本的军功不愧享受战胜者的荣誉,吾人今后不能不承认日本为东方一个方兴未艾的势力,英国人对于这个彼此利害大体相同,而且早晚要密切相交的新兴岛国人民,不可丝毫怀有嫉妒之意。"

之六,英国随军观战武官尹库鲁说:"黄海海战是特拉法加大海战以来,全球范围内发生的最大规模的海战。这场海战对于海军学生而言,显然可以获得诸多教益。清国海军不出外洋,沿着近海游弋是败战的主要原因。"

之七,某外国武官评价旅顺战役,说:"此间听闻旅顺口战斗中,许多关于清军怯懦表现的报告,实令我难以置信。清军最终没有坚守自己的阵地与日军战斗到底,从清军在阵地上留下极少的尸体数,可以证明这个事实……清军失败的重要原因之一是怯懦,战局常常并非败势,兵士就会先行丢弃阵地和武器逃跑。旅顺口作战前的金州防御,亦见清军怯懦之相。攻防当日,清军金州防御兵力八千人,日军兵力一千三百人,结果清军防线不堪一击,尚无多少伤亡便大举遁退,还遭到日军长距离的追击驱散……日军战术规范,井然有序,在敌阵面前攻击态势严谨不乱,可见是一支训练有素的军队。"

之八,法国记者卡雷斯考和拉露的观察报道:"我们随军详细观察了日军的作战行动,得出日军是世界上值得赞誉的强大军队的结论。荣城登陆作战时,万余兵卒和数千军夫井然有序,完成庞大的登陆行动。我等上陆后,日军已经展开安民行动,布告清国居民不要惊慌,日军绝不骚扰民众。近村的一民家大门上竟贴有'此家有产妇,不要入内惊扰'的日语大字条,着实令人叹服……有一项印象深刻的战地观察,日本兵对勇猛抵抗的清国俘虏表现出仁厚的优待,对病人、负伤者给予人道的治疗和安置。日本民族的仁爱心在这场战争中被展现给了世界。而清国军队之残酷刑法令今人悚然,对日本俘虏斩首、断肢、切睾,实乃野蛮人之行径。"

之九,英国旅行家、游记作家伊丝贝拉女士手记:"清日战争爆发时,我正在清国满洲旅行。宣战后的形势日趋险恶,清国各地人心惶惶。失去制海权的清国,赴朝军队不敢继续在海上运送,只能从满洲和朝鲜接壤的国境地带通过。各路大军经过奉天附近时,纪律涣散,每日有百十人窜入奉天城内,强抢民家财物,甚至升级到团伙掠夺。常闻清军散兵半夜闯入小旅店无钱住宿,强行掠夺,令店内狼藉才弃之而去。清军败退后，日军进入满洲，军队纪律森严，工作秩序井然，毫无倨傲不逊之行为，旁观者一目了然，肃然起敬。"

抄录以上文字，从情感上说，对我是一种折磨；从理性上说，也让我知道，大清之败，是命中注定。一个处在"中世纪"的国家，跟一个近代国家交战，胜败毫无悬念。同时我也理解了，日军为什么要叫嚣来一次"直隶会战"，打到北京去。

最后我还想再引用一段伊丝贝拉的手记。这位英国女士，目光犀利，在当时就透视到大清战败的一个重要缘由。可叹后世国内史家，对此大多置若罔闻。

伊丝贝拉说："日清战争，日本成功地运用了近代宣传媒体作为辅助战争的武器，在欧美国家之间巧妙进行政治公关，让全世界相信日本对清国的战争，是拯救朝鲜于水深火热、为朝鲜争取独立解放的文明战争。日本媒体的公关混淆了视听，使日军成为发动正义战争的一方。而清国孤陋寡闻，忍气吞声，全然不知应该运用媒体的作用揭露日本的谎言。"

化解舆论危机的手段

无论何事，主观上的高度重视，并不意味在客观上就不会遇到棘手问题。日本在舆论方面，就遇到过两次大麻烦，说是危机，也不过分。一次是击沉高升号商船，另一次是旅顺大屠杀。

丰岛之战，日本军舰浪速号击沉英国商船高升号，激起英国媒体和军方的强烈反应，愤怒谴责日本的暴行，强烈要求政府对这种侮辱和藐视英国国旗的行为进行反击。英国政府也照会日本公使，向日本提出严正抗议。在此情形之下，日本首相伊藤博文曾对海军的行为大加斥责。

对此次舆论危机的化解，日本主要采取的是外交手段。其外交手段，非常灵活，先低调取守势，然后高调转守为攻，这两手，都取得绝佳效果。

先是向英方承诺，一旦查实是日方责任，日本政府会向英国赔偿全部损失。这种表态，或多或少会缓解对方的激烈情绪。接着不断向英方提交日本的"调查报告"，同时也向英国媒体和大清媒体提供信息，以混淆真相。

日本在外交上表现突出的，有两位外交官，一位是驻英国公使青木周藏，另一位是驻英公使馆聘用的德国籍法律顾问希伯特。

青木面对英国的官方压力，非常持重老道，一方面不断重申日本政府先前的表态,另一方面,再三强调,"更加精确和完善的报告,会使事实逐渐澄清"。他提供给英国政府的相关文件,大多不是正式的照会,为自己的回旋,留下足够的余地。

希伯特的表现,更有可圈可点之处。他十分擅长从英国利益入手来说服英国。在中日开战之前,他就向英国外交部递交《在朝中日争端备忘录》,说"驻北京的英国外交家们不难理解,英日两国的利益是一致的。在关系到双方利益的时刻,应该把相互对立的问题或历史问题放在次要的位置"。这段话意味深长。当时"驻北京的英国外交家们",包括非外交家,普遍对大清抱有好感。

宗泽亚在《清日战争》一书中,全文抄录希伯特跟英国外交次长巴鲁奇的一次会谈。会谈中,希伯特就每一个细节问题,为日本进行辩护,并且经常围绕国际法展开讨论。这次会谈非常精彩。希伯特化解了巴鲁奇的每一次指责,使巴鲁奇的态度越来越趋于缓和。巴鲁奇的结束语是:"英国政府对这件事,眼下不会采取任何处置方法。本官在拿出最终处理意见之前,不能不等待更充足、更详细的报告。"史学家认为,这是英国政府淡化高升号事件并转化态度的第一个信号。

在日本的外交努力下,英国国际法泰斗、剑桥大学教授韦斯特莱克和牛津大学教授胡兰德,先后在《泰晤士报》发表文章,认为日本军舰击沉高升号是合理合法的。这两篇文章对平息英国舆论的极端情绪,起到了非常重要的作用。

之后日本紧紧抓住大清租用高升号的合同条款,以及事发前清军已经"占领"高升号的说法,高调进行反击,终于化险为夷,把赔偿的责任推到大清头上。可以想见,此时的日本媒体,也会群起鼓噪。

对旅顺大屠杀的舆论危机,日本采取外交手段和媒体手段双管齐下的方法,更多的是借助媒体的力量。

我想按时间顺序,简要叙述事件发生的过程,这会让读者对日本的反应速度和应对手段的变化,看得更加清楚。

最早向外界披露旅顺大屠杀真相的,是英国《泰晤士报》记者托马斯·克温。1894年11月30日,托马斯从旅顺来到日本后,约见日本外相陆奥宗光,陈述旅顺大屠杀事件,后又发出种种质问。会见结束后,陆奥立刻指示日本驻西方各国公使,密切关注所在国的舆论动向,收集媒体反映,迅速报告日本外务省。其实那时候,事件真相还没有见报。

12月3日，托马斯从日本发出的电讯在《泰晤士报》发表，电讯中也包含了他与陆奥谈话的内容。这篇电讯，并没有引起太大反响。

12月12日，美国《纽约世界》记者克里曼从日本发回的电讯，在《纽约世界》发表。13日《纽约世界》以"日军的残虐行为"为题发表社评。针对正在美国上议院审查中的《日美条约改订协议》，开始出现反对批准的言论。

12月15日，日本国内《时事新报》《日本》发表社论，对大屠杀行为进行辩解。陆奥向日本驻各国公使传达应对这一事态的统一口径，提示媒体不要操之过急，不要跟欧美媒体强硬对抗，必须讲究策略。

12月16日，陆奥委托豪斯，给《纽约世界》送去日本的官方声明，列出八条辩解理由。

12月17日，《纽约世界》头版发表日本政府的声明，同版还发表多篇评论文章。其他媒体也转载了日本政府的声明。美国政府对日本政府的声明表示欢迎。克里曼电讯的真实性受到质疑，《华盛顿邮报》《旧金山纪事》《纽约时报》发表文章，批评克里曼的虚假报道。18日，美国上议院公开审议《日美条约改订协议》，没有一个议员提出异议。

12月19日，克里曼的旅顺大屠杀长篇纪实文章，寄达《纽约世界》编辑部。20日，《纽约世界》配上插图，全文发表，大标题是"旅顺大屠杀"。这一详细报道，成为全美最轰动的新闻。欧洲各国媒体也相继转载。美国对日本的好感瞬间崩溃。

12月25日，日本政府再次发表声明，为大屠杀做辩解，指责克里曼的报道是捏造的。

1895年元旦过后，在日本政府筹谋下，日本媒体对外媒报道进行全面反击，把克里曼的长篇纪实，当作恶意诽谤来共同讨伐。这次讨伐一直延续到马关谈判期间才停止。

这个过程中，还有加拿大《旗帜》记者威利阿斯的报道和演说，也引起广泛关注。一个日籍美国留学生，在《纽约时报》发表文章，指责克里曼和威利阿斯。有史料揭示，日本当时收买《纽约时报》《华盛顿邮报》《旧金山纪事》等媒体，为日本作袒护之辩。

日本当然知道，仅仅依靠口水来扭转形象是不可能的，还是在战场上化被动为主动更好。1895年2月12日，北洋舰队投降，随后日军在威海表演了一场大型的"行为艺术":给受伤清军提供医疗服务,释放所有俘虏,对自杀的北洋舰队将领丁汝昌给予礼遇,准许北洋军舰康济号载运北洋高级军官,护送丁的灵柩离开威海。这些都是在西方记者和军事观察员的目光下表演的,通过媒体公开报道和私下传播,大大扭转了日本的形象。英国那个国际法泰斗胡兰德,说这是日本作为成熟的文明国家的标志性事件。

可恶的是,在此期间,大清政府没有发布一次正式声明,好像旅顺大屠杀跟它无关。大清媒体也只发出一点微弱的声音。有史家评论说,大清实际上是认同日本的战争行为,换个位置,它也会这么干。这充分说明,大清跟文明国家之间的距离,很远很远。说它野蛮,也不算苛责。

大清媒体的假新闻

大清媒体针对甲午战争的报道,有过不少假新闻。究竟多少,难说。在我的阅读范围内,至少有四例。这些假新闻,无一例外,都被日本媒体拿去作为调侃讥讽的材料。

第一例假新闻,"丰岛海战大捷"。这是甲午战争中日间的第一战。小道消息说北洋舰队击沉了日本军舰,弄得朝野一片亢奋,大谈倭奴小国不堪一击,各媒体争相报道大捷新闻。《上海新闻画报》煞有介事刊登《倭舰摧沉图》,有声有色描绘丰岛战事,说大清北洋舰队的济远和广乙等舰,与日本舰队激战,大败日本舰队。

第二例假新闻,"牙山大捷"。叶志超虚报战果,朝廷得到消息,牙山之战清军大胜,媒体欢呼雀跃,纷纷报道。当时上海赫赫有名的媒体《点石斋画报》,发表一篇配图报道《牙山大胜》,说:"牙山离海口不远,向为华兵戍守之所,此次叶曙卿、聂功亭二军门之督兵援高(即高丽)也,驻守期间,颇得形势。乃倭人不知利害,突于六月二十五六等日,有倭奴之名亚希玛者,闻中国六军将到,深恐四面受敌无处逃生,遂率倭兵四千余人前来攻击。时华兵仅二千余名,各奋神威,短兵相接,无不以一当十。鏖战良久,我军大获胜仗,斩获倭首二千余级,刃伤倭兵不计其数。倭兵官见势不佳,急调占据韩京之兵回阵助战,而兵锋既挫,依然败北而逃,倭兵死亡枕藉,满目疮痍,有自相践踏者,有长跪祈求者,悲惨之形动人怜悯。华军声威大振,奏凯而回。是役也,我军以少胜多伤亡无几,而倭兵已死伤过半矣。若待厚集雄师大张挞伐，吾恐倭人皆不知死所矣！"我的天，太能吹了，还"各奋神威"呢，还"以一当十"呢，这比后世文学盛行一时的浪漫主义，还要浪漫百倍。

第三例假新闻，"平壤大捷"。这个假新闻跟"牙山大捷"同出一辙，不再详述。可述的是，大清媒体的忽悠，竟然连累了英国的路透社。这家通讯社，素以快速报道和被世界各地报刊广为采用而闻名，这回不知犯了哪根神经，竟然采信大清媒体上的"娱乐新闻"："平壤大捷"。真相得到澄清之后，美国媒体不再轻信路透社，转而依赖合众社提供的新闻。

第四例假新闻，"大清抗日娘子军"。这是得知清军前线屡战屡败之后，上海坊间传出的消息。还是那个《点石斋画报》马上跟进报道，图文并茂，雷死人不偿命。报道说，左宝贵战死沙场之后，其遗孀"痛夫情切"，"号召巾帼中之有须眉气者"，组建一支娘子军，要奔赴前线，"为夫报仇"。更八卦的是，报道还说，这事惊动了紫禁城，光绪帝发话："中国堂堂之上邦，满朝文武，与左军门报仇者何患无人。何必使妇人从军，为外邦见笑耶？"

平心而论，大清媒体制造假新闻一事，不应该由媒体承担全部责任。连政府上下都听信前线将领的信口雌黄，媒体又能怎样呢？媒体之过，在于放大"谣言"。

我的猜测，当时的大清媒体，可能还会制造一个假新闻，"黄海海战大捷"。我的猜测有一个坚硬的理由，黄海海战之后，北洋舰队上奏清廷："击沉包括吉野号在内的数艘日舰，日本联合舰队已经失去海外作战能力。"这玩笑开得太大了。尽管李鸿章比较冷静，上奏说，这只是小胜而不是全胜，但清廷被这玩笑逗得非常开心，下旨嘉奖丁汝昌。海战六天之后，英国远东舰队司令官拜访李鸿章，告知日本联合舰队一舰未沉，受伤战舰也已经修复，再次驶入清国近海寻求战机。老李闻言震惊不已，绝不相信。依正常思维，这六天当中，大清媒体能对此次"大捷"表示沉默么？

雪珥在《绝版甲午》中说："假新闻对中国的形象造成进一步的伤害，美国《舆论》杂志对波士顿到旧金山的主要媒体编辑进行民意测验，结果显示日本赢得了普遍的尊重，并被多数人视为平等的文明国家。"

主要参考书目

1. 王芸生编著,《六十年来中国与日本》,生活·读书·新知三联书店,2005年。
2. 宗泽亚著,《清日战争》,世界图书出版公司,2012年。
3. 〔澳大利亚〕雪珥著,《绝版甲午:从海外史料揭秘中日战争》,文汇出版社,2009年。
4. 〔澳大利亚〕雪儿简思著,《大东亚的沉没:高升号事件的历史解剖》,中华书局,2008年。

北洋舰队之殇

海军衙门在干吗？

1884年8月，中法战争中的马江战役打响，福建水师几乎全军覆没，清廷终于认识到，海军这东西，得好好弄一弄，不弄不行。不过当时战争正在进行当中，无暇他顾。十个月之后，1885年6月，中法两国和解，清廷很快发布上谕："当此事定之时，惩前毖后，自以大治水师为主。"同时号召沿海各督抚："各抒己见，确切筹议，迅速具奏。"

说起来还是李鸿章虑事较为长远。早在1884年2月，已经向总理衙门建议设立"海部"统管全国海军，可惜在朝廷内部未获通过。时隔一年之后，朝廷主动下询，机会难得，老李为此再上一道长折，详述设立"海军衙门"的理由。老李很会煽情，在奏折中全面回顾十年来大清海军建设的艰难历程，还为清廷描绘了一幅海军的发展蓝图，同时也把这些年自己的所思所想和所苦，尽情倒出。叙述之详细，令今天的史家颇感惊讶。

这回，慈禧太后高度重视老李的意见，又是一通商量之后，于1885年10月12日，由慈禧发布懿旨，同意成立"总理海军事务衙门"，简称"海军衙门"。慈禧否决了军机处提出的由南北洋大臣分头主持的想法，任命醇亲王奕譞为"总理"，庆郡王奕劻和李鸿章为"会办"，善庆、曾纪泽为"帮办"。奇怪的是，这么重要的机构，主要领导全是兼职，没有一个专职干部。老李在里边，只能算是三把手。可见清廷对海军衙门的认识，还没有完全到位。但也事出有因，晚清最重要的机构，军机处和总理各国事务衙门，主要领导也都是兼职。

事后老李对曾国荃说："海军一事，条陈极多，皆以事权归一为主。鸿章事烦力急，屡辞不获。虽得两邸主持，而不名一钱，不得一将，汪洋大海，望洋悚惧!"老李所说的"不名一钱",到了什么程度呢?是连办公室和公章都没有,包括办事人员,都是借神机营的,几乎等于是神机营名下的临时机构。

直到1892年春天,在庆郡王奕劻主持下,海军衙门才有了自己的办公地点。

海军衙门自成立到撤销,共为全国海军筹拨两千余万两经费。为了筹款,该衙门使出浑身解数。它的关键词是——缺钱。

有史家研究发现,海军经费在晚清财政支出中,所占比例并不是很大。它的主体北洋舰队,组建的全部开支,二十年间,共耗费银子三千五百万两白银,占同期国库支出的百分之二,远远低于全国陆军军费。

上面说过,海军衙门组建之初,上下人等都是兼职,后来只有曾纪泽算是专职。诡异的是,从成立的第二年起,醇亲王领衔的海军衙门,"中心工作"不是弄海军,而是弄颐和园。

史料记载,修颐和园的总费用,在五百到六百万两白银之间。清廷挪用海军经费修颐和园,每年三十万两,前后持续五年,总计一百五十万两。而史料同时记载,19世纪90年代,清政府预算由户部支出的北洋舰队军费,理论上是每年五百万两,减去挪用的数字,在甲午战前,至少还应拨付一千八百多万两。有史家声称,这笔钱,要是全部用来购置舰炮,可以再建两支现实版的北洋舰队。但事实是,自1888年开始,正当日本海军全力发展之时,北洋舰队竟然"未购一舰"!

那么,应该拨付的北洋舰队军费,到底去哪儿了?

看史料吧。这事,得用事实说话。《中国海军大事记》记载,1891年农历四月,户部以"海疆无事"为由,决定南北两洋舰队购买洋枪、炮船、机器等事,暂停两年,"所省银子解部(户部)充饷"(注意,说的是"充饷",不是修颐和园)。但海军那边不干,丁汝昌争辩说,北洋舰队的战斗力不如日本,添船换炮刻不容缓!农历五月,上谕,可以拨款。可到了秋天,北洋舰队不仅分文未见,还听到"谣言",说这道上谕不算数了。李鸿章着急,上了一道折子,说"方蒙激励之恩,忽有汰除之令",恐怕对海军建设和海军士气,都会带来负面影响。对老李的说辞,上边的答复是:"以饷力极拙,仍尊旨照议暂停。"(再次提请读者注意,"暂停"不是因为修颐和园)这说明,海军的大量军费,户部根本没给拨过来。

另有一事,也有必要再絮叨几句。中日开战前两年,北洋舰队的德国顾问汉纳根,建议李鸿章购买德国制造的开花炸弹。老李同意,但这事也没办成。原因是户部尚书翁同龢认为,这是白白浪费钱,不给!对户部而言,更过分的是,有时全国各省都在购买洋枪洋炮,"而北洋独未购办"(翁同龢语)。等于是在向北洋舰队叫号,别人都可以办,就是不给你办,看你能把我怎么着?

这类扣发北洋军费的事件,都发生在慈禧离休之后,大清国由小皇帝光绪和他最亲爱的翁帝师当家做主的时期。当时清廷上下,很多人都知道。但偏偏在很多年之后,有些号称历史学家的人,假装不知道。

不光不给钱,翁帝师同时还要以反腐为名,派调查组去查李鸿章的海军账目,从1884年开始查起,等于是老账新账一起算。这期间,老李需要回答无数的询问,得反复解释军舰为什么需要保养费等问题,还要在另外一些问题上竭力为自己辩护。这一通折腾,纵然没把老李当成"老虎"打掉,也让他心有余悸,不敢在海军的事情上说更多的话。相反,还得说些言不由衷的话,以求保住自己的乌纱。1891年,他视察北洋舰队之后,给光绪的报告中说:"就渤海门户而言,已有深固不摇之势。"同时给庆郡王的私信里却说:"船式既非新样,教练未尽得法……海战难期得力。"

平心而论,在海军这件事上,慈禧有"错"在先,光绪有"罪"在后,醇亲王奕𫍽和翁帝师,更是难脱其咎。

这就很容易理解,李鸿章在丰岛战败之后,在一份谈论北洋舰队的奏折里,要大倒苦水:"日本新旧快船,推为可用者为二十一艘。中有九艘为光绪十五年(1889)后分年购造……自光绪十四年后,我军未增一船。丁汝昌几个将领屡求添购新式快船,臣仰体时艰款绌,未敢奏咨渎请,臣当躬任其咎。"

我很想知道,光绪帝、醇亲王和翁帝师看到这段话时,会作何感想。

胜败并无悬念

北洋舰队的实力,史书上有多种说法,有说世界第六的,有说第七的,有说第八的。不管是六是七还是八,都比日本舰队强,它排在第十一位嘛。

这说法,就跟当下的GDP排名一样,没有多少实际意义。一个说法,晚清GDP世界第一,是日本的五倍,可结果怎么样呢?

我的看法,该从大处着眼的时候,要从大处看,该小处着眼的时候,就要从小处看。北洋舰队和日本联合舰队之战,需要从小处着眼,才看得出究竟谁的实力更强。

大清跟日本开战之前,一直在进行军备竞赛,尤其是海军。

在军备竞赛过程中,大清的慈禧老佛爷要修园子,还要过六十大寿,有挤占海军经费之污点,同时光绪帝还任由翁帝师克扣海军经费而不问;而对方,日本明治天皇带头捐款,同时号召全民捐款。吃财政饭的官员,一律降薪百分之十。天皇的亲娘,把首饰都捐出来了;此外日本还大量发行海军公债。两相比较,我辈怎么能忍住不"猛拍阑杆"?

1882年,朝鲜发生"壬午兵变"时,大清派出两艘世界最先进的巡洋舰,超勇和杨威,在朝鲜的汉城湾,与日本八艘军舰对峙。以二对八,日本军舰退却。此后日本购买浪速和秋津洲,是前者的第二代产品,性能当然高出一筹。

大清有了定远和镇远,日本一次增加三艘军舰,严岛、松岛和桥立。

大清购买致远和靖远,日本有了更先进的吉野。

总之是大清买一批,日本也买一批。大清停了六年,日本不停,还在购买或制造。

实际上,北洋舰队到1891年的时候,就在这场军备竞赛中,居于下风。那年夏天,应日本邀请,丁汝昌率北洋舰队主力定远、镇远、致远、靖远、经远、来远六舰,第二次访问日本。这是一次别有用心的邀请。日本海军军官对北洋舰队进行考察,得出结论,日本舰队能够打败北洋舰队。同样,北洋舰队军官也对日本舰队进行考察,刘步蟾向丁汝昌进言,日本海军实力已迅速提高,北洋舰队添船换炮刻不容缓!我有理由相信,丁汝昌一定会把这建议汇报到李鸿章那里。老李肯定也能掂量出这份建议的分量,可添不添,可换不换,他说了不算。

还有更让人揪心的事。1894年5月,北洋舰队"三年大阅"到期,老李先后视察检阅了旅顺口、大连湾、威海卫等地舰队、海岸炮和军事学堂。视察之后,忧心忡忡,在给清廷的奏折里说:"臣鸿章此次在烟台、大连湾亲诣英法俄铁舰详加察看,规制均极精坚,而英尤胜。即日本蕞尔小邦,犹能节省经费,岁添巨舰。中国自十四年北洋海军开办之后,迄今未添一船,仅能就现有二十余艘勤加训练,窃虑后难为继。"真是难为老李了。"知我者谓我心忧,不知我者谓我何求?"可叹后人,没几个能够真正理解老李心中的苦和忧。

正是在这种"后难为继"的局势中,北洋舰队陷入了甲午战争。

到甲午战争之前,日本先后制定过八次"海军扩张案"。舰队以吨位计算,达到六万吨,与大清海军总吨位基本持平。

从军舰性能来看,日本舰队有三大特点,让北洋舰队自愧不如,一是速度快,二是普遍安装了速射炮,三是炮弹的爆炸力强。

航速快意味着,胜则可追,败则可避。

速射炮跟旧式火炮的比率,前者每分钟发射五到六炮,后者将近一分钟才能发射一炮,差距为五倍,等于一艘军舰与五艘同等的军舰对阵。海战发生时,北洋舰队中只有两艘小舰,广乙和广丙,装备了六门速射炮,而日本联合舰队,总共装备了一百五十门速射炮。

炮弹的爆炸力也是不可忽视的问题。当时北洋舰队使用的是黑火药,就是现在的鞭炮火药。日本舰队使用的是高温炸药,可以让铁甲融化。

关于炸药问题,大多数史书都不屑于谈论。这里我不妨多说几句。

对北洋舰队极为痴迷的历史学者萨苏,对这一问题专门做过考证。他在日本看到北洋舰队遗物,发现甲板着弹点附近的钢板已经融化,可见高温炸药的厉害。这种炸药来自法国,性格极为火爆,与金属一碰就会爆炸。大清也有,但不敢使用,挖个坑给埋掉了。日本人有股不怕死的认真劲儿,研究出,在炮弹里面刷上两层很厚的油漆,就不会一触即炸。为这个技术环节,还死了几个人。但这个技术成果,为日本海战的胜利,奠定了基础。甲午战争十年后,日本舰队与俄国舰队的对马海战,日本也在炸药的性能上占了大便宜。俄国舰队使用的也是黑火药,这种火药在海战史上,从来没有击沉过一艘两千吨以上的大型军舰。

在战术层面,技术问题尤为关键。说北洋舰队亡于技术的落后,也不过分。

有人也许会有疑问,北洋舰队定远和镇远二舰,主炮很大,不是一炮就炸死敌舰上八九十人么?按史书记载,是有这么回事。不过经考证,那是由于击中了对方的弹药,引起连环爆炸所致。

在技术层面之外,从战略高度来讲,日本打的是有准备之仗,大清打的是无准备之仗。日本为甲午战争,做了多年准备。1887年,开始制订具体的《征讨清国策》。1892年完成该计划。1893年,日本枢密院议长山县有朋提出《军备意见书》,直言要尽快寻找机会对清国作战,同时还预言了1904年的日俄战争。

对日本而言,历史是按照剧本演出的。可大清国这边,根本就没有剧本,都是临时抱佛脚,穷于应付。

不必实战,仅仅纸上谈兵,北洋舰队的惨败,已成定局。

海 战 概 况

北洋舰队在甲午战争中,参与了两次海战和一次军港保卫战,对手是日本联合舰队。第一次海战,于1894年7月25日爆发,史称"丰岛海战",在朝鲜近海的丰岛海域;第二次海战,于1894年9月17日爆发,史称"黄海海战",或"大东沟海战",或"鸭绿江海战",日本也称之为"海洋岛海战";军港保卫战,于1895年1月26日开始至2月12日结束,史称"威海卫保卫战"。

1894年7月25日,北洋舰队济远、广乙两舰,从朝鲜牙山湾港口返航,遭遇日本联合舰队吉野、浪速、秋津州三舰,于上午八点左右,发生激烈炮战。

日本三舰总排水量一万一千吨,装备速射炮二十二门,慢炮八门,平均航速十八节以上;北洋两舰总排水量三千三百吨,装备慢炮六门,平均航速十七节。

猛烈炮击一小时二十分之后,广乙桅楼和舰桥被炸毁,退出战斗,秋津洲追击。广乙行至卡劳林湾附近搁浅,管带林国祥下令引爆。

济远击中浪速信号索和吉野船桅,另有一弹击中机关室,但没有爆炸。济远身中多弹,不敢恋战,奔旅顺方向而去。吉野、浪速加速追击。济远途中升起白旗。后遇运兵的英国籍商船高升号和北洋舰队小舰操江号,打旗语告知两船返航。事后高升号船员说没看见旗语,操江号倒是立刻调转航向。浪速打旗语,命令高升抛锚停船,然后追击操江。中午时分,吉野与济远相互炮战,济远尾炮击中吉野。然后济远突然往浅水区而去,吉野吨位几乎是济远二倍,担心搁浅,放弃追击。

丰岛海战结果:吉野中三弹,中度伤。浪速中一弹,轻伤。秋津洲毫发无伤;济远重伤,逃回旅顺基地。广乙沉没。高升号被浪速击沉。操江被俘。

1894年9月17日,北洋舰队定远、镇远、来远、靖远等十舰,与日本联合舰队松岛、吉野、浪速、秋津洲等十二舰,在鸭绿江口大东沟海域,列阵对峙,于下午一点左右,展开混战。傍晚六点前后,混战结束。整场海战,一说四个半小时,另一说是五个小时。

北洋舰队总排水量三万四千吨,平均航速十五节,装备火炮七十九门;联合舰队总排水量三万六千吨,平均航速十八节,装备火炮(慢跑和速射炮)二百四十六门。两相比较,联合舰队在吨位、航速和火炮方面,均占优势。

黄海海战结果，联合舰队中弹一百三十四发，战死一百五十人，一舰未沉，松岛、赤城等四舰受重伤；北洋舰队中弹七百五十四发，战死七百一十五人，经远、致远、超勇被击沉，杨威、广甲受伤自沉，定远、镇远、来远等，均受重伤。

1895年1月26日，日本第二军司令官下达进攻威海卫作战命令，以陆战为开端的威海保卫战拉开帷幕。日军步步推进，清军节节败退。1月30日，日军对威海炮台的直接攻击开始。当日，南岸堡垒阵地失陷。第二天夜里，北炮台守军溃逃。2月1日，丁汝昌命令炸毁北炮台和弹药库。2日，日军占领北炮台，北洋舰队被困军港，受到岸炮攻击。3日，联合舰队进入威海卫军港东口，以鱼雷艇潜入港内，攻击北洋舰队。4日至11日，日军从海陆同时对北洋舰队发起多达八次的攻击。12日，北洋舰队投降。

本文重点不是叙述甲午海战过程，这里只作简要介绍，为读者理清思路。需要特别说明的是，目下关于甲午海战过程的书籍、文章或网文甚多，细节错误和互相矛盾之处也甚多。在这里，我只采信严肃的历史学者的叙述，如宗泽亚《清日战争》、姜鸣《龙旗飘扬的舰队：中国近代海军兴衰史》，以及著名史家唐德刚的著作等等。为避免烦琐，不一一标明出处。

行文至此，突然想起2010年5月在刘公岛，我曾经买过两本书，看过一部数字电影，都跟甲午海战有关。书是《甲午海战》《北洋海军和刘公岛》，电影是《甲午海魂》。无论书还是电影，都有把小说当史实的倾向，夹杂很多虚构或道听途说。有意思的是，电影《甲午海魂》的结尾，用画外音天真地问道："大清北洋舰队与日军海军势力相当，为什么如此惨败？这值得深思啊。"我要说，把《甲午海魂》弄成这个样子，倒是值得深思。

北洋官兵怯战？

不少史书里，都提到甲午年大清战败的一个重要原因，是清军怯战。

在我的阅读视界里，清军陆军怯战非常普遍。北洋舰队是不是也怯战呢？有的说是，有的说不。说是的，说不的，都自说自话，拿不出确切证据，让人云里雾里。胡适先生说过，有一分证据说一分话，有九分证据不说十分话。这事，总得有原始材料来证明才好。

老天不负我，这个原始材料，终于让我找到。这个材料证明，北洋官兵，在甲午开战之前、之中,的确怯战。

现在让证据说话。

1894年7月11日,驻扎朝鲜牙山的叶志超电奏三策:速派大军至朝鲜,叶部离开牙山,驻扎要地为上策;撤军,同时逼迫日本撤军,若不同意,初秋时节再图大举为中策;守牙山不动为下策。李鸿章倾向于中策。光绪小皇帝不同意,说不能撤兵,那是示弱,指示叶志超找个"进退两便之地"驻扎,同时指示老李,速派海陆军去朝鲜,加强旅顺和威海防卫。就在这当口,北洋舰队经远舰驾驶二副陈京莹,给父亲写了一封家书,谈了他对时局的看法,其中也包括北洋舰队的一些情况。

这封信让我认识到,北洋舰队官兵的素质,绝非陆军的那些大老粗可比。一个二副,职位并不高,对时局的分析,竟然头头是道。他的这封信,有四个要点:一是与日本之间,必有一战;二是北洋舰队没有打赢的可能,"海战只操三成之权,盖日本战舰较多,中国只有北洋数舰可供海战,而南洋及各省差船,不特无操练,且船如玻璃也";三是北洋官兵怯战,"北洋员弁人等,明知时势,且想马江前车,均战战兢兢";四是北洋官兵有赴死的决心,"素受爵禄,莫能退让,惟备死而已"。

陈京莹的这封家书,话说得很清楚,北洋舰队打不过人家,大家很害怕,大家都准备去死。这哪是家书,这跟遗书没有本质区别。

这位下级军官所说的"只操三成之权",也就是三成把握,应该是北洋官兵的共识,这跟高层大员李鸿章的"窃虑后难为继",同出一辙。

有史料显示,镇远管带林泰曾提出过离职要求,被李鸿章拒绝。老李很生气,说谁再提出这类申请,就砍谁的头。

丰岛之战,济远败归,时为广甲管轮的卢毓英,在《卢氏甲午前后杂记》中说,回到旅顺的济远,"船中血肉狼藉,三军望之骇然"。这次海战对士气的影响,可谓巨大。

黄海海战惨败,北洋舰队士气更为低落。在旅顺口修船期间,官兵的表现极为颓废。卢毓英记载:"诸君皆以虎口余生,每以公余驰日逐于酒阵歌场,红飞绿舞,虽陶情荡魂,亦触目惊心。"随后又表达了对这种现象的理解和同情:"谁无父母,孰无妻子,寄生炮弹之中,判生死于呼吸,人孰无情,谁能遣此,所以作醉生梦死之态者,亦知身非金石,何可日困愁城?不得不假借外物,庶有以遏制此方寸地也。"

怯战是真，怯战的原因也找到了，还要再看看他们在战场上的表现如何。

这里不妨借用当事人的话，先做一个概括。黄海海战时，时为定远大副的沈寿堃事后手记："大东沟之役，初见阵时，敌以鱼贯来，我以雁行御之，是也。嗣敌左右包抄，我未尝开队分击，致遭其所困。此皆平时演操未经讲求，所以临时胸无把握耳。"这段话透露出平时演练不精，是战败的原因之一。此外，沈寿堃认为，更重要的是，将领在战场的表现，"勇者过勇，不待号令而争先；怯者过怯，不守号令而退后。此阵之所以不齐，队之所以不振也"。话说得很清楚，北洋舰队在海战中，有"勇者过勇，怯者过怯"的问题。

海军史家陈悦在《北洋海军舰船志》中说："整个黄海海战中，定远、镇远二舰结为姊妹，互相支援，不稍退避。"观战的英国舰队司令评价说："（日舰）不能全扫乎华军者，则以有巍巍铁甲船两大艘也。"

三场战役的总体战况，北洋舰队可谓惨烈至极！军舰管带级别的军官，有四人阵亡殉国，有三人自杀殉国。参战的管带共十四人，这就死了一半。加上自杀的丁汝昌和被斩首的方伯谦，高级将领折损过半。折损过多的原因，跟北洋舰队高级军官的观念有关。他们都在英国受训，同时也接受英国海军"舰在人在、舰沉人亡"的观念。邓世昌落水拒绝别人施救，原因就在于他没有丝毫求生之想。

下面，我要说说两位被史书相对忽略或严重忽略的人物。

一是镇远管带林泰曾。1920年，日本出版《大海战秘史：黄海篇》一书。作者参加过黄海海战，目睹过大战的惨烈。作者在书中叙述了日本海军在战后对北洋舰队的评价。他们对林泰曾的评价是："大清海军中的岳飞。"对手的这句话，足以说明林泰曾在海战中的表现如何英勇。

二是广乙管带林国祥。这人被史书严重忽略。林国祥参加过马江海战，不是北洋系统的军官，战前从广东率广乙支援北洋舰队。在丰岛海战中，他率领排水量只有一千吨的小船，连续攻击三艘三千吨以上的日本军舰，以一连串精彩的战术动作被载入海军史册。《詹氏海军年鉴》说，丰岛海战是一场非常乏味的海战，只有两个闪光点，一是东乡平八郎第一次出台亮相，二是大清小军舰广乙的突出表现。林国祥在甲午海战中幸存，后为重建海军效力。1908年，在他去世前几个月，还率军舰前往西沙群岛，标占九个小岛，为大清国开辟疆域做出卓越贡献。要知道，那是中国海军第一次去西沙。遗憾的是，林国祥连一张照片也没有留下。

清廷挤压丁汝昌

丁汝昌是不是一个称职的海军将领，史家多有争论，大多数意见，认为他不称职。这种议论早在甲午年就有。即便是李鸿章，心里也对他嘀嘀咕咕，越到后来，越是声色俱厉。

在海战爆发之前，李鸿章对丁汝昌的表现就不太满意。1894年7月22日，老李电令丁带大队前往牙山一带巡弋，说遇到日本舰队，"如倭先开炮，我不得不应。祈相机酌办"。丁回电："船少力单，彼先开炮，必致吃亏。倘倭舰来势凶猛，即行痛击而已。"又说："牙山在汉江口内，无可游巡。大队到彼，倭必开战。白日惟有力拼。倘夜间暗算，猝不及防，只听天意。"老李从这封电报里看出丁有怯战情绪，立刻回电训斥："牙山并不在汉江口内，汝地图未看明。大队到彼，倭未必即开仗。夜间若不酣睡，彼未必即能暗算。所谓'人有七分怕鬼'也。叶号电，尚能自顾，暂用不着汝大队去。将来俄拟派兵船，届时或令汝随同观战，稍壮胆气。"俄派兵船之说，是当天下午老李跟俄国驻华使馆参赞会谈时，对方透露已经向国内电请派兵一事，老李以为对方能把驻扎在海参崴的十艘军舰派来，才有"观战"和"稍壮胆气"之说。这时候，老李对丁的不满，已溢于言表。

7月24日，张謇写信给翁同龢，建议免去丁的提督职务。7月28日，张再次写信给翁帝师，建议把丁革职，仍留前线，戴罪效力。

丰岛海战后，丁的正式报告里，说日本舰队提督阵亡、吉野沉没，为济远官兵请赏。老李核实后，发现子虚乌有，给丁发电："如无确实证据，岂能滥赏？"虽然就事论事，但也难掩心中的不满。

宣战前后，大清总理衙门要求北洋舰队前往仁川截击日本运兵船。老李暗中指示："速去速回，保全坚船为要。"丁每次汇报，都有"未遇倭船"和"折回威海"之语。清廷不满意，说威海僻处山东，并非"敌锋所指"，丁老是待在威海做什么？是不是怯战畏敌？要老李调查一下。

8月5日的上谕，说得更是露骨："丁汝昌前称追倭船不遇，今又称带船巡洋。倘日久无功，安知不仍以未遇敌船为诿卸地步？"又说，最近这段时间，弹劾丁的奏折很多,"几乎异口同声"地说他"怯懦规避,偷生纵寇"。最后上谕连老李也一起警告:"若众论属实,该大臣不行参办,则贻误军机,该大臣身当其咎矣!"龙颜大怒,老李的压力陡然加大。

老李对此上谕回电辩解,"我军只八舰可用","实未敢轻于一掷",又说"临敌易将,古人所忌",只能"责令丁汝昌振刷精神,竭力防剿"。

说到这里,就不能不说说清廷内部的"帝党"和"后党"之争。"帝党",帝师之党也。多为清流,领袖是帝师、户部尚书翁同龢。"后党"领袖,自然是李鸿章。甲午年中日争端,"帝党"高调言战,本质上是给老李出难题。赢了,说明"帝党"高瞻远瞩;败了,则拿老李是问。即便在战争进行当中,"帝党"对老李的责难也是日甚一日。而挤压丁汝昌,实际上就是挤压李鸿章。丁战败自杀,老李随后被解除直隶总督之职,也是顺理成章。

8月6日,老李给丁发电,说接到上谕,要调查你"有无畏葸纵寇情事,不得有片词粉饰",等于是直言相告,形势很严峻,"汝当振刷精神,训励将士,放胆出力"。随后提起京津两地的传闻,说方伯谦丰岛海战,躲在船舱里,林泰曾在仁川"畏日循走","西人传为笑谈,流言布满都下"。最后告诫丁,"汝一味颟顸不加觉察,不肯纠参,祸将不测,吾为汝危之"。老李的话,已经很不客气,其内心对丁的不满,几乎达到沸点。

受到如此之大的压力之后,8月9日,丁率十舰第三次出海巡弋;10日到达朝鲜大同江;12日,西巡海洋岛;13日回到威海。还是未遇敌舰。

也是丁运气不好,他这边一出海,日本舰队就到威海来了,全体出动,二十一舰。10日,在威海口外挑衅,与刘公岛炮台展开炮战;11日到12日,派出数舰到威海和旅顺之间洋面巡弋,把气氛搞得很紧张。

8月13日,上谕询问丁汝昌,为何巡洋数日未遇一船,如果再出现敌船"肆扰畿疆"之事,定当重治其罪。不满的情绪,越发浓烈。

8月14日,丁率舰队出巡渤海,掩护运输船往旅顺运送煤炭。

这期间朝廷里的清流,对丁的口诛笔伐日甚一日,李鸿藻甚至说出"海军船只一无所用,真可杀也"。更多的观点,是撤换丁汝昌。

8月23日,军机处直接电令丁严守北洋要隘、大沽门户,也就是大连湾、旅顺和威海一线,舰队往来梭巡,不得远离。出现纰漏,治其重罪。

8月25日,军机处议事,讨论处分丁汝昌。激烈争论之后,形成初步意见,报光绪帝定夺。26日,上谕下达,将丁即行革职,责令戴罪效力。

9月7日,协助老李办理军务的周馥和盛宣怀联名给丁去电,说此时日军在朝鲜元山、仁川登陆,舰队分散,建议北洋舰队趁日本国内空虚,直捣长崎,得胜即回扰仁川。电文传达老李的意见,日军现在进逼平壤,北洋舰队是去援助叶志超还是直捣长崎,请丁和汉纳根商量,拿出初步意见上报。奇怪的是,丁没有回电。甲午战争期间,北洋舰队唯一的进攻性战略构想,陡起陡落。

9月15日,丁奉命为支援朝鲜的清军护航;17日,与日本联合舰队相遇,黄海海战爆发。丁受伤。同日,上谕处分老李,拔去三眼花翎,褫去黄马褂。

9月20日,丁伤势恶化,请示在林曾泰和刘步蟾之间,选一人暂时代理他的职务。老李选择了刘步蟾。随后,丁向老李发出第二份比较详细的汇报。

9月23日,上谕"丁汝昌着交部议叙",这回动真格的,要治他的罪了。

9月27日,慈禧命翁同龢去天津,"责李某何以贻误至此?朝廷不治以罪,此后作何收束"?

9月28日,老李给丁汝昌、刘步蟾去电,说等丁病愈,还要行使指挥权。同时通报一个好消息:"有此恶战,中外咸知,前此谤议顿消。"同日,老李电令丁等,日军有来犯迹象,各炮台加强守备。

10月2日,老李电令,定远、镇远加紧修理,数日内出海,往来旅顺、威海之间,使日本运兵船不敢深入。警告刘步蟾,不得以修理为托词,误我大计。指示丁要认真督促执行命令。

10月4日,老李电令,定远、镇远等六舰必须日夜加速修理,早日出海巡弋。不满情绪也表露出来,"现船全数伏匿,将欲何为?"

连续几道命令,丁汝昌都没有理会,北洋舰队按兵不动。

10月9日,一道严厉的上谕下达,说丁受伤,不是特别严重,"而请假调理,竟可置身事外","着吴大澂确切查明"。如此重压之下,丁宣布回舰视事,订期出海。18日下午,率舰队前往威海。

光绪帝对黄海海战之后,北洋舰队毫无动静,十分不满。11月6日,发上谕令北洋舰队前往貔子窝截击日军各舰。

11月7日,大连湾失守,丁带舰队匆匆离开旅顺。老李很生气,去电训斥:"昨电旨方令汝与刘步蟾带船往皮(貔)子窝设法雕剿,断其后路接济,力固不能,然如此仓皇出走,恐于重咎!"还问他为什么不把尚可勉强行驶的来远,也一起带到威海。

到这时候,丁已经是屡屡违背军令。

11月8日深夜,老李电召丁立即来天津面谈机宜。10日,丁到天津,与老李、汉纳根商讨军事。此时,他接到更为严厉的上谕,情绪益愤:"不知两月以来,丁汝昌所司何事,殊甚痛恨!"

天津会商的结论,是让丁回旅顺防守。

11月14日上午,丁回到旅顺,上岸拜访陆军各将领。下午,听说日军已经逼近旅顺,仓促撤离,再次违背军令。

11月16日,上谕将丁革去尚书衔,摘去顶戴,戴罪立功,以观后效。

11月17日,上谕令徐建寅,要他详细勘察定远、镇远炮位和炮弹情况,看看还能不能打仗。同时命令老李,让北洋舰队开赴大沽口,让徐建寅详察。

11月24日,旅顺失守消息传到北京,清廷一片哀叹,下旨将老李革职留任,摘去顶戴,迅速到大沽、北塘一带巡阅布置。

11月26日,上谕将丁革职留任,命其严防各海口,以观后效。

这里随便说一句,光绪帝革谁的职,不是革一次,是反复革。至此,丁已被革职三次。

11月27日,一班御史上奏,要求诛杀丁汝昌。

12月17日,上谕将丁交刑部治罪。

12月21日,上谕,告李鸿章,北洋海军提督由刘步蟾暂时代理,等丁交接之后,迅速起解。北洋诸将领群起鼓噪,纷纷致电总理衙门和督办军务处,恳吁挽留丁汝昌。

12月23日,上谕:"丁汝昌着仍遵前旨,俟经手事件完竣,即行起解,不得再行渎请!"老李向威海方面传达上谕时,特别嘱咐:"查经手事件所包甚广,防务亦在其内,应令丁提督照常尽心办理,勿急交卸。"老李这是暗中保护丁,采取拖延战术。丁已被革职,老李电文里仍称"丁提督",读来意味深长。

就这样,在清廷的强力挤压之下,丁仍然没有"交卸"提督职务,直到威海保卫战后期,战败自杀为止。

关于威海保卫战,可用时为海军营务处道员罗丰禄的两封家信做概括。一封信中写道:"倭人在山东荣成湾上岸,我军水陆皆不往阻,与貔子窝之局何异?今将至威海,而陆军将领或守营盘,或守炮台,无一愿出队而扼险要者,与旅顺之局何异?……倭人常谓中国如死猪卧地,任人宰割,实在是现在景象。"第二封信中写道:"威海军务既紧,丁禹亭、刘子香、戴孝侯皆有电来禀相,誓以身殉。然殉节者虽多,于军务、国家仍无补也。"

1895年4月9日,上谕,对一干殉国将领从优抚恤,对已经革职的丁汝昌,不给任何说法。

1910年4月25日,清廷以"力竭捐躯,情节可怜",开复丁汝昌原先的官衔,等于是宣布平反。

洋瘪三抹黑刘步蟾

刘步蟾,字子香,1852年(咸丰二年)出生于福建省侯官县(今福建省福州市),1866年(同治五年)考入福州船政学堂,二十二岁时被任命为建威号练习舰管带。1875年,他到英国海军实习深造,归国后在北洋舰队效力。《北洋海军章程》等一系列法规,多是由他参加或负责具体拟订。后升任北洋舰队总兵、定远管带。1894年9月,黄海海战,丁汝昌受伤,他代为指挥。1895年2月10日,威海保卫战最后时刻,下令炸沉定远,服毒自尽。死后清廷谕令,刘步蟾照提督阵亡例从优赐恤,世袭骑都尉加一等云骑尉。

诡异的是,当时被清廷认可的悲剧英雄,却被后世史家大肆污蔑,数十年不曾改观,表现在电影电视剧里,更是让人不忍目睹。1960年代,电影《甲午风云》更是把刘步蟾塑造成贪生怕死的猥琐之徒:开战前一味主和,开战后故意错打旗语,致使北洋舰队失利。等于把战败的主要责任,强加在刘的身上。这部电影据说"影响了几代人",那就意味着刘步蟾的形象,在"几代人"的心中都污秽不堪。本世纪初播放的电视剧《走向共和》,对刘的形象塑造,跟《甲午风云》同出一辙,他被塑造成一个只会抽大烟的蠢货。

这里有一个疑问,史学家也好,影视人也好,为什么对刘步蟾大肆污蔑?

这就要说到定远舰上的洋员教习,英国人泰乐尔。泰乐尔参加过黄海海战和威海保卫战,战后仍在大清国任职,于1929年出版《旅华回忆录》,书中对黄海海战、威海保卫战的记载甚为详细。在此人笔下,刘步蟾完全是一副"贪生怕死、临阵畏葸"的嘴脸。这本书先是被"史学奇才"张荫麟在《甲午中国海军战绩考》中采信,以讹传讹,几十年不曾改观。可叹的是,自张荫麟始,后世成批的史家、作家都成为泰乐尔的帮凶。

泰乐尔在书中,如何污蔑刘步蟾呢？

张芸生在《六十年来中国与日本》里,大段引用泰乐尔的《旅华回忆录·甲午中日海战见闻记》,与刘步蟾相关的内容如下：

之一："总兵刘步蟾之怯葸已素著,又安知其何所不为,何所不畏为？"

之二："刘步蟾,总兵兼旗舰管带而为实际上之提督者(其人和蔼巧滑,曾留学英国海军中),时正筹思,倘或遇敌,将何以自保其皮。"

之三："刘步蟾之急智已售。此为其深谋焦思之结果；彼所谋思者非他,当遇敌时,将何以善保其皮也。"

之四："予立于瞭望塔之入口(总兵在塔下)候舵机之转。久不见其动。予乃言曰：'总兵(刘步蟾),改道之旗已下,君若不左转舵,则舰队将纷乱愈甚。'总兵乃令曰：'舵左转'；然复低声曰：'慢慢'。予大恚,加以阻语,自塔跳下,奔赴丁提督所。"

之五："其他严重之事因(前此世人仅知其一部分),则在总兵刘步蟾(提督所倚以决战略者)为一变态的懦夫,不独临危丧胆,且用尽机智,不惜任何牺牲以求免之。是故中国方面之不利,盖不待问。"

之六："提督与予立于十吋炮上飞桥,刘总兵不能不见,乃忽于此时命开炮,此事后来如何解释？予绝不知之,亦绝不闻论及之。"

从上面的引文中不难看出,泰乐尔所谓的回忆录里,对刘步蟾的谩骂,已成为行文基调。每次提到,都必然施以贬词。相反,对自己则屡屡施以褒词,既有见识,又作战勇敢。可笑的是,他竟然凌驾于刘步蟾之上,对刘加以斥责。

史家著史,当以事实为至高至上,不能轻易喷溅情绪。回忆录也是如此。泰乐尔的谩骂和贬词,竟然被后世史家屡屡采信,是一件很奇怪的事。

好在这世上总是不乏有真知灼见的人。著名史家唐德刚在《晚清七十年》一书中,以"劣等洋员的谏言不可信"为小标题,对泰乐尔的言论加以反驳,为刘步蟾正名。唐老在文章中,颇为愤愤,把泰乐尔称作是"洋瘪三"。现将唐老的言说摘要如下：

之一："笔者在当学生时,也对他(泰乐尔)的故事笃信不疑。后来教书海外,把他的回忆录指定作参考书而细读之,便怀疑起来了。等到在洋社会住了数十年,摸透了那些洋冒险家到殖民地国家打天下的丑恶的底子,我对他的故事就彻底否定了。"

之二："泰乐尔在定远号上当的什么差事呢？他在回忆录里说他是定远号的'副船长'——他这牛皮可吹得太大了。……那位天津水师毕业、德国留学归来的黎元洪，在定远上只当个'炮弁'，他至少会放炮嘛！泰乐尔除掉碧眼黄发之外，他会放啥子呢？"

之三："麦格禄、泰乐尔者，老李（李鸿章）麾下，一些虾兵蟹将、小棋子而已，什么鸟'洋将'、'洋员'哉？但是，把这些烂仔混入军中，军中将士对他们的反应就不一样了。在那个崇洋时代，一般土将土兵包括丁汝昌，对他们都会崇而敬之。但是，对那些自己也洋过了头的人，像刘步蟾、林泰曾、严宗光、方伯谦等等，就不会把这些一无所长的洋混子看在眼里了。"

之四："泰乐尔跻身定远之内，对一般兵将，他可七拼八撞；在刘管带之前，那就是小鬼见阎王了。甚至连英语会话、作文，刘步蟾可能也高他一筹——泰乐尔的英文风格十分低下。他原来连小学都没毕业嘛！怎么能写出好文章呢？"

之五："在泰乐尔后来所写的回忆里……不惜一切丑化刘步蟾。情见乎辞，以泄其咬牙切齿之积恨。他这种书，历史家怎可据为信史呢？"

简而言之，泰乐尔的流毒，源头是发泄私恨，沿途不断有史家加入，甘当泰乐尔的帮凶，终于把私恨转变为公仇。对此一学术污迹，史学界是不是该做一点反思？

方伯谦疑案

甲午海战中，有一个悬案，就是方伯谦之死。一百二十年来，史学界一直争论不休。两种意见，针锋相对。一说罪有应得，另一说是死得冤。喊冤的声音，早在方伯谦被杀的第二年就出现。一个叫"冤海述闻客"的人，写了一本书《冤海述闻》替他大鸣不平。民国时期的史家张荫麟也著文喊冤。更有人召集大会，拢集论著为他平反。说罪有应得的，自然要大声叫嚷，如何如何罪有应得。双方谁都不肯妥协。这笔墨官司，现在还在进行当中，看样子没有打完的时候。

有意思的是，笔者研究甲午战争过程中，几乎同时读到对方伯谦悬案的两种不同看法。一是月映长河的《决战甲午》（中国青年出版社2014年2月出版），二是马兆峰的《燃烧的黄龙旗：在繁华中沉沦的大清帝国》（以下简称《燃烧的黄龙旗》)。前者说方伯谦不冤,后者说冤,都凿凿有据,不由人不信服。比照阅读,其中的分歧点,也就一目了然。

两本书争论的焦点在方伯谦的三大罪状是否属实上面。三大罪状,自然是清廷的观点,抑或是李鸿章的观点,抑或是丁汝昌的观点:一是"首先退避",二是"牵乱队伍",三是"拦腰冲撞扬威"。

且按住这三条罪状不提,先来重温事件发生的过程,看看从中能否找到有价值的细节。

过程大致如下:

1894年9月17日下午,海战还在进行当中,超勇被击沉,扬威受重伤,方伯谦的济远舰,挂出"我舰已受重伤"旗语。接着,定远起火,致远沉没,济远驶离战场,一去不回。此时日本联合舰队中也有三艘小舰驶离战场。

9月18日丑时(一点至三点),方伯谦回到旅顺口军港,给李鸿章发报说,济远阵亡七人,舰受重伤,船头有裂缝进水,舰炮均不能施放,回港修理,其余军舰还在交战。

9月18日上午九点半左右,丁汝昌回到旅顺口军港,下午给李鸿章发报,说定远、镇远、来远、靖远、平远等军舰都回来了,接着陡起一句"济远亦回旅"。这话耐人寻味。

李鸿章同日回电询问:"此战甚恶,何以方伯谦先回?"意思不外乎让丁汝昌调查一下。

四天之后,9月22日,丁汝昌向李鸿章详细汇报战况,谈到方伯谦时说:"自致远冲锋击沉后,济远管带方伯谦首先逃回。"给方的行为定性为"逃回"。然后谈到自己的处理意见:"济远首先退避,将队伍牵乱,广甲随逃,若不严惩参办,将来无以儆效尤,而期振作。"随后又说:"济远先回旅,据称船头轰裂漏水,炮均不能施放,情有可疑。"

同日李鸿章把丁汝昌的电文转发总理衙门,请总理衙门代为上奏,以作裁定。电文里也谈到个人意见:"兹据丁汝昌查明致远击沉后,该管带方伯谦即先逃走,实属临阵退缩,应请旨将该副将即行正法,以肃军纪。"对广甲舰管带吴敬荣的处理意见却是:"可否革职留营,以观后效。"

同日,李鸿章给丁汝昌发报,马上将方伯谦撤职,派人看押,等候圣上裁决。

9月23日,圣旨下达:"自致远冲锋击沉后,济远管带方伯谦首先逃走,致将船队牵乱,实属临阵退缩,著即行正法。"对吴敬荣也是按着李鸿章的意见办理。

9月24日,方伯谦被斩首。在海战的七天之后,在丁汝昌拿出初步处理意见的第三天。颇有快刀斩乱麻的意味。

月映长河在《决战甲午》中认为,按圣旨的说辞,杀方伯谦的理由,只有两条,一是"首先逃走",二是"将船队牵乱"。上文中提到的"拦腰冲撞杨威"一条,圣旨没提。而这两条,第一条是事实,第二条是扯淡。他说,李鸿章和丁汝昌都知道,舰队的队形不是让方伯谦给牵乱的,而是让日本联合舰队给冲乱的。那为什么要把方斩首呢？一是为了立威,二是为了推卸责任。另外还有一条隐秘的不能张扬的理由：海战之后,丁汝昌上奏,称"击沉包括吉野号在内的数艘日舰,日本联合舰队已经失去海外作战能力"。李鸿章给上面的汇报也是,咱赢了,可惜是小胜不是大捷,"若后队不散当获全胜"。也就是说,让方伯谦闹的,把个"大捷"弄成"小胜",这家伙该死。

马兆锋在《燃烧的黄龙旗》中认为,济远首先退出战场不是逃跑,"是在力战失去战斗力的情况下保存战舰的无奈之举",三条罪状的第一条不成立。至于第二第三两条,经过史家考证,更是子虚乌有。由此说来,"方伯谦是被冤杀的"。

这样说来,正反两派的分歧点,只在是否"首先退避"上面。是,则该杀;否,则冤枉。看起来很复杂的问题,一番论证之后,变得很简单。

从表面上看,方伯谦确实是"首先退避"。实际情况,还要看济远是不是重伤到不能作战的程度。如果不能作战,按李鸿章的指示,避敌保船,绝不为过。蹊跷就在这里。从上文中不难看出,李鸿章让丁汝昌调查,按说应该仔细检查济远受损情况,可他是怎么汇报的呢？"据称船头轰裂漏水,炮均不能施放,情有可疑",这扯不扯,这等于根本没把事实弄清楚。尽管月映长河在书中说"丁汝昌找不到证据,不代表后人找不到证据",但后人的证据,于事无补。换句话说,丁根本就没想认真去找证据。真要找,很容易。船头是不是漏水,很难查证吗？舰炮坏没坏,是敌舰炮弹炸坏的还是所谓用锤子砸坏的,都不难查证。丁并不关心证据不证据,在他看来,有没有证据方伯谦都得死。不然,北洋舰队之败,谁当替罪羊？总不能让丁汝昌和李鸿章来当吧？

在这件事情上,我认为唐德刚的论述更有说服力。他说："方管带之死,军中哀之,洋员亦不服。敌军主帅亦感惊异,盖方伯谦在丰岛之役,以一船敌三舰,表现至为优异也。大东沟之战,济远发炮过多,炮盘为之融化,而方氏终遭'军前正法'者,显是李老总或小皇帝一怒使然。伯谦之死,是军中无法,未经过'公开审判'也。人主红笔一勾,小臣人头落地,中古干法也。以中古帝王办法,打现代国际战争,宜其全军尽墨也。"

比较之下,还是唐老先生站得高看得远。

随便说一句,我们这个民族有个很怪哉的价值观,一是遇事爱看表象,外敌当前,说战的必然"爱国",说和的必然"卖国",去签和约的更是"卖国";二是崇尚悲剧英雄,"舰沉人亡"如邓世昌,可歌可泣,在战场上幸存并为重建海军尽心尽力的林国祥,青史无名。

总之,是清廷僵化的头脑和已成积弊的官场游戏规则,决定了方伯谦的命运。这件事情,再就事论事争执下去,已经毫无意义。

为北洋舰队辩诬

唐德刚说,洋瘪三泰乐尔不仅仅污蔑了刘步蟾,更是"把黄海之战抹黑,把我们海军里大批的殉国英雄说成狗熊"。

北洋舰队的"花絮"很多,大部分来自泰乐尔笔下。小部分从别的渠道而来,比如日本小说。

在这里,我要针对那些不符合事实的花絮,以及史家某些不合时宜的言论,为北洋舰队辩诬。

其一:定远舰,大炮上晒衣服。

故事梗概是:1891年,北洋舰队访问日本,东乡平八郎到定远舰参观,发现清兵在主炮的炮管上晒衣服,回去以后,对身边人说,"北洋舰队不堪一击"。

此说,国内的始作俑者,是戏剧家田汉。抗日战争时期,田汉寄居贵阳,出于煮字疗饥的目的,研究海军史,为《海军整建月刊》撰稿,据说是该刊主笔,每月四百大洋。主笔期间,田汉为某个历史观点,还跟年轻的唐德刚发生过严重分歧。就是在那时候,田汉把日本的很多海军资料翻译成中文,其中包括日本作家小笠原长生的小说《圣将东乡平八郎》。但不是作为小说,而是作为史书翻译过来的。晒衣服的故事由此传播开来。

据萨苏考证,东乡平八郎当时在别处任职,根本不可能出现在定远舰上。

另,定远舰的主炮炮管离地面有三米高,怎么能晒衣服?副炮炮管都是伸出舰外,离海面有几十米高,更不可能晒衣服。萨苏还买到一张1899年的日本明信片,图片画的是东乡平八郎在岸上远望,看见北洋军舰上晒了很多衣服。萨苏分析图片上的军舰造型,得出结论,那不是定远,是平远。而平远从来没有访问过日本。

由于田汉的疏忽,制造出的这个历史故事,遗毒甚广,连唐德刚都予以采信。看来,要恢复历史真面目,并不是一件很容易的事。如果没有萨苏的考证,那衣服(一说是裤子)还得在定远的炮管上继续晒下去,永远晒不干。

其二,致远撞击吉野。

有学者怀疑这件事的真实性,理由是,跟北洋舰队相关的史料里,从来没提过这件事。我注意到,黄海海战之后,丁汝昌给李鸿章的战况汇报里,根本没有致远撞击吉野的字样。同时日方的战史里,也没有这一说。那么这件事,到底是真是假?

这还得仰仗有心人萨苏。他从日本史料里,找到一份"旁证",证明确有此事。参加海战的日舰中,有三艘是法国人协助建造的,舰上的火炮也是法国火炮。战后法国人要求日军提供一份报告,说说法国火炮在海战中的作用。日军在报告中说:"甲午海战中,中国海军致远号直扑日军吉野号军舰,试图进行撞击。但距吉野一百米处被炮弹击中,引起爆炸,向右侧倾斜沉没。"这件事情的真实性不容怀疑。

不过,中学历史教科书中的致远撞击吉野插图,画的却不是致远,而是经远。这张插图很有来头,是1894年12月英国画报上的一张图,下面有注解"邓舰长指挥下的中国巡洋舰致远"。

还有史家对邓世昌在军舰上养狗提出质疑。这里还要借助萨苏的考证作答:那时候在军舰上养狗是一件很正常的事,欧美海军也都有这种习惯,据说是为了抓老鼠。邓世昌养的狗叫"太阳",不是狗的名字,是狗的品种,属于广东土狗,非常凶猛。

有意思的是,参加黄海海战的日舰松岛上,还养了一头黄牛,被北洋舰队平远号一炮毙命。

其三,丁汝昌的人品。

关于丁汝昌的人品,史学界说法甚多,大多带有腹诽之意,说他对海军是外行,说他盖房子出租生利,说他生活腐化堕落、贪生怕死。

这里只说三件小事,至少能证明丁汝昌深受官兵爱戴,其人之死,也颇为悲壮。萨苏在《寻找北洋海军的踪迹》一文中,阐述极为详细。篇幅所限,我挑主要的说说。

第一件事,不住提督府,住在一个小院子里。当时北洋舰队很多将领,在刘公岛都没有住处,丁汝昌把提督府让出来给将领住,自己盖一个小山庄住。

第二件事,丁汝昌晚上服鸦片,直到第二天早晨五点才去世,几乎折腾了一夜。这一夜他对仆人说了不少话。后来仆人成为日军俘虏,审问时交代出来,日军做了记录。重要的有两句,一句是,"我们这么大的舰队难道这么就完了?"还有一句是,"我死了,他们可以活下去"。此前他落水被救后,还说过一句痛心的话,"天不让我获得阵亡的荣誉"。把这三句话联系起来,可知在那个时段,丁汝昌的内心有多么纠结。

第三件事,1895年2月11日凌晨,丁汝昌的淮军子弟兵,向被日军占据的炮台,发起一次自杀式冲锋。几百人的清军,差一点冲进日军的师团部。日军两边夹击,把清军逼到沙滩上,没有战死的清军全部自杀。这事在日军的资料里有记载(可作呼应的事实是,几年前威海搞建设挖海滩,挖出很多尸骨和锈蚀的枪械)。也就是2月11日当天,日军发起对北洋舰队的总攻击。丁汝昌当晚做出投降的决定后,吞服鸦片自尽。至今,在丁的故乡,还有一块北洋海军墓地,十三座墓,都是夫妻合葬。每个男人的死亡时间,都是1894年2月11日,每个女人的死亡时间,都是1894年3月11日。也就是说,那些死难军人的妻子,都在丈夫死后一个月,为他们殉节。

主要参考书目

1. 王芸生编著,《六十年来中国与日本》,生活·读书·新知三联书店,2005年。
2. 姜鸣著,《龙旗飘扬的舰队:中国近代海军兴衰史》,生活·读书·新知三联书店,2002年。
3. 宗泽亚著,《清日战争》,世界图书出版公司,2012年。
4. 萨苏著,《寻找北洋海军的踪迹》,载《史客·四海》,金城出版社,2013年。
5. 〔澳大利亚〕雪珥著,《天子脚下:1860—1890晚清经改始末》,中国华侨出版社,2012年。
6. 〔澳大利亚〕雪儿简思著,《大东亚的沉没:高升号事件的历史解剖》,中华书局,2008年。
8. 张社生著,《绝版李鸿章》,文汇出版社,2009年。
9. 张戎著,《慈禧:开启现代中国的皇太后》,麦田出版,2014年。

"昂贵的和平"之路

在我的视界之内,学者吉辰的专著《昂贵的和平:中日马关议和研究》是一部关于甲午战争的力作。随着阅读的延续,那种惊喜交加的感觉也越发浓郁。这部严肃的学术著作,为我展示了一场别样的甲午风云。

我清晰地看到,大清政府的求和,经历了"谋求"和"乞求"两个阶段。等到马关谈判后期,李鸿章话里话外,竟然涂抹了一层让人心碎的"哀求"色彩。

这部作品所呈现的历史重量,并不随着时间的推移而减轻。相反,却越来越沉重地压在我的心头,似乎也压在中国的心头。

我内心的感觉特别"呜呼",常常不由自主连声叹息,原来,"昂贵的和平"之路,竟然这般难走。

李鸿章的秘密外交

对李鸿章而言,甲午战争的爆发,完全出乎他的意料。一只名叫"东学党"的蝴蝶,在朝鲜半岛扇动了几下翅膀,竟然掀起一场前所未有的旋风,把晚清政局搅得昏天黑地。他被裹挟在这股旋风之中,跌跌撞撞,使出"裱糊匠"的浑身解数,勉力支撑,最终也未能逃脱命运的审判。

李鸿章原本不想应战。他首先抡出惯用的"以夷制夷"法则,求助俄英等国在中日间进行斡旋,希望化干戈为玉帛。在希望渺茫之际,他才真正着手战争准备。这些都是公开手段。也可以说,是掩人耳目的手段。直到日本方面不宣而战,李鸿章的求和之心,仍然异常活跃。他知道,大清帝国不能打仗,他属下的北洋舰队和淮军,都没有必胜的把握;他也知道,本年度是慈禧太后六十"万寿",大喜的年份兴兵黩武,大大不合时宜。因此,他只能秘密谋划,尽量通过谈判解决争端,而且在事成之前,绝不敢让朝廷知道。

1894年7月下旬,时任大清国总理衙门章京的吕海寰,外放江苏做道台。临行前,受军机大臣孙毓汶和徐用仪的委托,到天津跟李鸿章密谈当前局势。孙毓汶和徐用仪的用意很明显,让吕海寰探探老李的底,咱大清对日本作战有无把握。此外就是转告老李:"我们均为隐忧,唯上意已决,难以挽回。"这里的"上意已决",指光绪帝已经下定决心跟日本开战;"均为隐忧",指孙徐二人,担心开战不利。当时的局势,用吕海寰在自订年谱中的说法:"时值日本启衅,清流主战,洞达时事者主和,纷纷扰扰,莫衷一是。"吕本人的倾向性,在这段话里,一览无余,他是站在主和派一边的。这人在总理衙门当了十二年章京,跟西方外交官多有接触,收集了很多关于日本的消息。他在自订年谱里坦言,"据西洋人云,东洋练兵甚合西法,未可轻视",仓促与之交战,不敢说能操必胜之券。

在吕海寰这边,是推心置腹跟李鸿章交换意见,老李却跟人家打官腔,说什么"大家一定要战,我亦无法阻止",又说"北洋练军多年,以之伐人则不足,以之自守尚有余",又说即便开战,"俄国必出面调停,不至于不可收拾"。老李没有说真话。按吉辰的分析:"这些话,恐怕连李鸿章自己都未必多么自信,不如看作是说出来给自己打气的。"

老李说这番话,有个特殊的历史背景。很多时候,背景会决定一个人的表达方式。我们不妨看看1894年7月中旬,大清帝国的上层建筑里边,发生了什么事。

一件事,7月14日,日本驻华公使小村寿太郎向清政府递交照会,按总理衙门电告李鸿章的说法,是"词意甚为决绝",没有商量余地。这份照会,被日方称之为甲午年对大清的"第二次绝交书"。等于说,两国政府间对话的大门,被日本吱嘎一声关上了。

另一件事,7月16日,光绪帝下定决心跟日本开战。《翁同龢日记》记载,当日,"上意一力主战,并传懿旨亦主战"。第二天,私下对翁却是另一番说辞,"上曰撤兵(指日本撤兵)可讲(指讲和),不撤不讲,又曰皇太后谕不准有示弱语"。这等于说,清廷态度强硬,内心却盼望讲和,前提是日本主动从朝鲜撤军。这样,大清的面子有了,和平的局面也有了。

在这样的背景之下,老李说话的口气自然得把握好分寸。他不能指责光绪,说开战不对,也不能说战之必胜或必败,同时不敢说出有关谈判的事,只能颠来倒去打哈哈。我猜想,跟老李谈过之后,吕海寰心里头肯定乱七八糟。

表面上看,外交走到了绝境,但老李并没有死心。在跟吕海寰见面之前,他已经展开了一场秘密的私人外交。

老李通过助手伍廷芳跟日本驻天津领事荒川巳次秘密接触,通过荒川之口,转告日本外务大臣陆奥宗光,说他本人的态度,跟清廷中枢的态度不一样,他希望谈判解决朝鲜争端。为了博得陆奥的信任,老李甚至斗胆说出大话,解决朝鲜问题,他不需要考虑北京的态度。

置中枢于不顾,置光绪帝和慈禧太后于不顾,这可是天大的风险。看得出来,老李豁出去了,不惜一切代价阻止开战。他似乎颇有把握,只要能阻止开战,就不愁没有说辞来挽回自己的欺君之罪。

对老李的要求,荒川通过电报多次跟陆奥协商。陆奥的态度是,如果清政府有诚意解决争端,要通过"适当公认"的外交渠道,而"李鸿章与天津领事间的任何谈话,都不能看成是适当的外交渠道"。可惜,正式的外交渠道已经关闭,凭老李的一己之力,无论如何也敲不开那扇紧闭的大门。何况,清廷内部成群结队的主战派,正蛙声鼎沸,偌大的北京城,已然变成一口夏天的池塘。

老李的焦虑可想而知。他越发倔强起来,明知不可为而为之。他拒绝陆奥的建议,坚持走他个人的秘密外交路线,甚至派人向荒川透露,"中国军队派住朝鲜是为了做做样子而不是打仗",不会涉足汉城和仁川。同时还提出,他已决定委派罗丰禄作为特使,赴日跟首相伊藤博文直接谈判,并要求在罗到达东京之前,在朝鲜的日本军队不要采取敌对行动。

从相关史料中可以了解到,那时候,日本已全部完成在朝鲜的战争准备。诡异的是,陆奥却于7月24日回电荒川,告知"日本政府也不特别反对罗来日本"。

不幸,第二天丰岛之战打响,老李的秘密私人外交,在炮声中搁浅。谈是为了不打,已经打了,还谈什么呢?可以想见,听到开战消息,老李的心情会如何暗无天日。

在给荒川回电的当天,陆奥给伊藤的信中说:"李(鸿章)采穷极之策,一至于此。其无论如何亦要达成目的之状,也着实令人怜悯。"

是不是陆奥的"怜悯"心起了作用,才在电文里说了一句"日本政府也不特别反对罗来日本"呢?或者只是为了麻痹老李的战争神经?这事只有陆奥自己知道。

这次秘密外交的失败，让老李的防微杜渐之举化为无形。实际上，他在甲午年的坎坷之路，才刚刚开始。不过此后都是亡羊补牢之举罢了。

清廷暗中求和

1894年7月25日，是农历甲午年六月二十三。从这一天开始，大清官员，够得上一定级别的，都应该穿"花衣"，也就是穿蟒袍。三天后，是光绪帝二十四岁"万寿"，按大清礼仪规制，从"万寿"日前三天开始，到后三天结束，前后共七天，是"花衣期"。这段日子，禁止屠宰，不办理刑事案件，大臣的奏折里也不谈论不吉祥的事。

打仗这种事，属于大不吉祥。在"花衣期"第二天，就有大不吉祥的消息陆续传到中枢。当天传来日本在朝鲜"围宫拘王"，次日传来丰岛海战。清廷对这两个消息保持沉默。农历六月二十六（7月28日），照旧在紫禁城太和殿大办宴席，众臣跪祝光绪帝万寿无疆。《翁同龢日记》记载：宴席期间，众大臣总共跪拜十一次；宴席上用玉碗喝酒；宁寿宫里热热闹闹唱了一天大戏。就在这一天，驻朝鲜的日本陆军，已经做好成欢之战（或叫牙山之战）的战斗准备。

办完喜事办战事。7月29日，中枢拟好对日宣战诏书，但没确定何日公布。7月31日，照会日本公使小村，通告两国断交。这样磨磨蹭蹭，终于拖到"花衣期"结束。8月1日，大清帝国公开对日宣战。如此这般处置，大概是为了讨个"吉祥"。

从日本不宣而战到平壤战败和黄海战败，这五十多天时间里，对大清来说，是全心全意抗战时期。议和的话题没人提起，也没人敢提。黄海战败三天后，从9月20日起，慈禧一连几天召见礼亲王和庆亲王。这意味着慈禧自光绪十五年（1889）结束"训政"之后，再次走向前台。

得知黄海之战失利的消息以后，慈禧萌生过议和念头，但没有公开谈论。朝中的一群主战派，还整天嗷嗷叫呢，谋求和平的努力，只能秘密进行。慈禧最初期待俄国施以援手，让李鸿章跟俄国公使喀希尼协商解决办法。之所以寄希望于俄国，可能跟老李听到的一条小道消息有关。消息说，俄国在海参崴集结海军和陆军，"不知所向"。这消息老李不敢隐瞒，曾电告中枢，慈禧当然知道。寄希望于俄国,是有点把俄国当成救命稻草的意思。

没想到当时的俄国,根本担负不起稻草的使命。早在8月21日,俄国就召开特别会议,决定俄国不积极干涉中日战争,而是跟其他国家联手,用外交方式促使中日停战,解决朝鲜问题。做出这一决定也是事出有因。当时俄国沙皇亚历山大三世重病在身,外交大臣和副大臣同样健康不佳。这种情况下,一个驻大清的外交公使喀希尼,又能解决什么问题呢?

果然,面对老李的请求,喀希尼不肯答应,只是劝告,赶紧议和吧,吃点小亏也罢,拖下去,你们要吃大亏。

跟俄国公使的交涉,一直拖到10月20日,老李才彻底死心。在这一期间,9月29日,清廷启用赋闲十年的恭亲王奕䜣主持总理衙门,意思不外乎是让他运筹议和大计。时年恭亲王只有六十二岁,却已耳聋眼花步履蹒跚。实际上,恭亲王出山,也根本挽救不了大清国运的颓势。

清廷在俄国那里碰了钉子,转而把希望寄托在英国身上。英国倒是比较积极。斡旋期间,出现四个比较活跃的人物:一是时任大清海关总税务司的赫德,这位英国籍大清官员,既代表中方利益,也为英方谋划;二是英国驻中国外交公使欧格纳;三是英国自由党议员、造船与军火工业巨头伦道尔;四是英国首相罗兹伯里。

中日开战之初,赫德多次向英国提出警告说,如果英国不加以干涉,中国就会倒向俄国。此事得到罗兹伯里的重视。10月4日,英国内阁召开紧急会议,决定对中日战争进行调停。

10月5日,赫德致电伦道尔,声称此电经大清总理衙门授权发出,提出大清国的议和条件,关键有两条:一是大清放弃对朝鲜的宗主权,有关各国保证朝鲜的独立和中立;二是不能让大清出面求和。

这两条意见,第一条是不得已,而且中法战争媾和之际,曾有过先例,放弃对越南的宗主权;第二条是维护大清的面子。当然前一条,也丢面子,不过不要紧,可以找方法补救一下,声称光绪十一年(1885)跟日本签订《天津会议专条》的时候,那个宗主国的权利,就已经放弃了。看官自然心里清楚,这样说话,仅仅是为了面子好看。

那时候,清廷的求和之心特别急切。农历十月初十(11月7日)慈禧六十岁"万寿"庆典就要到了,这事两年前就开始筹办,如果吉期还战火硝烟不断,那就太闹心了。"届期宜停战事，以迓祥和"嘛。由此，恭亲王和军机大臣孙毓汶、徐用仪对赫德的谋划"催令速办"！

英国人的行动很快，接到赫德电报的第二天，10月6日，就向俄、德、法、美四国提出联合调停的建议。美国和德国拒绝。俄国外交部宣称赞成调停，只是需要沙皇同意，而那时候沙皇病危，实际上也不可能加入调停。法国也婉言拒绝参与。英国只能唱独角戏。

而作为调停人的英国，并不认可大清提出的议和条件。他们认为，必须赔偿日本军费。这条建议，由首相罗兹伯里提出，外交部采纳。诡异的是，此后不久，伦道尔竟然发电询问清政府，能否考虑以割让台湾来代替军费赔款。赫德不高兴，回电，割台湾不行，赔款也不行，并对英国政府提出的赔款建议表示遗憾。

但英国人坚持认为不赔款，这和谈根本不可能谈。此时从烟台回到北京的英国公使欧格纳也加入调停活动。此人态度强硬，要讲和，不赔款根本不行。

赫德见英政府态度强硬，只好向清廷做试探，看看赔款行不行。出乎赫德的意料，光绪帝同意了这个"很拙劣的策略"，只是表示数额太大不行。

这边大费周折地折腾，好不容易才达成一致意见，把话传给日本，那边却回了一个嘎嘣脆，拒绝调停。和平的泡沫，陡然被击得粉碎。

日本拒绝调停的第二天，10月24日，陆军第二军先头部队从辽东半岛花园口登陆，同一天，陆军第一军突破清军的鸭绿江防线。

这一次秘密外交，开始不久就泄密。清廷内部的主战派快气疯了，纷纷上奏，北京城里的蛙声更加嘹亮。赫德在书信里记载，10月6日，军机大臣孙毓汶、徐用仪跟赫德商谈时局的时候，"几乎痛哭流涕"，说求和的消息一旦泄露，那些喜欢放言高论的人，会一窝蜂攻击政府。这里所说的"政府"，指中枢，也就是军机处。其实那时候，求和的消息已经泄露，攻击行动也已经开始。

外战未停，清廷内部的舆论战却掀起高潮，攻击之猛烈，前所未有，中枢焦头烂额。就在这焦头烂额之中，慈禧的"万寿"庆典如期举办。但这庆典对慈禧毫无吉祥可言。原定在颐和园搞庆典，现在移到宫里，从紫禁城到颐和园一路上搭建的四百八十多处、耗费二百四十万两银子的"点景"，眼瞅着要竣工的时候不得不叫停。整个庆典的规格缩小了若干倍。特别是，求和的愿望落空，大清国前途未卜。

尽管日本公开拒绝调停，清廷的外交努力却一直没有停止。恭亲王亲自出马,到各国公使馆游说,请教解决危局的有效措施。弄得各国公使也为难,有的托病不见,有的东拉西扯,有的竟语含讥讽。这时候的恭亲王,无疑是在乞求议和。

恭亲王的种种努力收效甚微,只有美国表示愿意出面,但仍然遭到日本回绝。不过日本还是给了美国一点面子,外相陆奥向美国驻日本公使谭恩传递口信,说以后清廷愿意主动跟日本直接谈判的话,希望他们能通过美国转达这种要求。清政府从这个口信中看到希望,赶紧向美国表示,清政府愿意以朝鲜独立和赔偿日本军费两个条件,跟日本谈判。这明显突破了当初跟英国提出的议和条件。大清从不主动出面到愿意主动出面,等于说,已经顾不上面子了。

11月21日,日本攻占大清北方第一要塞旅顺口,军方的战争热情空前高涨。在此前提之下,11月26日,日本拒绝清廷的议和条件,但也表示,中方如果真心讲和,应任命"合适的、有资格的全权大臣",才能开始谈判。至此,李鸿章惯用的"以夷制夷"手段,在日本面前,完全失效。

这时候清廷内部的主战派还在众声喧哗,领头的自然还是帝师翁同龢。翁是一个强硬人物,从开战前到《马关条约》签订之后,都一味强硬,等于说是见了棺材也不落泪。他这样做,出发点在哪里呢?我以为可以用他本人的一句话来回答:"臣为天子近臣,不敢以和局为举世唾骂也。"这话是他当面对慈禧说的。说白了,他是爱惜自己的羽毛,怕担上"卖国贼"的骂名。这也很好解释,他为什么再三再四跳脚反对议和,甚至连关于议和的细节都不想听。他是想让自己的道德形象,再三再四地闪光。这也许是我的小人之见。不过,以小人之心来度翁帝师这位"道德家"之腹,想来不会有太大误差。

北京城的绝望

在清廷暗中求和、清流党高呼抗战口号并乱开药方(联英、联德、联英德或联俄等)之际,北京城里的绝望情绪,已大面积弥漫开来,使朝野的政治气氛和生活气氛,都显得十分凝重。

著名学者梁漱溟的父亲梁济,那时候在北京当塾师。他在10月3日的日记里,谈到当时的混乱情形,说,日本军队还远在朝鲜境内,北京城里的官员就已经开始纷纷逃难:"京官挈眷迁徙出京早避者至一二百家。旬日之间,各省京官聚其所亲商议行走,江、浙、广、楚、汴之人尤多。或将衣箱书籍等物先运回南,或仓皇逃走、弃官不要、轻举妄动种种不一。"梁济在日记中点出两位官员的大名之后,进而感叹:"似此胆小无识,唯知全家身保妻子,国家要此负重名之大臣究有何毫末之益耶?"

后来当过民国大总统的徐世昌,在11月1日的日记中写道:"一日来客不断,大半皆商行至。"他自己也开始着手送妻小南下回老家。

清流党干将张佩纶在11月9日的日记中写道:"都下迁徙纷纷,人心涣散,可叹。"

同一天,后来成为"戊戌六君子"之一的刘光弟,在家书中写道:"现在事机危迫,各省京官纷纷出京,几于十室九空,流散情形,不堪目睹!"

当时有一个叫许同莘的人,在笔记中写道:甲午海战、陆战皆败,旅大、威海相继失陷,"都城震惊,京官纷纷出都。特海口已封,俱由陆路奔驰。沿途猝遇贼匪,惨遭劫掠",然后语带讥讽、幸灾乐祸地说:本想避开"倭祸",不料却遭贼掠,哎呀呀,要是"宴处京华坐待和议,岂不逍遥自得哉?"

有甚者,京城中还传出慈禧要"西巡"的谣言,人心大为惊慌。在这种情况下,清廷终于下定决心跟日本直接交涉,求和之路,迈出关键性一步。

11月下旬,清廷批准李鸿章的建议,派德籍税务司德璀琳作为非正式代表,出访日本。德璀琳从天津出发,到神户登岸,携带致日本首相伊藤博文的照会和私函各一件。照会的内容是请求"贵总理大臣与德璀琳筹商,言归于好",私函是老李回忆光绪十一年伊藤到天津公干时,两个人之间的旧日友情,打出一张情感牌。老李的私函,后来遭到日方嘲笑,有些话说得很难听,叫什么"死儿算龄"。这话是日本成语,意思是回顾往事如同计算死孩子的年龄,啥用也没有。

德璀琳的外交尝试,遭到日本外相陆奥质疑。陆奥认为其代表身份模糊不清,强烈反对伊藤接见或接受私人信函。多方周旋无效,加之有美国、德国外交使臣参与意见等多种元素的干扰,德璀琳和他率领的代表团,只能于月底扫兴而归。

大清国的天空,一片雾霾。北京城的绝望,更为加剧。

张荫桓"有辱使命"

德璀琳复命之后,清廷经过反复商议,于12月20日决定"派尚书衔总理各国事务大臣户部左侍郎张荫桓、头品顶戴署湖南巡抚邵友濂为全权大臣,与日本派出全权大臣会商事件"。为了交通便利,清廷还提出,希望在长崎会谈。但后来日本指定的地点是广岛。

对此任命,张荫桓感觉突兀,心想,昨天在总理衙门商量这事,谁也没说派员出使日本,怎么今天就下旨了呢?"遽奉使命,诚非所堪"。

不过说起来,清廷对张的任命,不是一点道理也没有。此前,张曾参与签署中英《烟台条约》,在担任大清国驻美国、西班牙和秘鲁三国公使期间,办理过美国排华案引发的外交纠纷,谈判经验比较丰富。尤为可喜的是,他还粗通英文,这在当时,无疑是罕见的人才。当然,另一方面,大清也是不愿意派遣"重臣"出使。

同时被派遣出使的邵友濂,地位稍逊于张,但也有不少出使经验,曾跟随崇厚出使俄国,参与伊犁交涉,中法战争期间参与跟法国谈判等外务,也都办理得比较妥善。此外还有一个意味深长的元素。崇厚与俄国谈判期间,多有擅权言行(后被革职拿问,判斩监候),邵对他很不满意,后来落下个"小村(邵友濂字)太认真"的典故。清廷的心思,无疑是希望小村能再"认真"一次。

总理衙门颇费心思,竟然想到借外力来成全这次议和之举,他们电请前美国国务卿科士达来协助办理此事。科士达"感到很大的光荣",决定从美国赴日,与大清使团会合。请科士达协助,看重的是人脉。一则,是认为请得动。1893年,科士达访华时,拜访过李鸿章,算是有过一面之谊。而张在美国期间,跟科士达来往颇多。二则,更重要的是,科士达与日本外相陆奥私交甚笃,他曾经促成陆奥跟美国的修约之举,这极可能是总理衙门倚重科士达的决定性因素。按中国人的处事逻辑,熟人好说话。

那时候大清官员大概没人知道科士达对大清国的真实态度。此君在甲午战后,对日本人说:"(清国)已经不会有再兴的机会了。清国特别不欲改良,还应说是清国不能改良也。"在德国强迫租借胶州湾军港之后,该同志又对德国驻华公使的夫人说:他认识中国人时间越久,就越讨厌;他根本不相信"中国的觉醒",因为世界上没有一个民族像中国人这么固执和自负,他们"只能接受被不同的强国瓜分的命运"。

1895年1月2日,张荫桓分别觐见光绪和慈禧"请训"。慈禧当面指示张,不得先答应停战,"一则疑于求和,一则塞前敌诸将之心也"。还指示张先到上海停留,等待新的上谕。

两天后张动身出京，取道大沽口上船，与邵友濂在上海会和。有意思的是，张赴日谈判的消息传开，"此数日内，都中颇平静，士大夫酌酒相庆矣"（时任大清国工部主事孙宝瑄《忘山庐日记》）。似乎主战派也不跳脚了。

此时，日本的作战计划是，夺取北洋舰队的最后堡垒威海卫。

1月13日，张荫桓抵达上海。可直到16日，才接到慈禧的明确指示，催促启程。1月26日，使团乘坐英国轮船前往广岛。

从时间看，清廷此番对日议和，颇有些犹疑不决。即便是张、邵二人，也一样犹疑。那时，清廷上下，有一种普遍的看法，认为日军畏惧严寒，冬季正好是清军反攻的大好时机，连翁同龢和光绪帝都持有同样的观点。翁在日记里写道："现届冬令，转瞬冰雪载途，倭性不耐严寒，中国须打一大胜仗后，方可言和。"清廷的犹疑，以及慈禧叮嘱张不得答应停战，显然都是为了等待那个"一大胜仗"。遗憾，清军的冬季攻势，如四战海城等，战绩甚微。

另外还有一个因素，让张、邵二人情有不堪。刚到上海就听到谩骂声，"匿名揭帖，遍布通衢"。上海《新闻报》还刊登了一首诗，把张荫桓比作是《三国演义》中出卖西川的张松。邵的压力也很大。一位当时逗留上海的日本人后来写道：邵非常畏惧赴日之行，"在恐怖战栗中度日"。后来出使日本期间，邵也没有什么"太认真"的作为，其身份等同于为张的"伴食"。

大清议和使团从上海启程的前一天，日军第二军先头部队在荣成湾登陆，剑指威海卫。

在大清使团到达广岛前后，日本方面，伊藤和陆奥已决定借故拒绝谈判，提前放话，说大清使节的"全权委任状"，如果不符合国际惯例，日本有权拒绝谈判，并将这一内容照会法、德、俄、英等各国公使。

日本方面，把找茬的目光放在"全权委任状"上，主要原因，大概是由于他们曾在这上面吃过哑巴亏。1871年，日本派遣使团到美国进行修约谈判，就因"全权委任状"不合规矩，美国给日本使团吃了一个闭门羹，弄得伊藤等人只得横穿太平洋回国，重新办理证书。

伊藤和陆奥颇为自信，可以在"全权委任状"上打大清使团一闷棍。果然不出所料。大清使团出示的证书，只说明张、邵是"全权大臣"，但那个"全权"的具体所指，一字不提，日方据此认定，大清使团不具备谈判签约资格，并以日军大本营设在广岛为由，要求大清使团尽快离开，从长崎乘船回国。

清廷的外交文书不规范，严格说来，不完全是由于不熟悉国际法。这里边还有一个隐秘的元素，是清廷不想放权，以防当年崇厚擅自跟俄国签约事件再次发生。这跟青睐"小村太认真"，基于同样的考虑。

张荫桓心有不甘，先抗争，抗争不成，放下身段，改为低头求告，说大清国对外交惯例不是很了解，导致这种错误，可否"稍加谅恕"，下不为例。这一回，好不容易来了，就屈尊跟我们谈谈呗。张同时还恳求日方稍稍透露一下议和的基本条件。这两个要求都被断然拒绝。日方的答复是，说这些臭氧层子没用，说不行就不行，听见没？不过也直言，大清若能派出"有名望官爵者"，如恭亲王或李鸿章这样的重臣出面，日本甚至可以派员到大清去谈，谈判地点可以设在旅顺口。事实上，日方在"全权委任状"的问题之外，还觉得张、邵的身份地位偏低。

听说使团在日本的口舌之争很不顺利，2月6日，慈禧在召见大臣时愤愤说道："战事挫败，使臣被逐，势难迁就。"说这话的时候，她老人家"词色俱厉"。老佛爷很生气，但后果一点都不严重。日本政府的态度还是那么强硬。日军在战场上的表现，更为强硬。谁都知道，那种时候，拳头硬才是真硬。

2月12日，大清使团黯然离开日本。同一天，刘公岛守军向日本海军递交投降书，威海卫随之沦陷，北洋舰队全军覆没。

"卖国"还须李鸿章

光绪二十一年春节，清政府取消了按惯例每年都要铺张的宴席。压抑的气氛也蔓延到直隶总督衙门，李鸿章也免了受贺宴客的常规举动，借他老下属罗丰禄的话说："色甚窘遽，为余数十年所未见。"

那时候老李可能还不会想到，让他更"窘遽"的情状，即将迎面而来。

张荫桓使团和谈被拒的消息，让西方列强也受到一定刺激，进而对日本陆续表明自己的态度。还没出正月，日本就感到"欧洲的形势已逐渐露出不稳的情景"。陆奥的应变措施是："设法诱使中国政府早日再派媾和大臣，速行停止战争，恢复和平，以改变列强视听。"

日方打算见好就收，于正月二十二（2月16日）照会清廷，透露议和的大致条件。第二天，清廷通知李鸿章被授予全权，准备赴日和谈。

说起来也是，"卖国"这么大的事，离开李鸿章怎么行？在我早年学过的

《中国历史》课本上，在我早年读过的近代史上，老李都是晚清最大的"卖国贼"。他卖的次数最多，经验最丰富，手法最灵活，这时候想起他来，完全是"知人善任"。谁说清廷"颟顸"，我看人家既不糊涂，也不马虎，一个个都精明得很。

此时，日本着急，清廷更着急。如科士达所言，每拖延一天，中国都会失去上百万美元和更多的领土。时间是金钱，不假不假。

清廷为此上演了一场准"割地"与否的口水大战。慈禧回避，翁同龢跳脚反对，孙毓汶、恭亲王先后提到割地，李鸿章"持不敢许地之说"，这球光绪不接不行，万般无奈，于3月1日，传谕授予老李"商让割地之权"。

老李请张荫桓做自己的副手，张再三再四，坚辞不允，但推荐了几个人给老李，其中包括老李的儿子李经方。这事后来成为一个话柄，有人大骂老李家父子都是"卖国贼"。有学者认为这是翁同龢的阴招，说何其毒也，这是往老李的心口上捅刀子嘛。我不这样看。李经方曾担任过驻日公使，且通晓英文和日文，担任副使，于情于理，都说得过去。

3月13日，是总理衙门选择的"吉日"，一百二十七人的使团，分别登上两艘商船。他们第二天从天津起航。3月19日，抵达日本马关。上岸不久接到照会，日方以伊藤、陆奥为全权大臣，定于次日下午进行会谈。

在此之前，日本朝野，也经历了一场口水大战，各方人士提出各种各样的议和条件，供政府选择。而实际上，"剃刀大臣"陆奥早就在茶壶里煮好了饺子，心里有数。

3月20日下午，马关春帆楼，第一次会谈。这是老李于光绪十年跟伊藤签署《天津会议专条》后，再次见面。两人自然要寒暄几句。之后进入正题。先互相校验全权证书。这回清廷提供的证书，大致达标。说大致达标，是因为还存在瑕疵。伊藤提出，证书只有光绪的印章而无亲笔签名。不过只是说说，并没有借此发难。从这一细节，还是可以窥视出，清廷当时如何慌张。

之后的两项议程，都是老李代表中方提出的。一是停战。鉴于清军的冬季攻击毫无成效，清廷希望停战，并拿出一份汉英文本兼具的备忘录。关于停战条件，伊藤的答复是，明天再议。二是争取使团可以用密电对外界联络。这本是外交惯例，无需专门提出。但张、邵使团曾被日方拒绝行使这一权利，故而老李多此一举。伊藤的回复是："因系阁下之要求，可特别允许。"你听听，伊藤这话说的，给了老李多大面子似的。而在这外交辞令的后面，藏着一个让人不安的史实,早在甲午战争前夕,日本外务省已经破译清廷使用的电报密码。

三言五语谈完公务,接下来是"聊天"时间。老李的智慧在这一环节挥洒自如,隐隐告知日方,中日以后应携手对抗西方列强,日方在此次议和中最好不要提出过分的条件。他说:

贵我两国乃东洋之两大国,人种文物相同,利害关系尤切。贵国近年有长足进步,如今已步入泰西各国之列,令人钦羡不已。而我国如阁下所熟知,其需要改善之处甚多,但不如意之事十居八九。我国与贵国提携,共谋进步,以抗衡泰西日新月异之变化,并防遏白色人种之东侵,乃两国之愿望所在……敝人身为黄色人种,切望贵我两国作为东洋两大强国,能永远与欧美对峙……余欲一转今日之不幸,不独回复两国之和平,更令其成为两国深交之基础。

陆奥后来对老李的此番说辞,有过一番评价,大意是说这人狡猾,打苦情牌,有撩拨对方施以同情之意。另外还提到,老李偶尔会用冷嘲热骂之语,来掩饰战败者的屈辱。总之,陆奥认为,老李"不愧为中国当代的一个人物"(引自陆奥《蹇蹇录》)。

据日本媒体报道,当天会谈结束,老李走出会场时,面带笑容,仪态闲适。但很快他就笑不出来了。

3月21日下午,第二次会谈。日方对老李提出的停战要求进行答复,开出的停战条件让他大惊失色,连呼"过苛过苛"。这个停战条件几乎把大清国京城周边的防卫外衣全部脱掉,脱得光溜溜毫无遮拦:东方与北方屏障消失,数万清军放下武器,连接关内外的铁路线被切断。陆奥后来在《蹇蹇录》中写道,日本没有停战的必要,但对方提出这要求,要是一口回绝,有违反国际惯例之嫌,因此提出极为苛刻的条件,迫使对方知难而退,主动撤回这一诉求。

当天的会谈场面很尴尬,老李一再请求对方放宽条件,对方一再拒绝。无奈之下,老李转而要求对方提出议和条件。伊藤针尖对麦芒,要求中方对停战条件,"或迅速撤回备忘录,或断然拒绝我方之提议,或允诺我方之提议。三者可任选其一。"一下子把球踢回原点。老李需要请示之后才能决定,双方议定暂时休会三天。

3月24日下午,第三次会谈。老李根据清廷的电令,正式拒绝对方的停战条件,并递交汉英文本。之后提出,希望日方开列议和条件。对此,伊藤"复取烟卷延时细想",并在别的话题上转过一圈之后,才表示次日进入议和谈判阶段。会场上的气氛随之缓和,在笑语漫谈之后,伊藤突然说:"我国之兵现往攻台湾,不知台湾之民如何。"老李的脸色陡然一变。接着,话题围绕台湾展开。这时老李似乎已忘记他在第一次会谈期间,曾经描绘的那一幅中日联手抗击西方列强的宏伟蓝图,而是回到"以夷制夷"的惯用外交手段,用英国来压制日本。老李的意思,日本占领台湾,英国不会默许。为什么呢?因为台湾离香港近。这从逻辑上显然说不通,但在这个问题上,英国似乎是压制日本的唯一稻草,老李怎能轻易撒手。

当天的谈判在一片既不和谐也不友好的气氛中结束。谈判双方谁都没有想到,李鸿章从春帆楼返回住处引接寺的途中,会迎面撞上一颗仇恨的子弹。这颗子弹,打乱了谈判的正常秩序。

"裱糊匠"的沮丧

李鸿章说他办了一辈子的事,不过是扮演了一个"裱糊匠"的角色,在"一间破屋"里"东补西贴"而已。这话,听来让人沮丧。说话的人,自己也沮丧。

在马关谈判期间,老李遭遇了他人生中最沮丧的时刻。

第三次会谈结束后,老李在街头遇刺被击中面部的消息,瞬间在日本引发了一场强烈的政治地震。在提交内阁讨论停战问题的公文中,伊藤直言:"会见仅及三次,忽遭凶徒加害……事已至此,各国已得到进行联合干涉之口实,形势为之一变,致使帝国不得不立于最软弱之地位。"

果然,刺杀事件激起英、美、德、俄等国的恶感。日本驻德公使青木周藏不敢相信这消息是真的。他说,要是消息属实,整个欧洲都会对这一暴行感到愤慨,并将"以藐视的眼光看待我们表面的文明"。

伊藤恨死了那个名叫小山丰太郎的"国贼"(日本媒体的说辞,有时也称之为"凶汉"),曾两次派人做说客,向法院施压,要求判刺客死刑,甚至暗示法官,若判小山死刑,伊藤日后将给他提供一个美差。但法官不为所动,坚持司法权独立,最后判决为无期徒刑。

小山的五连发左轮手枪只打出一颗子弹,剩余的四颗,后来被老李要走三颗。李经方说,他爹的意思,是想让这三颗子弹"永远传之子孙,以贻祖先冒险为国效命、力尽绵薄之训诲"。

日本方面迅速展开了一场"危机公关"行动,从天皇到草民,社会各阶层都反应敏捷:其一,伊藤迅速派出日本最好的医生给老李治伤,两位军医向老李表态,要像给自己亲爹治伤一样认真对待;其二,天皇派特使到马关慰问,还下诏表示:"朕深以为憾……尔百僚臣庶等应善体朕意,严戒不逞,努力勿损国之荣誉"云云;其三,皇后亲自为老李制作绷带,并派遣两名护士前来照料;其四,社会上掀起一场慰问老李的浪潮,原本幽静的引接寺几乎变成农贸市场,有送家禽的,也有送海鲜的,好生热闹……

陆奥后来在《蹇蹇录》中写道:"社会人士由于过分惋惜,稍现狼狈之色……往往因急于粉饰表面,言行不无有故意做作和虚伪之处,有失中庸之道……直至昨日,尚沉醉于因战胜而极端狂欢之社会,今日恰似陷入居丧的悲境。人情反复如波澜,固无是非可言,但对此种卑劣行为不能不为之惊叹。"

与陆奥的"卑劣"说完全不同,大清使团成员之一科士达的感叹是:没有任何政府和个人,能像日本人这样,高明地处理这件棘手之事。

对李鸿章而言,治疗也好,慰问也好,都是芝麻小事。让他最感欣慰的,是日方主动提出无条件停战。这是他求而不得的事,也是日方"危机公关"的关键一步。尽管台湾不在停战范围之内,但对大清国而言,老李这一"血染的风采",也足以炫目。

据科士达记载,遇刺之后,老李的第一反应是"惭怒交集"。他哀叹自己名誉扫地,但没想过这事会成为一个有力的谈判筹码。大清议和代表团除了"异常激动与恐慌"之外,竟没想到要对日方提出抗议。消息传回清廷,光绪"为之不怡良久",翁帝师和恭亲王"相对愁绝"。仅此而已,大清国的总理衙门,也没有对日方严词谴责。实际上,无论是代表团还是总理衙门,它们都有足够的理由,跟日本跳跳脚骂骂娘。大清国憋气已久,借此机会出出气也好啊。

4月1日,春帆楼,第四次正式会谈。之前,伊藤与老李磋商后,已签署停战协定。这次会谈,主要协商此后的谈判程序。替代老李做主角的李经方,在此次谈判中有精彩表现,逼迫伊藤同意中方意见,一次性全部开出议和条件,而不是渐次开出、逐项谈判。

日本的议和条件开出以后，老李脑袋里嗡的一声，情绪陡然失控。科士达说："总督因条件苛刻，甚觉委顿沮丧，似乎对于协议感到绝望。"

老李心中的沮丧，一直延续到谈判结束。

日方的议和条件一经开出，中日间讨价还价的口水战陡然爆发，西方列强的幕后动作也频频加剧，外交局面陷入混乱状态。

4月10日，春帆楼，第五次会谈。老李的伤口已经愈合，重新坐到谈判桌前。日方对中方的议和条件修正案，提出了再修正案，在割地、赔款、通商等几方面，都有小许让步。老李读完再修正案后，就割地、赔款两条苦苦争辩，提出三条意见：赔款再减，辽东割地之内除去营口，台湾不割。伊藤不为所动，只是表示，日本已经做好作战准备，一旦谈判破裂，不日兵发北京城。当日，直到会谈即将结束，老李还在可怜巴巴请求减少赔款。你瞅瞅这老李，"卖国"卖得很费劲嘛。

当晚，老李致电总理衙门，报告会谈情形之后，郑重表示："鸿（老李自称）力竭计穷，恳速请旨定夺。"他承认自己"力竭计穷"，无疑是沮丧到了极点。

此后几天内，清政府这口池塘，蛙声四起。这里按下不表，还说老李如何"卖国"。

4月15日下午两点半，春帆楼，第六次会谈。科士达在日记中详细记载了老李的"卖国"行径："总督一开始就在原则上接受了日本的最后通牒，但试图做种种修改。"这次"卖"得特别费劲，抛开割地一项，在赔款和通商条款上，老李反复纠缠，谈判一直拖延到晚上七点半。陆奥记载："李鸿章自到马关以来，从来没有像今天会晤这样不惜费尽唇舌进行辩论的。"其实出现这种情况也很好理解，他是觉得自己"卖国"的机会不多了嘛。如此用力的结果如下：日方同意中方三年内还清赔款，可免除利息；日本威海卫的驻军费用从二百万两减少到一百万两。后由于在换约时间上对日让步，军费又减少五十万两。

4月17日上午十点，春帆楼，第七次会谈。所谓会谈，其实没有什么好谈，在拟好的条约上签字而已。老李完成"卖国"的重任之后，于下午两点，率众匆匆离开住处登船回国。但他的沮丧情绪，并没有就此终结。

老李归国之后，遭到大范围高强度的抨击和弹劾，朝中很多大臣都上奏要求对"汉奸"李二治罪，光绪帝厉声斥责他"失民心，丧国体"。随后老李被解除直隶总督、北洋大臣职务，安置到总理衙门"行走"，实际上是闲置于京城。

耐人寻味的是，几年后，老李病逝，清廷下令，在京城和外省，建祠十座，来纪念这位晚清最大的"卖国贼"。

多余的话

吉辰在《昂贵的和平：中日马关议和研究》中，有这样一段议论："《马关条约》的签订并不意味着甲午战争已经尘埃落定。从条约签订到烟台换约的二十一天里，外交上的波澜起伏丝毫不亚于马关谈判的二十九天，甚至犹有过之。这是因为，列强中的俄、德、法三国此时终于由幕后走向前台。它们，尤其是在东亚利害攸关、军力强大的俄国，拥有能够左右局势的力量。"在这平实的史家之言后面，有一个日后对中对俄都酿成重大危机的"三国干涉还辽"事件。本文无意去展开这一事件的细节，就此打住。

文章写到这里，笔者稍稍有些意外。我的本意，是想以吉辰的著作做底本，以论代史，表述自己对某些历史细节的个人看法。没想到，几乎在书写伊始，我便收敛了自己的表达欲望，侧重于史实的转述。如此这般，使整篇文章看起来，很像是用另一种口吻来复述《昂贵的和平：中日马关议和研究》中的某些内容，或者说是为前者制作了一个袖珍版。我想这也无妨。如果这种方式，能勾起读者对吉辰原作的阅读兴趣，我也算是做了一件有益的事。

补充一句，三十一万字的《昂贵的和平：中日马关议和研究》，是吉辰就读北京大学历史系的硕士论文，写作时间为三年，所使用的中文和外文参考资料，达五百余种，其中不少是未经翻译的英文和日语资料，可见作者写作态度之严谨。如此写作态度，可作我等表率。

卷二 人物

袁世凯的锋芒

袁世凯这人，在近现代史上，实在不是一个香饽饽。辛亥革命后，在推翻帝制的问题上，他曾经香过一阵子。可一闹复辟，立马就臭了，连他一手提拔的诸多干将，都跟他反目成仇。这可以理解，里边有个政治立场的问题，有个大势所趋的问题，有个冒天下之大不韪的问题。不可理解的是，后来的史书，有好多揪其一点，不依不饶，把他扔进大粪池里，沤来沤去，直到臭不可闻。这种做法是不是太走极端了？臭鸭蛋也有香的时候嘛，而臭大粪的前身，可能是香喷喷的烤羊腿嘛。徒逞口舌，把自己弄到道德的至高点上，居高临下，以当下的意识形态，任意臧否历史人物，这不是做学问的态度，甚至也不是正常人的态度。

袁世凯是一个事业型的人，尽管干到最后，干出了一件臭不可闻的事。但从晚清到民国初年，他举足轻重，跟李鸿章的分量不分上下。掂量这段历史，你绕开他，还真就不行。我读史书，向来不看重结果，而是看重过程。在过程里边，才可能淘到经验和教训。只看结果，直接去读教科书好了。那种"结论之书"，不需要动脑子，直接把结论背下来，一考试就OK，混个文凭不在话下。但这实在不是了解历史的有效方法。或者说，历史不应该是这样的读法。

我喜欢拨开历史的浮萍，看水情下鱼钩，期待从中钓出几条活蹦乱跳的大鱼或小鱼。读史的乐趣就在这里。没有活鱼的史书，我不读，坚决不读。

我在"研究"甲午中日战争这段历史的时候，觉得袁世凯这人，被史学界严重忽略。当然甲午战争不是他发起的，也不是他结束的，甚至到日本马关去"卖国"，也轮不到他这个小人物。不过，当战争的导火索冒着火星嗞嗞作响的时候，他正围着导火索闪转腾挪，企图用一泡尿浇灭火星。他的所见所闻所思所言，对了解当时大清国的国情军情，对甲午战争中大清国完败的追根溯源，会起到独特的参考作用。何况，战败之后，大清国清议派，把袁世凯和李鸿章并列推到"被告席"上,说他们是罪魁祸首。这说明,他在当时,已经被卷入舆论的漩涡。

另外还有重要的一点,大清国在完败之后,发奋图强编练新军之举,也跟袁世凯不连断的嘚吧嘚吧,大有关系。缘此,我觉得有必要把甲午战前战后的袁世凯,好好端详一番。

眼下市面上关于袁世凯的专著很多,我看重的有三部:一是端木赐香的《历史不是哈哈镜:真假袁世凯辨别》(以下简称《真假袁世凯辨别》),二是加拿大史学家陈志让的《袁世凯传:外国人眼中的袁世凯》(以下简称《袁世凯传》),三是日本记者佐藤铁治郎的《袁世凯传:一个日本记者三十年中国、朝鲜生活札记》(以下简称《袁世凯传》)。这三部专著当中活鱼甚多,钓竿到处,连连上钩,让我这垂钓者好生过瘾。

我想特别说明的是,端木赐香《真假袁世凯辨别》一书的原名是《为袁世凯辩护》。可有人不喜欢她为袁世凯辩护,作者不得不稍作妥协,更改书名和少许内容,才得以出版。这也是属于袁世凯的小小"传奇",写在这里,权当花絮。

好了,闲话少叙,让我们尾随袁世凯,到朝鲜一走。

跟着干爹去朝鲜

袁世凯二十岁那年,在家读书读得不耐烦,把笔杆子一摔,投奔他干爹吴长庆去了。那时候,吴担任广东水师提督一职,是军中的"高干",正驻扎登州"帮办山东防务"。

袁世凯生于1859年。这孩子小时候患有学习疲劳症,一读书就头疼,让他出去嬉戏玩闹,立马就不疼了。总共参加过两次科举考试,都没考上。倒是从十二三岁,就对拳脚和马术感兴趣。

干爹吴长庆对袁世凯不错,让他在"文案"上挂个名,每月领十两银子的干薪,啥也不干,主要任务还是学习,还让自己幕府中的大才子张謇给他当老师。这张謇当时只是个秀才,后来不得了,考上了状元。老吴的意思很直白,就是让小袁走科举道路。小袁心里郁闷,又不好意思逆违干爹的好意,硬着头皮学了一段时间,结果抑郁成疾,只好跟老师张謇说实话,我不是来干爹这里吃干饭的,我家里有房有地,吃饭没问题,我是想到这里做点报效朝廷的事。老吴听说这话,挺高兴,委任了一个"营务处帮办"让他干,月薪长到每月四十两银子。这是老吴帐下的最高薪水,而且是老吴自掏腰包。小袁知道这是干爹对他的偏爱,做起事情也格外认真。春节期间,一些士兵因赌博引发枪击事件,小袁赶到,逮住几个领头闹事的,就地正法,事后才向干爹报告。不久,小袁给二姐写信说:"不能任劳任怨,安能成大事?故虽吴大叔本家亲故,亦无不怕弟者。我辈年甫二十有四,非先自立足根,安能约束他人?"所谓"年甫二十有四",是指虚岁。这小子"专擅杀人"的时候,才刚刚二十三岁。也就是在这一年,朝鲜出事了。

1882年朝鲜爆发的"壬午兵变",让小袁有了一个出国创业的机会。

那时候李鸿章老母过世,正在家丁忧,北洋大臣一职由张树声暂时代理。张氏发布军令,北洋水师提督丁汝昌(后电令道员马建忠同行)率军舰三艘,广东水师提督吴长庆带淮军六营(一营约五百人,合三千人),前往朝鲜平乱。

这正是报答干爹知遇之恩的时候,小袁哪能甘居人后?老吴委任他担任"前敌营务处",负责军需供应,勘探行军路线。这一职责,用现在的眼光来看,是相互矛盾的,军需供应是后勤,勘探行军路线,明显是"先锋官"的角色,怎么能合二为一?这个不必管它,晚晴时节,到处都是矛盾,不差小袁这一个。再说,到朝鲜以后,让小袁矛盾的地方,多着呢。

8月22日,庆军到达朝鲜南阳港。老吴决定连夜登陆直奔汉城。小袁一马当先,为大军开路六十里,据说脚底都磨出了血泡。老吴赞不绝口。

到朝鲜之后,小袁"专擅杀人"的毛病又犯了。当时的清军,士兵待遇很低,加上官长克扣粮饷,处在饿不死但也吃不饱的状态,军纪很差,走哪抢哪。这毛病很难改。到朝鲜后,老吴授予小袁全权,整顿军纪。小袁拿了令箭,也没客气,一出手就杀了七个,将人头献给老吴验收。老吴连说:"好孩子,好孩子……"

平叛行动,进展很顺利。闹事的大院君被拿下,押送天津,后又送到保定软禁。逃出王宫的闵妃回来时,小袁抢先一步前往道贺,弄得朝鲜国王和闵妃,好一阵激动。此后朝鲜国王还单独接见小袁一回。

朝鲜的麻烦,到9月就摆平了。10月,清廷奖励有功人员,老吴开列的受奖名单里,小袁名列首位。老吴评价小袁:"治军严肃,调度有方,争先攻剿,尤为奋勇。"已经回到工作岗位的李鸿章评价小袁:"治军严肃,剿抚应机。"清廷很大方,一下子就给了小袁一个五品的官衔,"补用同知",是知府级别的、正经的朝廷命官,赏戴花翎。这可比参加科举强多了,何况小袁连个秀才也没考上。

这一回，大清国在朝鲜出了风头，竟然也学西方列强的样子，跟朝鲜签约，提出在朝鲜港口设立大清"租借地"等条款，其中一条，是让小袁为朝鲜编练新军。这为小袁后来给大清编练新军，提供了一次绝佳的实习机会。

1884年，大清与法国为越南问题发生武力纠纷。李鸿章担心法国军舰北上骚扰，命令吴长庆带三个营的清军回国，驻防奉天。剩下的庆军三个营，由记名提督吴兆有统带，让小袁"总理营务处并会办朝鲜防务"，还把自己的亲兵"坐营庆字副营"，交给小袁统带。这下，在驻朝庆军内部闹出很大的矛盾。很多人不服气，小袁还是个孩子啊，怎么给他这么大权力？再者，老吴回国后不久病故，小袁身后，连罩他的人都没有了。另外，小袁在治军方面，跟吴兆有的关系也不融洽。当时有不少人认为，小袁投靠李鸿章，出卖了老吴。给小袁当过老师的张謇，写了一封三千字的长信骂他，让他痛改前非。为此，两个人绝交了好多年头。

小袁的日子不好过了，说焦头烂额也不过分。接到张謇的信后，小家伙"一言不发，一字不回"。我倒是比较欣赏这个"一言不发，一字不回"，是是非非，让事实说话比较好，枉费口舌，没意思。这也说明，小袁身上，确实拥有任劳任怨的一面，我干我的，你们爱咋地咋地。

1884年12月4日，朝鲜亲日的"开化党"起事，搞了个"甲申政变"，意图让朝鲜摆脱大清，名为独立，实质上是投进日本的怀抱。那时候日本驻朝鲜公使竹添进一，刚刚带兵上任不久，"开化党"的行动，得到竹添的大力协助。

其实这次政变，在"开化党"领袖金玉均从日本回国之后，就已经有了启动的迹象。但大清驻朝特使陈树棠是个没主见的人，金玉均讽刺他为"软体海参"；驻朝清军首领吴兆有，也优柔寡断。这时候的小袁，还是颇有主见的，11月12日，给李鸿章发出密信，分析汉城局势，信中说：

> 由法人有事，料中国兵力难分，不惟不能加兵朝鲜，更不能启衅俄人。乘此时机，引强邻自卫，即可称雄自主，并驾齐驱，不受制中国，并不俯首他人。此等意见，举国之有权势者半皆如是……似此情形，窃虑三数年后行迹必彰。

小袁对大局的分析，总体是对的。但有一点不准确，哪用"三数年后"，二十几天之后，政变就爆发了。

政变发生后，朝鲜国王下落不明，汉城乱作一团。那时候，大清和朝鲜之间，电报还没有开通，给李鸿章写信请示根本来不及。信倒是写了，不过事态紧急，时间不等人，要是等到回信再行动，红烧海参也得凉了。12月6日下午，一番商谈之后，小袁率领全部清军共一千五百人，打进朝鲜王宫。日本公使竹添逃到仁川，随后回国。金玉均等"开化党"领袖，随之流亡日本。7日，小袁把逃离王宫的朝鲜国王李熙弄回来，让他保证以后还要继续亲清"事大"。事情办得干净利落，大局基本搞定。

小袁向李鸿章汇报平定政变的经过，同时提出一个大胆的建议：

窃思数十年来，我国家糜饷劳师保全藩属，仁至义尽。该国王昏庸暗懦，暮楚朝秦，若不急早图之，后患何堪设想。第思日本既能废琉球，我又何不可废朝鲜？改为行省，许各国往来通商，各国必不与我为难。

李鸿章闻言很是兴奋，与总理衙门秘密会商。遗憾的是，在这过程当中，消息泄露，日本报纸首先予以揭露，日本政府也马上行动，派井上馨为全权大使，带兵一千直捣汉城，跟朝鲜政府谈判。等大清的钦差大臣到达，日本已经跟朝鲜签署了《朝日汉城条约》，而且还有几千人的军队，正在奔赴朝鲜途中。无奈，把朝鲜改为大清行省的计划只好作罢。

很多年后，日本记者佐藤在《袁世凯传》中，仍然对此事心有余悸。他说："袁世凯当日的阴谋实在是令人可敬可畏！假使清政府和李鸿章能果断机敏，出师朝鲜，那么就会令日军措手不及……袁世凯确实是有彪悍的外交手腕！"

言外之意，这次机会丧失，是由大清行动迟缓造成的，而袁世凯的建议，则是一个金点子。也正是从此时开始，小袁给日本人留下了深刻的印象，即便是伊藤博文这样的大人物，也不例外。

小袁个人的麻烦，并没有因为平定政变而减少，反而更多。这也是中国式的官场逻辑所决定的。在这个逻辑之下，有时候，你做得越多受谤也就越多。吴兆有等将领上书弹劾小袁，说他贪污军饷，同时还挪用军饷抚恤此次政变中被杀的朝鲜"事大党"家属。前者查无实据，后者倒是真的，李鸿章斥之为"实属荒谬"。

但李鸿章对小袁的表现还是很满意的。日本很生小袁的气，要求大清查办小袁。李派往朝鲜的钦差大臣,名义上要查办,暗中却把小袁大大夸奖一番,只是不准小袁再呆在朝鲜王宫里办公。

小袁在朝鲜不得意,正好收到家书,养母旧病复发,想小袁了,要他速回。小袁赶紧请假探亲,得到恩准,于1885年1月31日启程回国。临行前,朝鲜大臣金允植写了一首诗《送慰廷归河南》给他,诗中有这么几句说:"名高人多嫉,功成众所忌,此事古今同,处世谅不易。"本是老生常谈,但从一个朝鲜人嘴里说出来,滋味大不相同。

小袁的老叔袁保龄,听说小袁离开朝鲜那个是非之地,大加夸奖:"此子狡狯,胜过老叔矣。"等小袁来旅顺见他时,他还面授机宜,要小袁对谁都不要说吴兆有的坏话:"此事关人福泽度量,非仅防是非也。"小袁以此,拜会李鸿章时,语言得体。老李像发现珍珠一样,感叹:"胆略兼优,能持大体。"这为小袁重返朝鲜任事,奠定了良好的基础。

小袁并不是一个底色淳朴的人,他的"能持大体",是接受老叔的告诫,"装"出来的。但底色淳朴的人,你在晚清政坛上能看到几个?大家都在"装"嘛。

在朝鲜当"总理"

这个时期的袁世凯,已经比较成熟,官也做得不小,不能再叫他小袁,就叫袁世凯吧。

朝鲜"开化党"的"甲申政变",直接导致了两部条约的签订,一部是1885年1月签订的《朝日汉城条约》,另一部是1885年4月签订的《中日天津条约》。前者包括三方面内容:朝鲜政府向日本道歉;赔偿日本损失;日本公使馆守备队增加到一千人。后者也包括三方面内容:大清和日本从朝鲜撤军,包括所有军队和守备队(这条等于否定了《朝日汉城条约》的相关内容);敦促朝鲜国王改革国防力量;双方认为有必要向朝鲜派兵时,要互相知会。这最后一条,陈志让在《袁世凯传》中认为,它将朝鲜置于大清和日本的"共同宗主权"之下。也就是说,日本在外交上赢了一手。

朝鲜的形势,一天天变得微妙起来。一股亲俄的势力开始萌芽,并不断发展壮大。其中的关键人物,竟然是大清国的雇员,负责监管朝鲜海关和外交的德国人穆麟德。英国对此表现出极大关注,他们不希望朝鲜亲俄。日本也是如此,由于自身实力不足,于是向大清建议,希望大清向朝鲜派出"坐探国政大员",遇事与日本公使共同商议,意思不外乎是大清和日本共同控制朝鲜。李鸿章自然不能对朝鲜的异变无动于衷,但心里想的,还是大清独自控制朝鲜。

李鸿章急招已经回到老家的袁世凯商议朝鲜局势。据说,袁得信后,日夜不停,往天津狂奔,竟然累死一头骡子(见端木赐香《历史不是哈哈镜:真假袁世凯辨别》)。

李鸿章跟袁世凯商议的结果,一是免除穆麟德的职务,推荐美国人墨贤理和德尼分担,前者负责关税,后者担任朝鲜国王政治顾问;二是释放大院君回国,给朝鲜培植一个"反对党",牵制亲俄势力;三是派遣袁世凯"驻扎朝鲜总理交涉通商事宜"。

李鸿章于1885年9月上奏清廷道:"中国驻朝鲜通商委员即系坐探国政大员……袁世凯两次带兵救护朝王,屡立战功,该君王士民深为敬佩,才识开展,明敏忠亮……与其执政金允植、金炳始等均莫逆之交……"意思是把驻朝的"软体海参"陈树棠的职务免掉,让袁世凯替代。清廷准奏。当年10月,袁世凯兴致勃勃到朝鲜当"总理"去了,随手牵着释放回国的大院君。

在王芸生的《六十年来中国与日本》中有很清晰的表述,各国公使跟袁世凯打交道的时候,都称他为"总理"。他这个"总理",明着讲,只是个"通商委员",大清的三品官;暗着讲,是"坐探国政大员",不仅仅是通商,是啥事都管。袁氏这个头衔,一度让驻朝鲜的各国公使迷惑不解,后来才慢慢明白,我的天,这家伙权力大得很啊。

当时在朝鲜的外国人,对袁世凯的职位,有着不同的理解。第一种,英国人朗佛德在《朝鲜故事》中说,是"一种半总督式的官职,他是事实上的朝鲜国王。没有跟他商量,什么也做不了;没有他的批准,什么也做不成"。第二种,英国人帕特南·威尔在《中国为共和而战》中说,"袁世凯……于1885年10月以帝国总督的身份耀武扬威地重返汉城"。第三种,日本人佐藤铁治郎在《袁世凯传》中说,其实就是"朝鲜太上皇","凡是有关朝鲜内政外交方面的紧要事宜",不经过袁世凯是办不成的。第四种,美国人马士在《中华帝国对外关系史》中所说,"就简单的一面说,就是确保朝鲜对中国的从属性,并打击朝鲜国王的一切要实现独立自主的努力"。而李鸿章给朝鲜国王的信中,明确说袁"奉旨命驻汉城充办事大臣,兼襄助一切。以后贵国内治外交紧要事宜,望随时开诚布公,与以商榷,必于大局有裨"。这几种表达，意思都差不多，是大清向朝鲜派驻了一个监国大臣，按当时的外交辞令，叫"总理"。

袁世凯这个驻朝鲜"总理"，一当就是十年。中间得到清廷一次嘉奖，提拔了一下，由三品升到二品。

据陈志让《袁世凯传》披露，这期间，袁世凯在执行大清的政治策略之外，还有三件"创新"：一是开通电报，大清和朝鲜之间可以通电报；二是拓展大清与朝鲜的商业贸易；三是为朝鲜安排了两笔商业贷款，让囊中羞涩同时又贪图享乐的朝鲜国王，对他有了亲近感。

但这些都是次要的。袁"总理"的主要任务，是严格控制朝鲜，不准亲俄，不准亲日，当然也不能亲英亲美。说白了，就是"一颗红心一手准备"，永远当好"事大党"。朝鲜不是那么轻易就范的，俄、日、英、美各国，也不是那么心甘情愿的，所以大大小小的麻烦事，免不了要发生。在我看来，小的事端有三起：朝鲜公使出使美国事件，朝鲜在美国发行国债事件，由朝鲜太妃去世引发的"郊迎天使之礼"事件。说起来，这三件事，也都不算小，足够袁世凯挠头的。不过，跟另外两件大事比较，它们确实小很多。这里，也就不妨省略笔墨，不一一详述。

两件大事，一件是朝鲜请求俄国保护；另一件是"东学党"起义。两件事的共性是，清廷震动，出兵朝鲜。

先说第一件，朝鲜请求俄国保护。

朝鲜没有因为大院君回国和袁世凯"总理"的到来，而停止向俄国暗送秋波。1886年8月，一个让人震惊的消息传到袁世凯耳中。当月11日，朝鲜国王给驻朝俄国公使发去一封密函。密函称：

> 敝邦偏在一隅，虽独立自主，而终未免受辖他国，我大君主深为耻闷。今欲力加振兴，悉改前制，永不受他国辖制，惟不免有所忧忌。敝邦与贵国睦谊尤笃，有唇齿之势，与他国自别，深望贵大臣禀告贵政府协力默许，竭力保护，永远勿违。我大君主与天下各国一律平行，或他国有所未悦，望贵国派兵舰相助，期以妥当，实深景仰于贵国也。

这份密函在陈志让的《袁世凯传》和佐藤铁治郎的《袁世凯传》中，均有记载。两份记载，只有个别字句差异，大体相同。上面抄录的，是佐藤的记载。两种《袁世凯传》都特别强调,这份密函,盖有朝鲜国王的印章。

细细品味这份密函,虽然时隔一百二十几年,也依然让人心惊。在这份密函里,对大清的敌意,几乎到了无以复加的程度。可以想象,袁世凯看到这份密函,会震惊到什么程度。他是受李鸿章之命去监管朝鲜的,出了这种事,他怎么向李交待?怎么向清廷交待?

尽管后来有史家怀疑,这份密函是什么人伪造的。可当时的袁世凯,当时的李鸿章,当时的清政府,都以为是真的。由它而引发的种种反应,也都是真实的存在。所以我们现在也只能把它当作真的来看待。

8月13日,袁世凯给李鸿章发报,将朝鲜国王致俄国驻朝鲜公使的密函,原原本本做了汇报,之后不长时间内,又连发五封电报,就密函事件,表达自己的看法,要旨是大清急速发兵入朝,发动一场政变,"废此昏君,另立李氏之贤者"。

李鸿章没有完全接受袁世凯的建议,只是同意出兵向朝鲜国王问罪,同时电嘱大清驻俄国公使刘瑞芬,打探俄国政府举动。在李鸿章看来,小小朝鲜"欲借外国以制中朝,何其梦梦"。

袁世凯在朝鲜也没闲着,他公开向朝鲜国王诘问此事,弄得朝鲜国王惊慌失措,赶紧派大臣道歉,请求原谅。此时大清的海陆军已经在问罪的途中。袁审时度势,知道朝鲜无能,俄国一时也未必愿意挑起战争,而日本的军力,也不是大清的对手,索性给李鸿章发出第六封电报,说朝鲜"此时臣民交哄,举国鼓沸,如有五百兵,必可废王擒群小解津候讯"。就是说,把朝鲜国王和亲俄派统统拿下,像当初对付大院君那样,都送到天津去审讯。这还是把朝鲜变成大清一个行省的思路,只是没有明确说出来而已。

大清的海陆军抵达朝鲜一事,被日本各家媒体大肆报道,一时舆论哗然。奇怪的是,日本这回没有立即行动,而是静观其变。

一个绝好的机会摆在大清国面前,如果能抓住,也不失为亡羊补牢。但种种原因,如朝鲜的狡辩,俄国公使的威胁,北洋舰队的长崎事件尚未平息,等等,让李鸿章和清政府再次息事宁人,以朝鲜派员带国书到大清谢罪等条件了结此事。

不妨假设,如果日本处在大清的位置上,会怎么样?答案不言而喻。

笔者不是在这里鼓吹"丛林原则",但从晚清到第二次世界大战,整个世界都是弱肉强食的社会。你有机会掠夺而不下手,就只能等着别人对你下手。晚清的衰败,也恰恰证明了这一点。由此反证,袁世凯在当时,堪称有勇有谋的干将,只是身为大清官员,其勇其谋,都不足以创建傲世的功勋。这一点,跟李鸿章的境遇,颇有些相似。

第二件大事,是1894年的朝鲜"东学党"起义。

袁世凯在平息朝鲜请求俄国保护事件之后,不再轻言废除昏君和改为行省之类的话题,可他对朝鲜的控制,一天也没有放松。佐藤在《袁世凯传》中记载,"但凡电政、邮船、造币、借贷等权力,都一网打尽",还能"用些小计谋来哄骗韩王,从而和韩王结好关系"。佐藤以至于忍不住说了声,"袁世凯真是个能人"。有意思的是,最后这一句赞美,在佐藤的《袁世凯传》中,出现多次。

遗憾的是,袁世凯这个"能人",到朝鲜东学党起事,日本借机迈出扩张步伐,对朝鲜对大清都虎视眈眈的时候,就显得力不从心了。

1894年5月初到5月底,东学党起义军先是占领全罗道,后又占领全州,朝鲜举国动荡。从这时起,袁世凯主要忙活三件事:一是跟李鸿章汇报朝鲜局势,分析可能的走向;二是跟朝鲜交涉相关事宜;三是跟日本驻朝公使大鸟圭介反复纠缠。怎奈,这里还得引用历史学家唐德刚的那句话,"形势比人强",日本的快速反应和大清的迟钝,让袁渐渐绝望。6月3日他还信心满满,电请李鸿章出兵朝鲜,到6月29日,就知道大势已去。他一天当中向李鸿章连发三电,请求回国,之后又多次电请回国,但都被李总督拒绝。7月14日,袁世凯气郁成疾。16日,再次致电李总督,声泪俱下:"凯等在汉,日围月余,视华仇甚。赖有二三员可办公,今均逃。凯病如此,惟有死,然死何益于国事,痛绝。"他的副手唐绍仪也给李总督发电,陈述袁的病情,老李这才在18日同意袁离开朝鲜。

这期间,袁世凯一封提出建议的电报值得我们注意。那时候,日军在朝鲜已超过万人,占据各个战略要地,清军却偏驻牙山。袁建议说,要么赶紧派兵到鸭绿江或者平壤,要么撤军,否则,"衅端一成,即无归路"。从此后事态的进展来看,这显然是远见。

7月19日,袁世凯离开汉城,搭乘英国军舰回国。由汉城去港口的路上,还差一点被日本人暗杀。此前,日本人整天叫嚣要杀掉袁氏。

7月21日,袁世凯回到天津,向李鸿章报到。这时候,日本还没有在朝鲜动手,袁的态度已经非常明确,直截了当提出,赶紧从朝鲜撤兵到鸭绿江,把朝鲜交给日本。

袁世凯的这个建议,明显是让大清丢面子。不过,丢面子总比丢里子好得多。要是大清肯在日本面前丢一次面子,就不会有后来的《马关条约》,局势也不会变得糟糕透顶。

跟袁世凯的提议不约而同,当时身在朝鲜的太原镇总兵聂士成,也在这期间提出清军撤离朝鲜。

问题是,事情到了这一步,由不得袁世凯和聂士成,也由不得李鸿章。你以为李总督愿意打啊。可清廷内部的清议派主战,帝师翁同龢主战,光绪也主战。他们联合起来,把老李骂得狗血喷头,李也不能不战。

这场史上著名的甲午战争,带给袁世凯的,只能是一腔郁闷。

满腔郁闷向谁诉

袁世凯的郁闷,主要表现在两个方面。

一是他由一个在朝鲜当了十年的资深"总理",变成了一个"田径运动员"。这个俏皮的说法,是我从端木赐香那里借来的。

袁世凯回到天津以后,清廷仍然不肯让他闲着,给他委任了一个"前敌营务处"的官衔,也就是军需官的角色。一种说法,是让他去平壤。结果人没到,就接到清军在平壤大败的消息。另一种说法,是直接派他到东北。两种说法谁是谁非不重要,重要的是,清军先是在朝鲜一路向中国方向狂奔,之后是在东北的辽阔大地上狂奔。袁氏也只能跟着狂奔。用端木在《真假袁世凯辨别》中的说法,"一句话,别说前线了,就是他这个搞后勤的,都快跑成田径运动员了,从九连城到凤凰厅,到辽阳,到新民厅,一直到山海关。"

一个有雄心有壮志的人,一连狂奔几个月,毫无事功可言,心情哪能不郁闷。这还叫战争么?简直是开奥运会。

袁世凯给弟弟的家书中说:"无谓之至,然也不敢启齿请归。"

袁世凯的郁闷里边,当然会包括,他在朝鲜历时十年的心血,都付诸东流,一点意义也没有了。应了一句老话,早知今日,何必当初。二是,袁世凯深刻认识到,大清的军队,完全不适应对外战争,即便是在国内战场大出风头的淮军,也大大落伍了。

那么,甲午战争期间的大清国陆军,是个什么德行呢?

在这里，不妨借用英国传教士麦高温的眼睛，来好好看看。在《中国人生活的明与暗》中，麦高温这样描述他所亲眼看到的清军：

镜头一：从外表上讲，中国士兵看上去十分滑稽可笑，他们显得并不威严，即使他们个头很大，人们在看他们时总免不了流露出一种半带鄙视和讥笑的神情。当官的没有教过他们如何使自己显得精明或表现出军人的气质。以西方的观点看，他们从没受过任何值得称道的训练。中国士兵没有被要求站直、挺胸，以充分利用父母赐予的每一英寸高度。他们不必去学走正步，这免去他们精神上的折磨。对这块土地上的士兵而言，这实在是一件幸运的事，因为他们原本对左腿和右腿的概念就混淆不清。

镜头二：士兵们不讲卫生，这实在是一件令人作呕的习惯；士兵们对水和肥皂从来都报以敬而远之的态度；他们看上去肮脏而邋遢，好像从来都是穿着军装睡的觉；在南方一些省份，士兵是不穿鞋袜的。行军时，他们穿草鞋，不行军时，他们穿上天赐予的鞋——裸脚！

镜头三：观看一队执行某种特殊任务的士兵行进，留意他们所装备的武器装备，是一件赏心悦目的事。每个士兵都把枪扛在肩上，另外每人还配备了一把扇子。扇柄插在背后的衣服下，另一端伸出来，离耳朵很近，这样在行进中就不会给他带来不便。如果天热，他们就把扇子打开盖在头上，并且用辫子将扇柄缠住，以便扇子的位置固定。另一件与扇子同样重要的是竹烟枪。一想到烟枪，他们就恨不得把背上的长枪扔掉。为了不妨碍双手的自由活动，他们把烟枪水平地插在背后的腰带上。第三件重要的东西是雨伞。每个想体面一点的士兵都有一把雨伞。如果没有雨伞，作为军人的"勇"的品质就会受到质疑。中国人并不认为一个士兵被雨水淋湿会提高自己的尊严或是表示他的高效率。

镜头四：沿途的店主总是害怕军人的到来，尤其是当这些军人要去与敌人殊死搏斗时。如果军人们驻扎的地方没有营房，他们通常就住在当地最大的寺庙里，没有人会认为这种做法有什么不妥。军人们的到来对当地百姓来说也是一件非常恐怖的事。由于军官克扣口粮，所以士兵们唯一的发泄方式就是向无辜的老百姓泄恨，就连小鸡都会在凶煞恶神的士兵面前惊恐地张着嘴，伸直翅膀落荒而逃。看上去活蹦乱跳的小猪也失踪了。

好了，就抄写这么多吧。这样的军队，对付一下国内的老百姓似乎没问题，指望他们去跟"欧化"的日军作战，能有什么好果子吃呢。

麦高温所见，是战场之外的清军。战场上的清军又是怎样的德行？

在袁世凯眼里，战场上的清军，连枪炮都不会使用。开战时，所携带的炮弹不足用十分钟；士兵用枪，只知道托平乱打，不会瞄准。

朝鲜战役之后，各国驻朝鲜公使馆的武官，这样评价清军："作为远东大国的国家军队，显然不具备近代军队的素质。尽管清军拥有洋式精良武器，但战术陈腐，将官和兵士缺少军人应有的斗志。成欢和平壤之战一日即败，溃不成军，（证明）清军是一支不堪一击的军队。"（宗泽亚《清日战争》）

袁世凯算是一个懂兵的人，面对一支这样的军队，不郁闷就怪了。

郁闷之后怎么办？袁世凯心里藏不住话，他要发泄啊，逮着谁就跟谁倾诉。当然他不会跟草民倾诉，对牛弹琴的事，他不会去干。

甲午战争的硝烟还没有散尽，袁世凯就到处呐喊：大清非得编练新军不可！

小站练兵，"大展宏图"

《马关条约》的签订，让大清一下子跌入深渊，面子和里子都丢尽了。要说倒霉，没有比李鸿章更倒霉的了，变成举国尽知的"卖国贼"了嘛，几乎到了人人喊打的地步。有些站着说话不腰疼的，甚至扬言，要砍了他的脑袋。

谁都不会想到，袁世凯的名声，随着《马关条约》的签订，竟然出口转内销，在国内爆响起来。

1895年4月，《马关条约》的条文商定以后，大清全权谈判代表李鸿章和日本全权代表伊藤博文、陆奥宗光，坐在一起聊天。老李感叹大清人才稀缺，伊藤问他："袁世凯现在做什么事？"老李答："他现在谋个无足轻重的小差事。"伊藤说："以袁世凯的才能，只能做个无足轻重的小差事，怪不得没有人才呢。"这场对话，被老李的书记官记录下来。回国后，老李在谈判期间所写的日记，包括跟日方的对话等，陆续在国内报纸上发表，大清朝野，一下子注意到袁世凯其人，都觉得既然伊藤这么说，那袁氏是个人才无疑，很多人还要想方设法一睹他的尊容。

可以说，伊藤不经意的一句闲谈，为袁世凯的命运转机，又推了有力的一掌。

有史家贬低袁世凯，说他在甲午战争之后，抛开李鸿章，在朝廷里到处拉关系走后门，到处用银子钻营巴结，才谋得一个编练新军的差事。

这事需要实事求是去分析。《马关条约》签订之后，李鸿章的名声一落千丈，门庭冷落，在朝中说话不好使。袁世凯跟他说什么都是白说，他再赏识袁氏，也无力提拔。在这种情况下，说袁抛开李，可能是实情。可不抛开又能怎样呢？说袁到处拉关系走后门，表面上看，也不算错。但他是用对时局的分析做主打武器来拉关系走后门的。他多次上书给帝师、军机大臣李鸿藻，谈自己对时局的看法和建议，当然也有个人的诉求。经端木赐香总结归纳，袁当时的诉求有六条内容，其中五条都是谈论时局或者建议，最后一条是私情，亲娘病了，请假回家看望一下。此外，他也跟皇帝嘚吧嘚吧，呈递一件长达一万两千字的大折子，《尊奉面谕谨拟条陈事件呈》，大谈编练新军等事，什么练兵十二条、储才九条、理财九条、交涉四条等等。在荣禄授意下，袁还动手拟定《练兵要则十三条》《新建陆军营制饷章》和《募订洋员合同通稿》。日常跟朋友来往交谈，包括书信，也免不了如此这般嘚吧嘚吧。1895年的袁世凯，不过才三十六岁，都快变成祥林嫂了。至于说袁用过银子，我想大概也是实情。晚清社会的潜规则嘛，连左宗棠面见皇上一次，太监还要勒索三千两银子，不用银子，门都进不去。在这种大环境下，袁能博得那么多政坛大腕，如翁同龢、王文藻、张之洞、荣禄、恭亲王、庆亲王等一致保举，说他没用银子，我还真就不信。不过想想也真是悲哀，一个人满腔热血要报效国家，还必须用行贿的方式来为自己铺路，这样的政权，岂有不亡之理？

关于袁世凯行贿上位之说，最有趣的是日本人佐藤笔下的故事。说甲午战后，袁世凯心灰意冷，也没个正经差事，同时不光手头紧巴，还负债累累，一想，算了，到外商那里混个买办干干吧。可恨的是，当买办也要先交数万两银子的保证金。他给自己的好朋友王金凯写信求助。王赶到天津，两人商议一通。王的意思，当买办没前途，还不如花钱买官实惠。于是，由王出资，买通慈禧太后身边的大红人李莲英，经李太监一番拨弄，终于如愿以偿，到小站练兵去也。

其实，袁世凯到小站编练新军，有大环境的原因，也有小运气的原因。小的一面，是袁在朝鲜时，就给朝鲜干过这行，有经验。大环境的原因，跟朝野的清议有关。甲午战败，对大清的震动是空前的，比以往任何一次战败的震动都大。以前的对手是西方列强,这回是小日本,太刺激人了嘛。社会上由此蔓延出一种挥之不去的恐慌感。在恐慌的同时,各种观点也喷薄而出。主流观点,是认为洋务运动破产了,"同治中兴"是个肥皂泡。"李鸿章壮年受国防之重寄,而甲午之耻之失,令其落为夷人之笑柄。其后侈谈洋务者,无人不遭人耻笑。"(胡思敬《戊戌履霜录》)大家连洋务都不敢谈,只能谈点别的。大致有两种观点:一种,咱大清的传统文化和政体都是好的,就是军队不行,现在只需要一支跟国际接轨的军队就OK;另一种,是说咱大清的政治体制不行,得像日本那样实行君主立宪制。这两种想法在清廷高层都得到支持,也都先后付诸行动。前者是编练新军,让袁得以出人头地;后者是1898年的戊戌变法。

袁世凯在小站练兵,也不是事事如意,这里不去说它。要说的是结果,这支新型的近代军队,并没有为大清建过多少功立过多少业,只在袁到山东当巡抚期间,为清剿山东地界的义和团,出过一些力气。八国联军攻打北京,这支部队根本没到过前线。等慈禧回京,才在途中尽了一点护驾的忠心。但后来,袁借助这支部队的力量,做出一件前无古人的伟业,导致帝制的崩溃。枪杆子里面出政权,没有这支部队垫底,任凭袁氏三寸不烂之舌,怎么嘚吧嘚吧,帝制也不会垮台。袁的"大展宏图",严格说来,就是从小站练兵那一刻,埋下伏笔的。

至于袁世凯后来大发癔症,搞了一出复辟帝制的闹剧,那是他脑袋进水,思维错乱,让国人痛骂至今,也是活该。

主要参考书目

1. 端木赐香著,《历史不是哈哈镜:真假袁世凯辨别》,金城出版社,2012年。
2. 〔加〕陈志让著,《袁世凯传:外国人眼里的袁世凯》,湖南人民出版社,2013年。
3. 〔日〕佐藤铁治郎著,《袁世凯传:一个日本记者三十年中国、朝鲜生活札记》,安徽人民出版社,2012年。
4. 王芸生编著,《六十年来中国与日本》,生活·读书·新知三联书店,2005年。
5. 宗泽亚著,《清日战争》,世界图书出版公司,2012年。
6. 张社生著,《绝版袁世凯》,文汇出版社,2010年。

大清帝国的清流党

爱唱"红歌"的清流党

要弄明白"清流党"是个什么东西，先得从"清流"和"清议"说起。要弄明白"清流"和"清议"是个什么东西，还得从"清"说起。其源流远矣。

"清"字最早与人的德行和政治操守相联系，出于《楚辞·渔夫》。屈原"行吟泽畔"，跟一个渔夫感慨说，"举世皆浊我独清"。渔夫对这话不大感冒，说，扯淡，清水浊水，都有用嘛。

《孟子》中记载圣人对清浊的说辞："孔子曰：小子听之，清期濯缨，浊期濯足矣，自取之也。"这下好了，有了圣人之言，后世孺子终于知道清水浊水该如何使用。

由此下传，帝王专制时代又把言官或在野士绅对朝政的议论称为"清议"。东汉时，一伙人因"党议"罪名被杀，由此以降，"清议"二字，便尾随了一条结党营私的阴影。

之后几百年中，"清议"不再成为文士的话题。到晋代，以"清谈"替之。五代时期，后梁宫廷内斗，权臣李振斗败政敌之后，向皇帝建议："此辈自谓清流，宜投于黄河，永为浊流。"

"清流"一词，由此诞生。在李振的语境下，可以揣测，"清流"的命运，很不吉祥。

宋代宫廷大闹党争，"清议"一词再度出现。这回重新出山，却是正义的代表，完全摆脱"党议"阴影，战无不胜。

此番"清议"，为后世子孙确定了一个价值观，可简称为"两个凡是"。凡是对外主战,便是精忠报国;凡是对外主和,便是汉奸卖国贼。对岳飞和秦桧的历史评价,可为佐证。此价值观经民间戏剧和小说的大肆渲染,更是深入人心,如泰山之不可移。晚清时,李鸿章一次又一次主和,被人骂作卖国贼,也就不足为怪。

可叹的是,这种观念的回声余音,至今未绝。

至明代,士绅论政,多以结社讲学方式出现,其成员时称"清流",其议论则被称为"清议"。"东林党"的故事,广为人知,至今读来依然心惊。

至清代,顺治、康熙两朝,党争不断,不过言事者,都小心翼翼掩藏锋芒。嘉庆、道光、咸丰年间,言论稍显活跃。到同治后期,言论更为活跃。此时的"清议",多与洋务有关。到光绪年间,"清议"则席卷清廷,颇有海啸之势。修约之争,同文馆之争,出使西方诸国之争,甲午战争的战和之争,等等,一浪高过一浪。与洋务派相对立,"清流派"或叫"清流党",顺势而生。由于争论激烈,士绅间的频繁交流和磋商也就难免,很容易给人留下结党营私的印象。当时并无界限分明的清流派或清流党概念,后世史家为了叙述方便,才有此冠名。

后世史家所说的清流党,一般是指1875年至1900年期间那些热衷于唱"红歌"的官员群体。他们的"歌声",对晚清政局影响很大,常常左右高层的决策走向。他们不光唱"红歌",还时常充当杂文家的角色。自称"往还五千里,咒骂十三家"的张佩纶,笔锋所向,一度横扫二十多位三品以上大僚,很多人被他扫倒。跟后世杂文家的区别在于,他们的杂文,主要是写给当权者看,轻者让谁丢官,重者让谁丢命。副作用是,弄不好,自己也会丢官丢命。后世杂文家自愧不如,即便大名鼎鼎如鲁迅先生,文章也只是写给普通读者看,杀伤力很小。

清流党不是一个现代意义的党派,没有党章、主义和指导思想之类,也没有入党和退党之说。他们只是一个松散的官僚群体,但也有共性可寻:

之一,都是科举出身,有进士或者翰林头衔,有比较高的学术地位和社会影响。

之二,多数在中央机构任职,如翰林院和都察院,有直接向清廷递交奏折的权利。

之三,在道德修养上,也具有相当声望。如果哪个清流在道德上不够检点,时论会认为有辱清流之名。

在英国人赫德的眼里,清流党是这样一群人:"而今之士人,书籍非不熟读,诗文非不精通,使之出仕,而于人所应晓之事,问之则不能答"。

清流党有前后之分,1885年之前,史称"前清流",以帝师李鸿藻为首,骨干成员有张之洞、张佩纶、潘祖荫、陈宝琛等。1885年之后的"后清流",以帝师翁同龢为首,骨干成员有文廷式、张謇、志钧、梁鼎芬、沈曾植等。

前清流因首脑李鸿藻是直隶高阳(今河北保定)人,又称北清流。时称"北人两张(张之洞、张佩纶)一李(李鸿藻),内外唱和,广结党援"。

后清流因首脑翁同龢是江苏常熟人,又称南清流。时论"取才半出乡间"。

清流党论政的一个特点,是谈夷色变。只要跟洋务沾边的人和事,一概反对。李鸿章搞洋务运动,他们引经据典,群起鼓噪攻击。李颇为不屑,回击说:"中国士大夫常浸于章句小楷之习,以致所学非所用,所用非所学。"李还在朋友间大发牢骚:"不当事之徒草率妄言,仆不胜其忧……彼等轻议政事,继之臧否人物,大多言语欺凌不堪。"

清流党普遍擅长言辞,能做事的却很少见。中法战争期间,前清流的几位书生,被朝廷派到地方"典戎"。可惜他们在战场上的表现,远远不如言辞那般漂亮,导致前清流"溃不成军"。后清流在甲午战争和戊戌变法之后,随着翁同龢的失势,也逐渐沉沦。

清流党论政的一个特点,是每逢外患,均一律主战,做精忠报国状。中法战争之患,甲午战争之患,都跟清流党的鼓噪大有关系。要是直接派哪个清流去前线迎战,又毫无办法。"无事袖手谈心性,临危一死报君王",这还是好的,脚底抹油,溜之大吉,却依然虚辞钓誉的,也不在少数。

清流党外表的道貌岸然,只是为了掩盖本质的利益之争。李鸿章办洋务,所借重的人物,薛福成、马建中等,都具有商人和洋买办背景,不是正统科举出身。这些人通过办洋务,先发财后升官,如薛福成,后来竟然升到正部级,而清流党多为词官,并无实权,个个清苦得很,自然愤愤不平。以笔者的小人之心来揣测,这才是清流党跟洋务派水火不容的主要原因。

可为之佐证的是,不少清流党成员一旦外放,有了地方事权,态度就逐渐改变,不愿意再当杂文家。

史料揭示,清流党之所以能潇洒地"横议"朝政和权臣,跟慈禧的倡导和暗中庇护大有关系。1875年同治帝病死,四岁的小屁孩光绪继位,诏曰:"皇上御极之初,皇太后垂帘听政,广开言路,凡臣工之弹劾大僚,条陈旧弊,一言可采,无不立见施行，或即论近迂疏，事多窒碍，亦必详见谕旨，明示是非，不加谴责。"一方面发扬民主，另一方面也别有居心。慈禧对恭亲王和曾国藩、李鸿章等权臣不放心嘛。自从剿灭太平天国，大兴洋务运动，按《清史稿》的说法，"内有贤王，外有名将，消平大难，宏赞中兴"，眼瞅着强势的老爷们，一个个翅膀都硬起来了，一个深居内宫的寡妇，能不忐忑么？慈禧可不是普通的家庭妇女，其"权术"远在后世的江青之上，她懂得借力打力的妙处。你李鸿章不是擅长以夷制夷么？老娘就不会以闲臣制权臣？恭亲王奕䜣下台，还不是借助清流党的一纸弹劾嘛。平心而论，慈禧以闲臣制权臣的手段，比李总督的以夷制夷，效果更为明显。

但清流党跟洋务派之争，对大清国运，有极大的负面影响。这影响，在甲午战争前后表现得尤为突出。读晚清史料，一个突出的感觉是，甲午战败，拿李鸿章一人做替罪羊，很不公平。我总以为，以翁同龢为首的后清流，应该承担更大的责任。光绪和慈禧，当然也脱不了干系。

诡异的是，时至今日，对清流党的评价，史学界仍然没有达成共识。有人竟然说，清流党"对于改善清朝末年之中国现况，颇有助益"。我相信，清流党的纷纭说辞，肯定会有"颇有助益"的一面。不过，作为历史评价，不能捡起芝麻说事，要说就捧着西瓜说。现在我捧着西瓜说，清流党对晚清的政治、经济、外交等"各条战线"，都干扰甚多，只为慈禧玩弄权术增添了一丝"雅兴"。

郭嵩焘当"鬼使"

清流党谈夷色变，在郭嵩焘出使英国这件事上，表现得尤为突出。这事跟甲午战争没有直接关系，对认识清流党的真面目，却是一个典型案例。

我们不妨在此解剖一只麻雀，看看清流党的五脏，究竟是何等模样。

先说郭嵩焘其人。这人是科举出身的实干家。太平天国事件时期，他在上海协助李鸿章办理洋务。英法联军祸起之时，他也在第一线处理政务。后来更有出使英法的实践经验，对洋务有切身感受，见识高人一筹。连清流党也认为该同志"精透洋务"。

郭嵩焘自从办理洋务以来，心情一直郁闷。古人所言"曲高和寡"，正好应验在他身上。他强调"理"与"势"。"理"，是明于事理，明于事理才会讲理，跟外国人打交道的时候，才能据理力争，且不失礼。"势"，指事之轻重，要好好掂量,顺势而为,才不至于把事情弄得一团糟。晚清时期,跟洋人的多次交锋,结果大多是一团糟。鸦片战争一团糟;英法联军打进北京,更是一团糟;中法战争、甲午战争、八国联军无一不是一团糟。郭氏去世早,没赶上甲午战争和八国联军,要是赶上了,他的心情会更糟。在他看来,鸦片战争、英法联军、中法战争,都是可以避免的。事情坏就坏在清廷办理洋务,既不明理也不知势,既不知己也不知彼。他曾经在日记里大发感慨:

> 吾尝谓中国之于夷人,可以明目张胆与之划定章程,而中国一味怕。夷人断不可欺,而中国一味诈。中国尽多事,夷人尽强,一切以理自处,杜其横逆之萌,而不可稍撄其怒,而中国一味蛮。彼有情可以揣度,有理可以制伏,而中国一味蠢。真乃无可如何!夷患至今已成,无论中国所以处之何如,总之为祸而已!

这段文字,谈到中国人的"怕""诈""蛮""蠢",细细品来,让人感慨万端。

在郭嵩焘看来,夷人跟大清打交道,看重的不过是通商之利,不是绷着脸来找不自在,更不是主动找茬来打仗。之所以打来打去,跟大清缺乏理性的怕、诈、蛮、蠢,大有关系。用目下的价值观来衡量,他的言论很容易被理解:不就是加入世界贸易嘛;不就是搞几个贸易区嘛;不就是搞活经济嘛,都是好事啊。可是……历史的诡异就在这里。后人看来顺理成章的事,在前人眼里就是邪路,万万走不得也。

由此不难看出,郭嵩焘是一个超越时代的人物。他活着的时候,不被大多数人理解,很正常。

郭嵩焘的远见,有时也体现在细微的小事上。晚年,他在自己的一张照片上题字,写道:"百年之后,必有识此人者。"他说对了。百年之后,很多研究晚清的史家,都对他大加赞赏。众声喧哗之中,最响亮的一嗓子,是著名史学家汪荣祖的《走向世界的挫折:郭嵩焘与道咸同光时代》。笔者阅读此书,常有"猛拍阑杆"的冲动。

由郭嵩焘引发的话题,一时半会儿说不完。这里不再枝蔓,只说他受命出使英国前后,引发的政坛风波。

郭嵩焘出使英国,跟1875年初发生的"滇案"有直接关系。英国驻华使馆官员马嘉理在云南被害,引起外交纠纷。按郭的说法,清流党不察理势,徒放高论,使这一事件迟迟不得解决。直到1876年7月,双方才签订中英《烟台条约》作为善后。据此条约,大清国必须派使臣到英国道歉。经李鸿章推荐,这一使命,落到郭的头上。

那时候,跟大清建立外交关系的国家,已经有十几个,按近代国际交往的惯例,大清应该向相关国家派出外交使臣。可大清就是不肯。咱是"天朝上国"嘛,怎么能派使臣到"藩属"去呢?真要派了去,这"天朝上国"不就崩溃了么?当初,为外国使臣进京之事,闹出个英法联军打进北京、火烧圆明园这一天大的祸端。这回,派使臣一事,让英国人强行写进条约,有前车之鉴,不敢不派。

郭嵩焘受命出使英国的消息传出,立马"士论大哗"。清流党蜂起围攻,说出洋就是"事鬼",跟汉奸没什么两样。有人还编撰一副楹联骂他:"出乎其类,拔乎其萃,不容于尧舜之世;未能事人,焉能事鬼,何必去父母之邦。"

郭嵩焘的老家在湖南。湖南籍的士绅更是群情激愤,认为郭受此任命,是丢湖南人的脸,扬言要开除他的省籍,还差点砸了他的宅院。

连郭嵩焘的朋友也持有异议。王闿运说他"以生平之学行,为江海之乘雁,又为可惜矣"。李慈铭认为他此番出使"无所施为""徒重辱国"而已。还有人说:"郭侍郎文章学问,世之凤麟。此次出使,真为可惜。"

在此期间,郭嵩焘了解到总理衙门处理洋务的猥琐无能,又目睹英国公使威妥玛大发脾气而衙门诸公只能喏喏听训的情状。此情状让他气短,进而敏锐地感觉到,此番出使,难有作为。他在日记中自陈:"益觉精力疲乏,不能自支。"

在出使风波之外,郭嵩焘因对"滇案"的处理有看法,上折分析案情难结的原因,指责云南巡抚岑毓英"举动乖方",不实事求是查明情由,"而一诿罪于野人",请求清廷将此人"交部严加议处","以服洋人之心"。此折引起各方非难。清流党纷纷偏袒岑毓英,指责郭有"事事依附英人"之嫌。

这两件事引发的风雨激荡,导致郭嵩焘成为众矢之的,心情郁郁,因之病倒。为摆脱困境,他先后七次上折请求"开缺",清廷一概不允。其弟郭崑焘在给友人信中,分析他的心境:"家兄之决计乞退,实因洋务无可办法,又无可与言者,却非避出使之艰难。"

1876年9月6日,慈禧召见郭嵩焘,亲自做思想工作,说:"此时万不可辞。国家艰难,须是一力任之。我原知汝平昔公忠体国,此事实亦无人任得,汝需为国家任此艰苦。"这是从公事角度说的。还有私房话呢。慈禧说:"旁人说汝闲话,你不要管它。他们局外人随便瞎说,全不顾事理。不要顾别人闲说,横直皇上知道你的心事。"慈禧实行"两手抓",而且两手都很硬,郭不敢再提"开缺"一事。

1876年10月31日,郭嵩焘再蒙慈禧召对,实际上是辞行。慈禧再次安慰他:"汝心事朝廷自能体谅,不可轻听外人言语,他们原不知什么。"

十天以后,郭嵩焘率使团从北京出发。他在日记中说:"此行太无意绪。"

清流党对郭嵩焘的围剿,并没有因他离京远去而结束。第二年,他的《使西纪行》日记,由总理衙门刊行,此事又把他置于风口浪尖之上。清流党吠声一片,大肆叫嚣:"殆已中洋毒矣,无可采者""凡有血气者,无不切齿""诚不知是何肺肝,而为之刻者又何心也""有二心于英国,欲中国臣事之",如此等等,还强烈建议清廷将郭免职调回。清廷找不到替代人选,无法调回,但下令销毁《使西纪行》,禁其流传。一本域外见闻日记,竟然引起如此反弹,实在不可思议。

第一个感到不可思议的人,大概是李鸿章。他在给友人的信中说:"筠仙(郭嵩焘字)虽有呆气,而洋务确有见地,不谓丛谤如此之甚。若达官贵人皆引为鉴戒,中土必无振兴之期,日后更无自存之法,可为寒心。"

日后大清国运的走势,不幸而印证了李鸿章的预言。由郭嵩焘这片树叶而一叶知秋,也不难揣测甲午战败的因果关系。

《使西纪行》风波之后,更有郭嵩焘与副使刘锡鸿之间的矛盾纠葛,在清廷引发的口水大战。此事让郭更加气馁。今日看来,笔者也不由得感慨万端。难怪恭亲王和李鸿章,面对郭的诸多建言,每每答复:"无人敢出面主持。"

清廷的自强运动,因清流党的胡搅蛮缠,步履蹒跚。即便是手握重权的李鸿章,也只能感叹自己不过是大清这座破屋子里的一个"裱糊匠"。

黄遵宪很郁闷

黄遵宪也是晚清之季见识超群的洋务派人物。自1877年以参赞身份随何如璋出使日本之后,有很长一段时间,都充当外交角色,对洋务有切身感受。他的一生,可以简要划分为四个阶段:读书应试、出使、支持戊戌变法、乡居。

黄遵宪的外交才干,在担任江宁洋务局总办期间,有过出色表现。他负责处理积压多年的五省教案，"一以尊守约章,检查证据",不卑不亢,"应斥则斥","应予则予",快刀斩乱麻,"数日之间既定三案"。所有教案都办得干净利落,"无赔款,无谢罪,无牵涉正绅,无波及平民,一律清结"。这在晚清所有的涉外事件中,大概绝无仅有,一时声名远播,引起各方注目。可叹的是,这样的人才,也逃不脱郭嵩焘的遭遇。

真正让黄遵宪爆得大名,还是他的著述。他一生著述很多,最夺人眼球的,是一部巨著《日本国志》。这也是他费力最多也最为纠结的一部书。

1895年秋冬之际,大清朝野还没有从甲午战败的巨大屈辱中淡定下来,黄遵宪的《日本国志》,像是赶来凑热闹一般,由广州民间书局羊城富文斋刊行。那时候,"日本"是一个敏感的字眼,可能正是由于敏感,这部深入系统研究日本的著作,才能一纸风行,成为读书人追逐的目标。尤其是在主张"以强敌为师资"的维新派眼里,这无疑是探究日本维新强国的启蒙教科书。后来又有《时务报》的推波助澜,大肆宣扬,此书不仅有了修订版,还先后刊印多次,而且盗版很多。仅1898戊戌变法那年,此书就连续刊印三次,光绪帝亲自指名要求"进呈"。

黄遵宪为编撰这部《日本国志》,"费日力至八九年"。1878年在日本动笔,1882年调任美国旧金山总领事前,完成初稿。在美期间,政务繁忙,拿不出足够时间对书稿进行补充、修订。1885年,他回国后在老家"闭门发箧,重事编纂",于1887年夏天竣笔。成书之后,他写诗抒怀:"频年风雨鸡鸣夕,洒泪挑灯自卷舒。"

出乎黄遵宪的意料,《日本国志》的刊行,竟大费周折。按旧例,大清外交使臣撰写的各类文字,都可以交付总理衙门安排出版发行。作为《日本国志》的副产品,他的《日本杂事诗》就是通过这一渠道,由同文馆"聚珍版"刊行。此番《日本国志》成书,黄于1888年秋到天津,将书稿呈送主管外事的李鸿章,希望他"移送总署,以备查考",也就是向总理衙门推荐出版。李将书稿转交总理衙门,在"禀批"中说自己"详加披览",认为此书"叙述具有条理","如职官、食货、兵刑、学术、工艺诸志,博精深考,于彼国政法从西原委,订正尤为赅备。意在于酌古之中,为医时之具,故自抒心得,议论恢奇,深协觇国采风之旨。"不过他同时也认为,日本学习西方仅得形似,并不能从这一部专写日本的书中看清世界大势。

不料,总理衙门将此书稿束之高阁。除了时任总理衙门章京的袁昶取来披阅并大为推崇之外,其他人根本没当回事。

半年过去,未闻音讯,黄遵宪又将书稿呈送两广总督张之洞。张也将书稿转递总理衙门,评价说:"详阅所呈《日本国志》,条例精详,纲目备举,寓意深远,致力甚勤,且于外洋各国风俗、政事,俱能会通参考,具见究深时务。"还说此书"实为出使日本者必不可少之书,自应代为咨呈,以备查核"。

结果呢,总理衙门还是不作理会,依旧束之高阁。

由李鸿章和张之洞两位重臣推荐,仍然不获总理衙门青睐,黄遵宪终于绝望,转而寻求民间刊行。此时他被任命为驻英使馆参赞,于1890年初出国前,将书稿交给富文斋书局,打算自费出版。可富文斋书局也迟迟不动。驻英期间,他在给日本友人的信中,谈及《日本国志》的遭遇,颇为愤愤:"私谓翔实有体,盖出《海国图志》《瀛寰志略》之上。所恨东西奔走,无暇付梓,不获与诸君子上下其议论,讨论其得失耳。"

也难怪黄遵宪心有不平,《日本国志》一书,耗费他巨大精力,可谓含辛茹苦之作。全书共四十卷,约五十万言,包括卷首年表和国统志、邻交志、天文志、地理志、职官志、兵志等十二种志,沿不同角度深入研究日本的历史和现状。仅资料来源,就让人瞠目,除日本史籍《大日本史》《国史略》《国统志》等数十种之外,还参阅大量中国史籍,特别是历代史籍中的"日本传",此外还有大量野史、笔记、杂录等等。其"采辑之难",让作者常有泄气之感,甚至时常担心无力成书。

让黄遵宪郁闷的另一个原因,是他对此书的热望与出版方的冷淡形成强烈对比。他把这部记述、研究日本明治维新的著作,看作是晚清的"治病书"。他自陈此书主要特点是"详今略古,详近略远;凡牵涉西法,尤加详备,期适用也"。他在书中提出"日本模式",以供大清政府效仿。他在书中预言日本"颇有以小生巨,遂霸天下之志",在后来的甲午战争中得到验证。

直到1894年末,甲午战争爆发数月,大清陆海军连连溃败,黄遵宪也卸任回国之后,《日本国志》才安排刊行。近一年后,终于艰难问世。这一耽搁,据成书时间又过了八年,跟编撰所费时间相差无几。

时人对《日本国志》热读的同时,也不乏对此书的高调赞美。在众多美言之中,袁昶的嗓门最高。他认为甲午战败,与大清当权者没能及早刊行该书有密切关系。他说:"此书稿本,关在总署,久束高阁,除余外,无人翻阅。甲午之役,力劝翁常熟(翁同龢)主战者为文廷式、张謇二人,此书若早布,令彼二人见之,必不敢轻于言战。二人不言战,则战机可免,而偿银二万万可省矣。"

我怀疑这袁昶先生也是清流党,迂腐得一塌糊涂。《日本国志》中说了日本不少"好话",要是在甲午战前刊行,以清流党对国际事务的认知水平,很有可能再来一次"士论大哗",让《日本国志》重蹈《使西纪行》的覆辙。战败之后刊行,语境大不相同,书中说日本再多"好话",也得乖乖听着,反驳无据嘛。

以上所说,跟清流党的关系并不密切,权当是"药引子"。下面再说关系密切的一桩往事。

《马关条约》签订后,大清与日本为条约中所议定的通商口岸开埠事宜,进行具体交涉。黄遵宪被委派主持苏州开埠谈判,亲自拟定《商埠议案》,"刻意收回治外法权"。对此,总理衙门函称"用意微妙,深合机宜"。正当黄窃喜自己不辱使命之际,朝中一批清流党"口说沸腾""不考本末,横生议论""未悉其命意所在,反挑剔字句,横加口语",弄得"江南官场多不满之",加上日本施加压力,清廷最终废弃黄的全盘议案,使苏州沦为日本专管商埠。黄"奔走半年,举呕尽心血之六条善章",变成了几张废纸。他在给友人的信中说:"中国士大夫暗于时势,真不啻十重云雾。"

这十重云雾之说,显然是针对清流党而言。为了拨开这十重云雾,他发起并热心赞助《时务报》,意在"发聋振聩",以言救国。待维新变法思潮日趋高涨,他又积极支持变法。种种作为,无非期待大清振兴而已。

戊戌变法时期,光绪帝委派黄遵宪担任驻日公使,未及上任,因病滞留上海时,清廷发动戊戌政变。逢此变局,清流党怎肯闭上鸟嘴?期间弹劾黄的言论也不少。好在当时伊藤博文在上海,及时出手相助,加上英国也干预,才使黄免于治罪,只给了个免职的处分。黄罢官回籍之后,"风雨鸡鸣守一庐",再无施展抱负的机会。

在"洋务"成为关键词的时代,懂洋务的人,却遭到清流党和清廷的反复蹂躏,大清国运的走向,也就可想而知。

"杀敌书生纸上兵"

诗曰:"论才宰相笼中物,杀敌书生纸上兵。"说的是中法战争马江战役之后的张佩纶。传闻此诗是李鸿章小女鞠藕所作，颇有为张惋惜之意。

张佩纶是前清流的骨干，"红歌"唱得响亮，杂文也犀利异常。张佩纶自幼聪敏，少年得志，"十三通文史，二十谒天子"。得江南文风熏陶，却有北人性情，刚烈不阿，锋芒太露。以翰林院侍讲学士身份，常常写杂文给皇帝阅读，纵横国政，臧否人物，慷慨陈词，激扬文字，一时声名鹊起。

1884年，大清与法国在越南对峙之际，张佩纶担任左都御史（正三品）兼"在总理衙门行走"。他的奏折，论及海防，细致入微，论及海军，也颇有见地，在朝中影响很大。当时军机处由醇亲王奕譞主持，力言对法强硬，对大唱"红歌"的清流党颇为信赖，于是谕令张佩纶为"福建海疆会办"。这"会办"，等于是军事钦差大臣。陈宝琛、张之洞等，也分别主持南洋、北洋和两广防务。这就是有名的甲申年"书生典戎"。

张佩纶"放炮出京"，到达福建前线，主持防务五十一天。这五十一天里，没有任何有效的战略与战术安排，只知道四处求援。援兵不至便牢骚满腹，眼睁睁看着船厂被毁，福建水师全军覆灭，几乎是坐以待毙。后世史家称："书生谈兵，麻木不通，张佩纶创造了一个人败一场战役、一个舰队、死两千将士、误一个王朝、丢一个附属国的连锁业绩。"平心而论，这评价过于苛刻。不过，张不备战、不应战、不撤退的表现，无论怎样的生花妙笔，都掩饰不了。我很想知道，当他处于胜无策、和无望、退无路的两难境地，有没有后悔自己当初的大言炎炎？

史家总结马江之战，说张佩纶有三大错：一错开门揖盗，二错集结兵力于一港，三错集结兵力却不敢先发。

晚清的历史烟云，今日读来，多有令人扼腕之处，在细节上钻牛角，已于事无补，从总结经验教训的角度来说，更有南辕北辙之嫌。在笔者看来，千错万错，错在不能轻易言战，即便言战，也不能"书生典戎"。

张佩纶"声名太盛，责备益严"，战败之后，被革职充军。他这个前清流的"牛角"，只好到广袤的原野上，跟牛作伴去也。

时人作楹联讽刺张佩纶，道是："三钱鸦片，死有余辜；半个猪蹄，别来无恙。"楹联中的"三钱鸦片"，指张战前常说，一旦战败，即以三钱鸦片殉国；"半个猪蹄"是指，战败后张仓皇逃命，还不忘带上猪蹄充饥。这明显是用他自己的言行去打他的脸，清脆响亮。

说完前清流的张佩纶，再说说后清流的李秉衡。

这李秉衡是大连市庄河县（现在也是"市"）人，说起来，也算是笔者的乡亲。唉，写到此处，下笔踌躇。老李啊，你叫我说你什么好。想想，还是按恭亲王的意见办，"实事求是"吧。

李秉衡一直做地方官，先是捐资做县丞，后做知县，再做知州，中法战争时，做广西按察使。按说，他不该沦为清流党。可他偏偏跟翁同龢、张之洞等志同道合，也深得翁和张的赏识，对李鸿章的洋务派和北洋势力，抱有偏见。

甲午战争期间，李秉衡被急调山东，担任巡抚，应付那里的战事。按理，他应该跟丁汝昌密切合作，共同"御敌于国门之外"才对。可李大人上任才一个多月，就上书清廷，弹劾丁汝昌：

> 提督丁汝昌为海军统率，牙山之败，以致远船冲锋独进，不为救援，督率无方，已难辞咎。朝廷不加谴责，冀其自知愧奋，以赎前愆。乃丁汝昌骄玩成性，不知敬惧，闻貔子窝、大连湾一带为敌锋所指，将兵舰带至威海，以为藏身之固……
>
> 伏乞皇上立赐睿断，降旨将丁汝昌、龚照玙、卫汝成、卫汝贵各照贻误军机律，明正典刑……

锋芒所向，直指李鸿章的北洋和淮军。大敌当前，内讧不已，老李啊，你此番言语，明显是把"路线斗争"置于国家危亡之上，是何居心？还"伏乞"呢，显然是不懂事嘛。

既然对怯战、避战的北洋和淮军将领如此义愤，那就看看这位被翁同龢誉为"文武将才真伟人"的李秉衡，在战场上的表现如何。

李秉衡在战场上的表现，一句话可以概括：平均使用兵力，造成处处防守薄弱，遇敌即溃。此外，"可圈可点"之处有以下诸项：

一是陷害副将阎德胜。威海危急，清廷电令李秉衡救援。李派出副将阎德胜率五营河防军前往。此五营军队，缺额达五分之二，装备极差，只有鸟枪、抬枪之类，兵败在意料之中。兵败之后，李把责任全部推到阎的头上，清廷下令"斩立决"。

二是忽悠威海守将戴宗骞，说要助守炮台，致使戴将北帮炮台多数守军撤往南帮炮台，而援军始终不至，等于北帮炮台弃守。

三是谎称北洋舰队全军覆没。1895年2月7日,北洋舰队仍与日本舰队继续缠斗,李秉衡竟然电告清廷,说北洋舰队全军覆没,为翁同龢打击李鸿章提供了一枚巨大的炮弹。第二天傍晚,英国轮船益生号到达烟台,带来消息说,2月7日下午三时从威海外围经过,看到刘公岛上依然飘扬黄龙旗。李秉衡闻听此言,竟然觉得扫兴。

四是截留救援威海的各路军队。总兵丁槐的五营云贵苗兵,救援威海途中,被李秉衡截留,命其驻扎黄县,作登州的外线防御力量。淮系铭军马队统领陈凤楼,应丁汝昌之请,支援威海,李却命令他驻扎海阳、莱阳一线。李亲自率领的军队,一直驻扎登州、莱州一线,号称"训练纯熟"之后,再援助威海。

五是谎称大捷邀功请赏。日军做战术调整,主动从文登等地撤退,李秉衡上报清廷,说是"文登大捷",杀得敌军"血流成河",收复失地。此外还有蓬莱炮台重创日舰吉野等种种谎言。赫德在《局外旁观论》中说,大清军队"对敌之时,贼退始肯前进;贼如不退,兵必先退,带兵官且以胜仗俱报矣"。这是比较普遍的情形,内战外战都一个德行。看来,高唱"精忠报国"的清流党人,也不能"免俗"。

很多学者认为,李秉衡故意不派军队支援北洋舰队,才致使北洋全军覆没。笔者觉得,前半句属实,后半句还有待探讨。是不是他全力支援,北洋就能免于全军覆没的命运,实在难以掂量,不说也罢。

总而言之,李秉衡此人极其热衷派系斗争,只存一党之私,不顾国家大义。后来山东"巨野教案"发生,此人一味对德强硬,完全无视清廷处理此次外交纠纷的方针政策,便是又一例证。

1900年,李秉衡率军迎击八国联军,兵败之后,在通县自杀。消息传到北京,士人竟然"无一觉痛惜者"。可见这李大人的名声,恶劣到什么程度。

著名作家木心在谈论文学时说过一句话:"凡是大言炎炎者,必定写不好。"这里我要改一字,送给清流党:凡是大言炎炎者,必定做不好。之后再借用木心的话来结尾:"这一点也很奇怪。但可以坚信。"

清流党的甲午口水战

日本著名历史小说家陈舜臣,写过一本随笔集:《黎明前的中国:中国近代史札记》，里边有一篇文章专门谈论李鸿章。

陈舜臣说："有人会问，日本是不是跟李鸿章一个人打仗啊？我们可以回答：在某种程度上是的。"接着又说："而且，在非常大的程度上是的。"

陈舜臣说："主战的是朝廷的大臣，属于反李鸿章的阵营。军阀一派并不是很强硬。"

陈舜臣说："李鸿章的政敌在中法战争时也高唱主战论调。"

这段话让我想起一首诗。中法战争大清战败后，郭嵩焘的老朋友朱可敬写打油诗挖苦主战派："败书飞到举朝慌，老李回头看老张；羽檄星驰三百里，讲和还要李中堂。"细细咂摸，意味无穷。诗中的"老李"，是李鸿藻，"老张"是张佩纶，两人都是清流党。"李中堂"指李鸿章。

陈舜臣说："值得我们注意的是，张之洞、李鸿藻、翁同龢等反李鸿章的重臣们发出最强硬的主战论。"

陈舜臣说："日清战争，实质上是日李战争。其背后还隐藏着清廷和李鸿章的暗斗。这是一个极其复杂的局面。"

这里我得纠正一下，说"清廷"和李鸿章的"暗斗"，不够准确，严格说，是清流党和李鸿章的暗斗。

陈舜臣说："李鸿章在战前同主战派交战，战争中和日本交战，战后又和非难自己软弱外交的人交战。"

这里我还要做点解释，"主战派"和"非难"李鸿章"软弱外交"的人，都是清流党。

我在这里不厌其烦地引用陈舜臣的话，不是觉得那些话有多么重要，仅仅是觉得好玩儿。咱大清那点"不可外扬"的事，都传到日本去了，现在又费力翻译过来，我再凑趣引用一遍，你说好玩不好玩儿？

最好玩的是，陈舜臣还给李鸿章封了一个新头衔，叫"和谈家"。

我在上文说过，主战与主和，从宋朝以来，就成为爱国和卖国的分界线。当"爱国主义"这个名词出现之后，主战与主和，又立马跟"爱国主义"与否粘连到一起：凡主战，就是爱国主义者，主和则反之。这种观念深入人心，无论你怎样掰扯，都掰扯不清。后世史家竟然把义和团的所作所为，都披上了"爱国"的外衣，真是让人气馁。

由此来说，在晚清的"历史条件"下，以残喘之身与列强对峙，我觉得"韬光养晦",大方向是对的。由此界定李鸿章,大概也算得上是爱国的,至少不是卖国者。用外交手段解决国际纠纷,而不是动辄言战,本是常识。可叹的是,老李的和谈主张,往往是在战败之后,才得以实施。落到那种境地,想不"卖国"都不行。奇怪的是,这"卖国贼"的帽子,好像是命运给老李定做的,从那时一直戴到现在,怎么也摘不掉。

清流党对战争的鼓噪,在甲午战争的战前和战中,一直都没有停止。他们跳着脚要打日本,却闭着眼睛不看自家的国力如何。在众声喧哗里,光绪帝也曾意气风发,"一力主战"。翁帝师很开心啊。

当时就有人议论:"甲午之战,翁同龢一人主之。"

事实也是如此。光绪帝的"一力主战",只是一个幌子,小皇帝那时候对翁帝师极为信赖,"每事必问",言听计从。翁当然是每事必答。严格说,这期间,光绪帝的"谕旨",传达的几乎都是翁帝师的声音。

这翁帝师跟李鸿章有过私人恩怨,两人的关系一直疙疙瘩瘩。据后世史家分析,翁帝师主战,其中大有"巧妙"。一旦开战,自然是老李在前面做"螳螂捕蝉"状。翁帝师"黄雀在后",游刃的空间很大。胜则揽功,败则推诿,就说李螳螂本领不强,连个蝉都捕不了。

战事既开,清流党对李螳螂的围剿日甚一日,捎带着,把北洋舰队和淮军将领也一并扫荡。李螳螂处境尴尬,前有强敌,后有翁黄雀。前面是真枪,后面是唇枪。就杀伤力而言,唇枪的威力有甚于真枪。什么"并无作战之气",对敌"一味迁延",什么"主和误国",什么"调度乖方,救援不利"等等,哪一条落到实处,重则要李螳螂性命,轻则剥他一层皮。

平壤战败,李鸿藻指责李螳螂"有心贻误",翁黄雀随声附和,"高阳(李鸿藻)正论,合肥(李鸿章)事事落后,不得谓非贻误"。群小更是竭力鼓噪。黄雀随后轻轻一啄,就把李螳螂的三眼花翎和黄马褂给啄掉了。

旅顺失陷之后,翁黄雀再一啄,李螳螂的顶戴没有了,"革职留任",继续捕蝉。

清流党中的某些人,对翁黄雀的这一啄,还有些不满意呢。翰林院侍读学士文廷式上奏,说李螳螂"罪无可辞,朝廷仅予薄惩,尤未足尽其欺饰之咎",建议把李螳螂的两只巨钳掰掉一只。

还有人建议翁黄雀,干脆一口把李螳螂吃掉算了。翰林院编修安维峻上奏,痛斥李螳螂"不但误国,而且卖国",宣称"欲食李鸿章之肉"以解心头之恨。这还不够,还把口水喷到慈禧和太监李莲英头上,"和议出自皇太后,太监李莲英实左右之",最后义正词严地质问:"皇太后既归政皇上,若仍遇事牵制,将何以上对祖宗,下对天下臣民?"

此等疯言疯语,即便是翁黄雀,也实在消受不了。结果,清廷当日便将安编修革职,"发往军台"效力。

清流党如此鼓噪,光绪帝还嫌不够,某时某刻,还"欲开言路"呢。

战事吃紧,前线节节败退之际,翰林院编修张謇、礼部侍郎志锐等更是喋喋不休指责李螳螂。最不可思议的是文廷式,竟然联合三十五位翰林"连衔呈折",提出他们的主张。这主张的主题词是"联英伐倭",如果不行,就"联英德以御倭"。明显在扯淡。

北洋舰队全军覆没之后,光绪帝终于知道,"时事如此,战和皆无可恃",不由得"声泪并发"。翁黄雀也"流汗战栗,罔知所措"。清流党整体"愤极愧极"。光绪帝与翁黄雀单独相见时,皆"战栗哽咽","相顾挥涕"。

看来不议和不行。谁去议和呢?还得派李螳螂去。他最擅长"卖国"嘛,他不去谁去?

等李鸿章签订了"卖国"的《马关条约》,清流党突然回光返照,一扫战败的委顿之气,开始精神抖擞痛斥"卖国贼",主张继续抗战。奏折如雪片,表达对《马关条约》的无比愤慨,说李螳螂有"媚敌之心","薄海内外,凡有血气者,皆知为万不可行"。山东巡抚李秉衡"忧愤填膺",电奏清廷,要是批准了《马关条约》,"则天下大势不堪设想,万万不可曲从",建议"皇上乾纲独断,如彼族(日本)要挟过甚,则绝其和议,勿为嘘声所恫喝,勿为浮议所摇惑",最后郑重请战,"臣虽老惫,愿提一旅之师,以伸积愤"。笔者在此大有疑惑,你李清流手里本来就有"一旅之师",可你那个威海保卫战,打得怎么样啊?败军之将,妄自言勇,脸皮也忒厚了。

这期间的群体"提案",成为清廷内部的一大景观。有八十三人联名的奏折,也有一百五十五人的"连衔折"。可无论"冲天之恨"还是"薄海惊心",这条约到了还得批准。要知道,两国相争,依靠的是国力而不是口水。口水这东西,只在闹内讧的时候有用,但它左右不了国际争端。

对马关议和,后世史家众说纷纭。在众说之中,我觉得由费正清和刘广京主编的《剑桥中国晚清史》，评价最为中肯："中日战争从头至尾是一场十足的灾难。中国最有效的讨价还价筹码，不是它所剩下的陆海军力量，而是一个日本狂热分子对李鸿章的伤害而使日本人感到的内疚。"

翁同龢上前台

翁同龢是一个什么样的人呢？我们先听听翁的同事们对他的评价。

荣禄说，"常熟（翁同龢）奸狡成性，真有令人不可思议者"，还说"合肥（李鸿章）甘为小人，常熟则仍做伪君子。刻与共事，几于无日不因公事争执"。笔者看到"伪君子"三个字，身上一个激灵。在社会上行走，我最讨厌的就是伪君子。比较而言，真小人到还更容易相处。另外，"几于无日不因公事争执"，也实在让人恼火。以笔者的小人之心来猜测，这"争执"，无外乎就是别人的意见不对，他翁帝师一个人的意见对。

潘祖荫对翁的看法是："实无知人之才，而欲博公卿好士之名，实亦愚不可及。"又说："吾与彼皆同时贵公子，总角之交，对我尤用巧妙，他可知矣。将来必以巧妙败，君姑验之。"日后果然应验。

那么，在李鸿章的心目中，翁又是一个什么样的人呢？答案是："风派"人物，墙头草，惯于察言观色，趋利避害；所言多为"假大空"，重个人名节，轻国家利益；广为接纳，却不能容人。尤其让老李不屑的是，翁事事玩弄"巧妙"，只要有机会，就做"忠君报国"状。甲午战前，率"帝师之党"，合唱抗战之歌的是他；甲午战败，既要倭人退兵，又不允许割地的也是他；总之是要把李螳螂推进"卖国贼"的粪坑里去，自己充当爱国主义的旗手。

对翁同龢和清流党来说，甲午战败，也不是一点好处也没有。好处是，翁借此扳倒了政敌李鸿章，洋务派威风扫地，时人从此不敢或不屑于再谈洋务。蓬蓬勃勃三十年的洋务运动，画上了一个屈辱的句号。而翁的权势，一时横扫清廷。

李鸿章从马关回国，先到天津养病，后于1895年8月28日进京陛见。《翁同龢日记》记载了老李当日在朝堂上的窘状：

是日，李鸿章到京请安，与枢臣同起召见。上（光绪帝）先慰问："受伤愈否？"旋诘责以："身为重臣，两万万两之款，从何筹措？台湾一省送予外人,失民心,伤国体。"词甚峻厉,鸿章亦引咎唯唯,即命先退。翰林院代递六十八人连衔折,劾李鸿章……有旨,李鸿章留京,入阁办事,王文韶授直隶总督、北洋大臣。

翁同龢写这篇日记的时候,心里肯定是美滋滋的。老李被罢官,挂一虚衔,闲置京城,成为"伴饭宰相"了嘛。

从这篇日记里还能看到两则微妙的信息。一是,光绪对李鸿章的呵斥,完全是迁怒,是情绪发泄。两万万两之数,老李在签署《马关条约》之前,已经上报,你光绪帝同意了他才敢签字,现在说这个有什么意思?这只能证明,这个二十五岁的愣头青,还很不成熟。二是,到那时,还有"六十八人连衔折"出现,清流党对老李的攻击,可谓锲而不舍。

李鸿章从此退出政坛的中心地带,成为客居贤良寺的闲人。好在他看得开,写了一副楹联挂在书房,表达心声:"受尽天下百官气,养就心中一段春。"这一逆境中的忍耐功夫,也实在让人折服。这一忍就是五年,到1900年才东山再起,担任两广总督,离开京城这一是非之地。

李鸿章被闲置之后,翁同龢走上前台,集大权于一身。除帝师之外,还有以下几个头衔:军机大臣、总理衙门大臣、协办大学士、户部尚书。其中,总理衙门大臣一职,必须跟洋人打交道。翁黄雀做不成了,这回自己变成了螳螂。

现在我们看看翁螳螂在前台的表演怎样,只说大事,不论细微。

三件大事。第一件是筹措给日本的巨额战争赔款。除了以优惠条件,向西方各国贷款,被时人斥为"独任私智,酿成巨祸"以外,翁还发行"昭信股票",开国债之先例,可又计划不周,把发行股票演化为强行摊派,弄得"民怨沸腾"。第二件是1897年山东发生"巨野教案",翁螳螂主持对德谈判,结果"丧权辱国过甚",连"帝师之党"都纷纷反水上奏弹劾,御史王鹏运更是恨恨地斥之为"权奸",要求清廷对翁"声罪罢斥"。第三件是支持戊戌变法,中途却又脚底抹油,跟康有为划清界限,任愣头青皇帝自己折腾。

读《翁同龢日记》可知,从1897年12月开始,他跟光绪帝之间就有了情绪上的对立,到1898年5月,更是越演越烈。这是他被光绪帝"开缺回籍"的主要原因之一。

1897年12月11日,天气非常寒冷,对光绪帝和翁同龢的心情来说,尤其寒冷。这天的廷议,讨论山东"巨野教案"。光绪帝看完德国的照会,感觉"甚屈,以责诸臣不能整饬,坐致此侮"。对照前文光绪帝对李鸿章的"诘责",烈度显然要轻得多,而且是"责诸臣",不是单指翁一个人。即便如此,翁的"自尊心"也受不了,当庭辩解,说德国人如何如何,"词多愤激,同列讶之"。你想啊,连朝中大臣都惊讶,光绪帝能不惊讶?

1898年5月13日,德国亲王亨利到达北京,光绪帝接见时,双方行握手礼。此前商议时,翁反对握手。光绪帝没听他的。翁很生气,对光绪帝大放怨言,连接待亨利亲王的国宴,也拒不出席。此番言行,让光绪帝大为不悦。

5月26日,亨利亲王离开北京的第二天,翁为一件小事,又跟光绪帝怄气。光绪帝让他通知康有为,把原先上呈的条陈再复制一份。翁回答,他与康不再来往,意思是不能通知。

5月27日,光绪帝还惦记前一天的事,让翁去办,翁的回答还是他跟康有为不再来往。光绪"发怒","诘责"翁。翁说,让总理衙门去办。"上不允",一定让翁传旨张荫桓去办。翁回答,张某天天"觐见",你自己怎么不跟他说?"上仍不允"。

读翁同龢这天的日记,笔者心里阵阵发笑。这师生两个,为这件小事犟嘴,类似顽童。不过,以君臣论,翁的表现,实在是有些"狂悖"。联想到李鸿章受"诘责"时,"引咎唯唯"的表现,翁更是大失臣德。这等不明"理势"的人,也确如光绪谕旨所言,"断难胜任枢机之任"。直到翁死后光绪帝都不原谅他,也不是一点前因都没有。

6月10日,光绪帝对翁还以颜色,下旨,着荣禄补授大学士,管理户部事务。翁是协办大学士、户部尚书。光绪的这一安排,等于是削减了翁的权力。

6月11日,翁执迷不悟,与光绪帝再次发生不快。光绪命翁拟写圣旨,"今宜专讲西学",马上成立"京师大学堂"。翁却写道:"西法不可不讲,圣贤义理之学尤不可忘。"

6月12日,翁与光绪帝之间的冲突,达到沸点。这天光绪帝打算在宫内接见外国使者,翁反对,"颇被诘责"。之后谈到张荫桓被弹劾,光绪帝要求翁"推重力保之"。翁竟不答应,"据理力陈,不敢阿附也"。而且呢,"语特长",等于在光绪帝面前发表了一个很长的演讲。可惜演讲词,翁的日记里没有记。

6月15日,像1927年诞生的中国第一首流行歌曲《毛毛雨》所唱的那样,

"毛毛雨下个不停,微微风吹个不停",翁起得很早,照例上朝觐见,不料却被人挡在门外。他只好坐在门外看雨。没多久,光绪帝朱谕传出,"翁同龢着即开缺回籍,钦此!"翁再次陷入《毛毛雨》歌词的语境,"毛毛雨打湿了尘埃,微微风吹冷了情怀",紧接着是,"毛毛雨打得我泪满腮,微微风吹得我不敢把头抬","哎哟哟"。

6月16日,翁进宫拜别光绪帝。"午正二驾出,余急趋赴宫门,在道右磕头,上(光绪帝)回顾无言,臣亦黯然如梦,遂行。"这又应了另外一首《毛毛雨》的语境:"我已是你最美的梦,我心好痛,只有你一个人能懂;你在谁怀中,张望没有我们的天空。"

表面上看起来,翁的失宠,跟他和光绪帝之间的情绪对立有关。但这只是表象。当时很少有人知道,同年5月29日恭亲王奕䜣病逝,给光绪帝留下的遗言是:

> 聚九州之铁,不能铸成此错者,甲午之役也。同龢唯一味夸张,力主开战,以致数十年之教育,数千万之海军,覆于旦夕,不得已割地赔款。外洋乘此机会,德据胶澳,俄租旅大,英索威海、九龙,法赁广州湾。此后相率效尤,不知何所底止?此皆大司农(翁同龢)之厉也。

诡异的是,恭亲王病逝之前那段日子,朝中出现了一股讨伐翁同龢的"怒涛"。而恭亲王病逝那天,正是御史王鹏运上折痛斥翁为"权奸"之日。这里边,是不是也有一丝"巧妙"?

翁同龢曾经作诗,道是:"传语蛟龙莫作剧,老夫惯听怒涛声。"其实这也是大言炎炎。无论是做事能力,还是心理的坚韧度,他跟李鸿章都没有可比性。

不过,翁在廉政方面,颇有名声,完全称得上是清官。晚年隐居,一家的生计,居然得依赖门生故旧"分俸见赠",才得以维持。

1904年7月,翁同龢在抑郁和凄凉中离开人世。临终前口占一绝:"六十年中事,伤心到盖棺。不将两行泪,轻向汝曹弹。"可你不"弹",就以为我们不知道么?如现代京剧《红灯记》里的李铁梅所唱:"这里的奥妙,我也能猜出几分。"

更为悲催的是,翁同龢死后,庆亲王为他"请恤",也就是请皇上赐个谥号。结果呢,"上盛怒,历数翁误国之罪,首举甲午之战,次举割青岛。太后不语,庆王不敢再言,故翁无恤典"。千古帝师,混得这么惨的,可谓绝无仅有。

主要参考书目

1. 汪荣祖著,《走向世界的挫折:郭嵩焘与道咸同光时代》,中华书局,2006年。
2. 雷颐著,《李鸿章与晚清四十年》,山西人民出版社,2008年。
3. 王国兴著,《郭嵩焘评传》,南京大学出版社,2011年。
4. 〔澳大利亚〕雪珥著,《李鸿章政改笔记》,线装书局,2013年。
5. 邢超著,《致命的倔强:从洋务运动到甲午战争》,中国青年出版社,2013年。
6. 黄升任著,《黄遵宪评传》,南京大学出版社,2011年。
7. 梁启超著,《李鸿章传》,万卷出版公司,2014年。
8. 孙孝恩、丁琪著,《光绪传》,人民出版社,1997年。
9. 〔美〕费正清、刘广京编,《剑桥中国晚清史》,中国社会科学出版社,1985年。

"小英雄"光绪帝

奇怪的《光绪传》

读到一本奇怪的书,《光绪传》。孙孝恩、丁琪著,人民出版社1997年8月第一版,2004年第二次印刷,印数八千册。书的印刷质量很好,装帧也雅致。精装,淡黄色封面,三个竖排方格,格内各落一个颜体大字。我是为了研究甲午战争才买来这本书,想看看光绪帝在甲午年间,都做了哪些事。书刚到手时,我极为珍惜,以为是严肃的学术著作。翻开一读,立马泄气。不光泄气,还从胸腔里发出阵阵冷笑。冷笑之后陡然想到,我的天,是不是时光倒流了?

看该书《后记》,落款是"作者1995年7月于哈尔滨"。这让人好生纳闷,1995年的史学论调,怎么这样啊?

我说这书"奇怪",是指该书作者的历史观,完全是陈腐的、荒谬的,竟然以"阶级斗争"和"路线斗争"为主线,来剖析历史事件和历史人物。稍稍变通的是,该书的"阶级斗争",蜕变为以光绪帝为代表的主战派,跟日本和西方帝国主义之间的斗争。在整个甲午战争期间,此斗争非常激烈。另外,光绪帝作为爱国领袖,领导一群同样爱国的清流党,还要跟以慈禧和李鸿章为首的"投降派"较量。这两种斗争,前者是"阶级斗争"的转基因作物,后者则是纯种的"路线斗争"。

该书作者在历史人物的塑造方面,恪守"文革"期间被奉为"塑造无产阶级英雄人物必须遵循的一条原则",也就是"三突出"的文艺指导理论"在所有人物中突出正面人物,在正面人物中突出英雄人物,在英雄人物中突出主要英雄人物"。作为传主,光绪帝当然是主要英雄人物。一般英雄人物,则是清流党,他们的言行,大体正确,偶尔犯点小错,类似于京剧《杜鹃山》里的"刘闯"。反面人物,是慈禧和李鸿章为主的"投降派"。可惜,作者在执行"三突出"原则的过程中,严重忽略了一点,光绪帝不是"无产阶级"!

该书只要说到慈禧和李鸿章,无不加以贬斥。作者借助"阶级斗争"和"主战爱国、主和卖国"史观加以发挥,导致慈禧和李鸿章的形象,不堪入目。

作者总结慈禧的三大污点:"秽乱春宫""专执国政"和"妥协主义"。所采信的史料多为野史。作者指责慈禧在甲午战争后期的主和态度时说:

> 西太后向光绪帝和坚持抗战的官员大施淫威的过程,也是她放手推行求和方针的重要阶段,期间,奕䜣扮演了举足轻重的角色,他以颇有权威性的老亲王身份,聚结清廷内外的主和官僚,秉承西太后的旨意竭力在前场主持求和活动。至此,奕䜣已成为主和派的支柱,表明清统治集团中的妥协势力已占据了明显的优势。因此,进入光绪二十一年(1895年),以光绪帝为首的抵抗派的力量进一步削弱,其处境越发困难。清政府抗战的败局,已成为难以扭转之势。

这段话说得蹊跷,好像"抗战的败局",是主和派给闹的,他们要是不闹,前线就不会打败仗。

该书评价李鸿章,更是大肆挥霍污言秽语:

> 他(李鸿章)在与外国侵略者办交涉中一贯采取妥协方针,即使在中法战争中国处于有利的条件下,他仍然与法国侵略者签订了屈辱的条约。李鸿章在经办外交的二十多年中,通过他使国家利益受到累累损伤。在此次甲午战争中,他从盲目依靠外力到畏敌怯懦给抗战造成的危害更是有目共睹。这么个连民族气节都没有的可怜虫,在此却被装扮成一个"勋绩"卓著的外交家,并被正式任命为清政府的"议和"全权代表,从而解除了光绪帝对他的所有处分,为李鸿章承受此任铺平了道路。

读完这段文字,笔者大有"猛拍阑杆"的冲动。作者所说"在中法战争中国处于有利的条件下",不就是陆战的一个小胜仗么?马尾造船厂被毁怎么不说?台湾被侵怎么不说?尤其是"可怜虫"三个字,更让人不解。李鸿章是晚清继曾国藩之后的第一重臣,没有这位"裱糊匠"的勉力支撑,大清这座破屋子早就倒在风雨飘摇之中,这几乎是后世史家的公论。这样的国之栋梁,竟然是"可怜虫"? 还有一个更让人犯糊涂的地方,好像去马关求和的差事,多么光荣似的。这样的好差事,让老李弄去了,作者感到很遗憾是不是?

该书对高呼抗战的清流党,一概贴上"爱国主义"标签,像幼儿园老师给乖孩子发小红花似的,一会儿发一个,一会儿又发一个,让那些大言炎炎的所谓清流,陆续登上"光荣榜"。我很理解作者的心思,不这样不行,对不对?英雄人物,不能只有光绪帝一个人,他得有个团队,对不对?

该书在《结语》中大谈光绪帝,所言让人瞠目结舌:

> 光绪帝从典学到"亲政"之后,在其所经历过的重大中外战争,尤其在甲午战争中,他作为一国之君,坚定地站在维护国家、反击侵略的一边,体现了中华民族不畏强暴的英雄气概……他时时以国家的兴衰为念,并伴随着时代运行的脉搏不断地向前迈进,在一定程度上反映了中华民族自强不息的精神;体现了伟大祖国的凝聚力。纵观光绪帝短短的一生,他可谓是近代中国统治阶级上层的爱国者;失败了的改革者;历史悲剧的扮演者。光绪皇帝,不愧为一个在特定的内外环境中出现的爱国开明皇帝。

这段话里的每个字,我都认得,可组合在一起,就看得糊里糊涂。怎么,作为"路线斗争"的另一方,慈禧和李鸿章,没有站在"维护国家、反击侵略的一边"? 李鸿章是为了"卖国"的目的,故意让北洋舰队全军覆没? 让淮军落花流水? 还有,我怎么也看不出来,光绪帝的言行,哪些地方"体现了伟大祖国的凝聚力"。

经《光绪传》的反复"撩拨",我打定主意写这篇《"小英雄"光绪帝》,从一个小角度,来探究甲午年大清战败和戊戌变法失败的深层原因。标题中"小英雄"三个字,也是受那部大作的启发才想到的。甲午那年,光绪虚岁二十四,是当之无愧的"小英雄"嘛。

《光绪传》的作者还说:"先进的中国人,不能不由同情光绪帝的遭遇而更加痛恨腐败的清王朝,走上争取民族独立与国家富强的新征程!"

咦,弄啥哩? 又让人犯糊涂。光绪帝好像置身于"腐败的清王朝"之外,两者之间没有任何联系。又似乎"腐败的清王朝"对光绪帝怎么样了似的。我实在理解不了作者的用意何在。

光绪帝流水账

　　光绪帝,原名爱新觉罗·载湉,1871年8月14日生于北京,1908年11月14日卒于北京,享年三十八岁。生父为道光帝第七子醇亲王爱新觉罗·奕譞,生母为慈禧太后的胞妹叶赫那拉·婉贞。他既是慈禧的侄子,也是慈禧的外甥,更是干儿子,还是满清入主中原后的第九位皇帝。四岁登基,十九岁亲政。年号"光绪",谥号"景皇帝",庙号"德宗",陵名"崇陵"。前任为同治帝,后任为宣统帝。有亲兄弟六人,长兄、三弟、四弟夭折。五弟载沣,世袭醇亲王,宣统帝生父,也是宣统年间的摄政王。

　　光绪帝五岁入毓庆宫读书,在翁同龢等人指导下,学习儒家经典、历代帝王治术、列朝实录、圣训、写诗作文等多种课程,还要学习满文和蒙文,兼顾"骑射技勇"。《翁同龢日记》记载,刚入学那几年,光绪帝每天黎明即"到书斋朗诵书史,作字,未尝间断"。六岁时,对翁老师说:"钟鼓雅音,此等皆郑声,随从人皆愿听戏,余不愿也。"七岁那年正月初七,宫中演戏,光绪帝"略一瞻瞩,便至后殿读书写字"。九岁生日刚过,慈禧夸赞光绪帝"实在好学,坐立卧皆诵书及诗"。

　　光绪帝把《孔子家语》中的一段话,当作自己的座右铭:"君者舟也,庶人者水也;水所以载舟,水所以覆舟。"

　　翁同龢教育光绪帝要有爱民思想:"剥民以奉君,犹割肉以充腹"。光绪帝为此写过一篇评论唐玄宗理财的文章,其中有曰:"善理财者,藏富于民;不善理财者,敛富于国。国之富,民之贫也……以帝王之尊,而欲自营其筐箧之蓄,其为鄙陋,岂不可笑也哉。"

　　翁同龢还向光绪帝灌输了"唯才是举"的用人思想。光绪帝有感而发:"人臣之事君也,忠莫忠于推贤让能,奸莫奸于妒贤病国。"

　　这些见解,单从理论上来说,几乎无懈可击,可一旦实践起来,便漏洞百出。能把理论和实践完美结合起来的帝王君主,极为罕见。

　　1887年2月,光绪帝十七岁,紫禁城为他举行亲政仪式。名为光绪亲政,实质上此前慈禧已应众臣"恳请","再训政数年"。

　　1889年2月,光绪帝十九岁,紫禁城为他举办大婚典礼。光绪帝对皇后,也就是慈禧的侄女，很不满意，借口身体不适取消宴会。后降旨把酒菜分送在京的王宫大臣，竟然"未提及后父、后族"。朝野顿生议论，说帝后不和。从中不难看出，光绪帝有任性的一面，暴露出愣头青的本色。3月，紫禁城再次举行光绪帝亲政大典。慈禧从此"卷帘归政"，只是有关一二品大员的任免，须"皇上奏明皇太后次日再颁谕旨"。

在光绪帝短暂的一生里，大清国经历过四次战争。

第一次，1875年3月至1877年底，左宗棠收复新疆，大清国扬眉吐气。主导这场战争的是慈禧。光绪帝仅仅是朝堂上的一个摆设。

第二次，1883年12月至1885年4月的中法战争。还是慈禧垂帘听政，恭亲王辅政，"叔嫂共和"。光绪帝对战争胜败，不负有责任。

第三次，1894年7月至1895年5月的甲午中日战争。光绪帝已亲政数年，此次在翁帝师教导下，"一力主战"。不料，大清国陆战海战，皆败得一塌糊涂。惨败之后签订中日《马关条约》，割地赔款之数，震惊世界。大清国的"面子"和"里子"，都破败不堪。

第四次，1900年，由义和团运动引发八国联军侵华。此时光绪帝已无实权。慈禧主战，导致八国联军攻破北京。慈禧和光绪帝仓皇逃至西安。战后签订《辛丑条约》，大清国的"面子"和"里子"，都被撕得精光。

这四次战争中，光绪帝起主导作用的，只有一次。

在光绪帝的一生里，还经历过三次运动，洋务运动、戊戌变法和清末新政。在这三次运动中，他起主导作用的，只有戊戌变法。

有史家声称，光绪帝的主要"功绩"，是主持戊戌变法。但这次变法，仅仅持续一百零三天便戛然而止，落到实处的举措，寥寥无几。

纵观光绪帝的一生，可谓一事无成。

清人恽毓鼎在《崇陵传信录》中说，光绪帝"幼而提携，长而禁制，终于损其天年。无母子之亲，无夫妇昆季之爱，无臣下侍从宴游暇豫之乐。平世齐民之福，且有胜于一人之尊者"。意思是说，把光绪当作普通人来看，也很不幸。

"小孩班"班长

为大清国效力多年的英国人濮兰德和白克浩司，在《慈禧外纪》一书中说：

至1894年即光绪二十年,李(鸿藻)翁(同龢)同入军机,于是争斗愈烈,以至于牵引宫廷。盖太后袒护北派,而皇帝袒南派也。当时之人,皆称"李党"、"翁党",其后则竟名为"后党"、"帝党"。"后党"又诨名"老母班","帝党"又诨名"小孩班"。

这段话说得很清楚,李鸿藻和翁同龢同入军机处之后,出现派系之争,慈禧和光绪帝各袒护一派,最终出现"后党"和"帝党"的分野。等于说,慈禧和光绪帝,分别担任"老母班"和"小孩班"班长。

说起来,"老母班"的雏形,在光绪十年,即1884年,已经形成。那一年,清廷发生一件大事,史称"甲申易枢",以恭亲王奕䜣为首的军机处,全体下岗,代之以醇亲王奕譞为首的军机处。

那个翰林院小官僚盛昱可能做梦也想不到,他的一纸奏折,能产生那么大的"蝴蝶效应"。他的本意是说,恭亲王主持中法战争不利,希望最高层能"责令戴罪立功",没想到却弄出一个"易枢"的局面。他大受惊吓,立刻上书为恭亲王说好话,"才力聪明,举朝无出其右"云云。晚了,作为工具,他已经过了使用期,如何嘚吧都没用。

有史料显示,在废除恭亲王之前,慈禧跟醇亲王有过密谋。

新组建的军机处,由礼亲王世铎领衔主演。在公布军机处名单的时候,慈禧还有懿旨,说"军机处遇有紧要事件,会同醇亲王商办",等于明示,醇亲王才是军机处的"无冕之王"。

这个新组建的军机处,便是"老母班"的第一批成员。醇亲王奕譞,自从光绪帝进宫之后,一向对慈禧百依百顺。礼亲王世铎呢,据《翁同龢日记》记载:"甲申,奕䜣罢政,遂令预军机,而以奕譞家居,遥总其成。铎日走譞所取进止,不以仆仆为苦。"表现得多好啊,每天都去醇亲王府请示汇报。

军机处的另外几位,户部尚书额勒和布、刑部尚书张之万、工部侍郎孙毓汶等,共同特点是,善于见风使舵,阿谀奉迎。额勒和布"木讷寡言",张之万除"作画颇有家法"外,"一无所长"。孙毓汶的父亲曾担任醇亲王"教读",所以他"以习于醇亲王,渐与闻机要"。

这种局面,等到光绪亲政、翁同龢进入军机处之后,陡然一变。师徒之间,休戚相关,翁不能不尽力辅佐。另有一些看不惯"老母班"弄权的"朝士之守正者",出于愤懑不平,聚集在翁的周围,支持光绪帝。至此,光绪帝顺利荣升为"小孩班"班长。

"小孩班"真正的权威人物,是翁同龢。光绪帝对翁向来都是"言听计从"。受"甲申易枢"冲击,翁也退出军机处,到1894年又再度进入。在整个甲午战争期间,光绪帝视翁为主心骨,"每事必问同龢,眷倚尤重"。

在"小孩班"里,还有三位重要人物。一是礼部侍郎志锐。该同志跟光绪帝之间有点亲戚关系,是光绪帝的大舅哥。光绪帝有一后二妃,志锐是二妃,也就是珍妃和瑾妃的堂兄。《清史稿》称之为"幼颖异"。进士出身,"究心经世之学,思有所建",是"小孩班"的中坚力量。二是江南名士文廷式。该同志深得翁帝师赏识,在1890年的会试和殿试中,有上佳表现,连光绪帝都忍不住称赞,"此人有名,作得好"。后任职翰林院,与盛昱、黄绍箕等,并称"后辈清流之重镇"。三是江南名士张謇。该同志自幼聪慧好学,1894年中状元,就职翰林院,与翁帝师瓜葛很深。戊戌变法期间,因翁被"开缺回籍",对官场极度失望,转向"实业救国"。

总体而言,"小孩班"成员,大多由不掌握实权的翰林和御史组成,典型的"词臣",换句话说,就是"语言的巨人,行动的矮子"。

其实,"后党"与"帝党",都是"大概其"的概念,界限比较模糊,还常常处于波动状态。另外,这两伙人中的大部分,都是清流党。史料记载,前清流(也叫"北清流"或"北派")是以"后党"党魁李鸿藻为首,后清流(也叫"南清流"或"南派")是以"帝党"党魁翁同龢为首。《慈禧外纪》中所说的"北派"和"南派",缘于李鸿藻是北方人(河北保定),而翁同龢是南方人(江苏常熟),才衍生此说。

以上所说,是笔者按照史学界比较流行的观点,对"后党"和"帝党"的源流,进行简要的陈述。对此一分类,也有不同看法,最典型的是雪珥在《李鸿章政改笔记》中的观点。雪珥认为:

> 所谓"帝党""后党",世人多以为皇上、太后各领一党,其实大谬不然。帝后本是一体,唇齿相依、荣辱与共,岂能自相攻伐,两败俱伤。"帝党""后党",其实是帝、后身边近臣暗结之党,争权夺利,帝、后并不知情,更不参与……

"帝党"乃"帝师之党"也，多为"清流"人物，其核心即帝师翁同龢，文廷式、张謇为其股肱。

雪珥此论，合乎情也合于理。慈禧与光绪帝之间，大目标一致，只在一些具体事务上有观点分歧，充其量是"人民内部矛盾"。说起来，哪个统治集团内部没有分歧呢？朝中大小臣僚，在顶层意见分歧的情况下，表态支持某种意见，也是情理之中的事。当然也不排除有人自动站队，以取悦某某，达到自己私密的目的。其中缘由，岂能一言道尽？

无论如何，对于光绪帝而言，他这个"小孩班"班长，是当定了。他振臂一呼，只有"小孩班"能纷起响应嘛。

在我看来，直到戊戌变法时期，光绪帝的很多表现，都是孩子气十足。这里只说他十八九岁的表现。两个小例子，一个是养羊，另一个是作弄皇后。

十八岁那年，光绪帝随慈禧去东陵祭祖，第一次看见羊，很喜欢，让太监买回几十只，放进了御花园。几天后，御花园的花草被羊糟蹋得不成样子，慈禧发话，御花园不准养羊。怎么办呢？太监建议到天坛放养，光绪帝同意。随后，奉旨行事的太监跟管理天坛的官员发生争执。官员认为，这是皇帝祭天的神圣所在，哪能放羊呢？肯定是太监假传圣旨。双方言辞激烈，还动了手。官员将此事上奏，谁知光绪帝承认是他下的旨。官员觉得受辱，一气之下，找根树杈上吊了。慈禧得知此事，大怒，下令把羊送进御膳房，搞了一次"私人定制"。光绪帝憋了一肚子气。后来看到宫女在紫禁城遛狗，明知那狗是慈禧的宠物，却嘟嘟囔囔"不许牧羊，而独蓄犬，何耶？"然后率领太监打狗，扬言要把那些狗撵出紫禁城。

光绪帝大婚之后，冷落皇后，独爱珍妃。皇后自然有些嫉妒，也免不了到她姑姑慈禧那里说三道四。光绪帝记仇，每次受了慈禧的气，都要去作弄皇后。也没什么高招，就是带一伙太监到皇后寝宫前跺脚，乱喊乱叫，或者放狗进去撒尿，以此发泄心中的不满。史料揭示，这种事，经常发生。

不少史家认为，光绪帝性格懦弱，在慈禧面前很温顺，常常逆来顺受。童年少年时代也许是这样。但从十八岁以后，尤其是亲政之后，光绪帝在慈禧面前的叛逆性格，一览无遗。即使是处理国政，也常有任性的一面，情绪化严重，几无理性可言。连一向庇护他的翁帝师也承认，"上（光绪帝）意总在速成"。这"总在速成"四字，是光绪帝的性格符号，在甲午战争中如此，后来的戊戌变法，更是如此。不客气地讲，戊戌政变的发生，就是"总在速成"导致的恶果。站在慈禧的角度来说，那不是政变，而是阻止政变，是拨乱反正。

"小孩班"要打仗

1894年6月15日，大清和日本在朝鲜紧张对峙、风云将起之际，"小孩班"骨干、礼部侍郎志锐给班长光绪帝上了一道奏折，既分析朝鲜目前形势，日本的野心，朝鲜对大清的重要性，又对李鸿章严加指责，意思是他不该指望俄国和英国调停，然后指出，应派重兵震慑日本。志锐说：

> 为今之计，应请皇上宸衷独断，速敕北洋大臣李鸿章，厚集兵力，分驻高（高丽）境，克期进发，迅赴事机。甲申和约，既曰共同保护，又曰无事中倭均不驻兵。该国现已平定乱党，更易朝政。日既聚集重兵，我岂束手坐视？保护为中日共同之权，进兵乃中日分任之事。旧约是践，何谓衅端？急难同情，岂云用武？是固理明词顺，皆可向日人反复详言，以破开衅之说者。兵齐之后，权势维均，然后徐议更张，详订新约。敌情本有虚实，边患更有轻重。壮我之气，而后可以讲和；充我之力，乃亦不妨言战。届时即意见参差，或者俄英各使出作调人，庶其竭力转圜，始觉挟持有具也……总之，军国大计，利害所关甚重，要藩岂容轻弃，而狡夷非可缓图，衅端不可妄开，而兵力实宜震慑。势无可缓，计不必疑。

志锐在这份奏折中，还捎带着指责了叶志超和丁汝昌，说二人都"首鼠不前，意存观望"。

平心而论，志锐的"震慑"之说，从理论上讲，颇有道理。问题是，以当时大清的陆海军实力，能不能起到震慑日本的作用？别忘了，战前数年，日本间谍对大清的底细就摸得清清楚楚，仅凭你虚张声势，就能吓倒它么？实际上，那时候日本已然下定决心，如日本东亚同文会编辑的《对华回忆录》所说："不惜以国运为赌注，与中国交战。"

由志锐发端，"小孩班"主战的声音越来越响亮，"大灭日本，语殊豪纵"。在这里，不妨引用力挺光绪帝和"小孩班"的《光绪传》，看看清廷在甲午战前的舆论动态。提醒读者注意,阅读下面这段文字,一定要剔除意识形态的元素,剔除作者"主战爱国、主和卖国"的陈腐价值观,只注重事实本身。《光绪传》说:

> 在中日关系紧张之前,年轻的光绪帝为了改变自己受制于人的地位,曾试图与西太后争衡。表明他在那时的基本思想倾向,还是集中在统治集团内部的权势之争上。但是,到光绪二十年五六月(1894年6、7月)间,光绪帝和一些帝党官员对日本军国主义者制造的战争威胁,都引起了越发深切的关注。他们惟恐日本大举侵入,将使"我中国从此无安枕之日",对其统治地位和国家的前途产生了忧虑。于是"事机危急"的心情,在他们心中迅速地占据了突出的地位。恰恰是在这种情况下,到7月中旬,光绪帝开始跳出了在内部争夺权力的小圈子,决然作出了自己的选择,公开站出来"一力主战",积极支持一些官员要求备战抗敌的正义呼声;不断发出电谕责令李鸿章加紧"预筹战备",全力策划御敌抗战事宜。事实说明,这时的光绪帝已毫不含糊地站在了反侵略的立场上了。
> ……
> 在清廷内部,由于光绪帝鲜明地表示了主战卫国,首先使一些也有抵御外侮要求的帝党和其他一些官员得到了鼓舞。如侍郎志锐和御史安维峻等人接连上奏,大力言战,并公开抨击后党官僚和李鸿章等人"因循"误国行径,直接支持光绪帝的抗战主张。

从这段叙述中不难看出,当光绪帝"跳出"来"一力主战"的时候,"小孩班"不再说什么震慑以及战和两手准备等言论,而是齐刷刷举起小拳头,铁了心要打倒"日本军国主义"。再借用一下《光绪传》的表达,是"犹如一潭死水的清廷内部,顿时激起了一股卫国抗敌的主战波澜。并又迅速向四周荡漾"。形势喜人哪。

1894年7月16日,光绪帝颁给李鸿章的上谕中,态度非常明确:

> 现在倭韩情事,已将决裂,如势不可挽,朝廷一意主战,李鸿章身膺重寄,熟谙兵事,断不可意存畏葸……若顾虑不前,徒事延宕,训致贻误事机,定惟该大臣是问。

"小孩班"吵吵闹闹要打仗,可这仗还得靠李鸿章去打,而老李偏偏不想打,他企图通过外交方式解决争端。按理说,这一思路并无过错。目下国际社会流行的游戏规则,还是首选外交途径解决争端,这是常识。可偏偏老李按常识办事,却被时人和后人大肆诟病。由此可以得出结论,在这个"天朝上国"里边,不懂常识的人太多了。我老家有句俗话,把那些不懂常识的人,叫作"不懂人事"。说得好啊。

李鸿章不主张"开衅",当然有依据。他执掌军事多年,对大清的军力,心中有数。海军貌似强大,实则远远不如日本,除吨位接近之外,船速和炮速等元素均在日本之下,决战毫无把握。陆军方面,山东、河北、东北可调动的军队,只有区区两万人,一旦入朝作战,则大清国北方守卫空虚。另外还有军饷和后勤消耗方面的考量。

面对"小孩班"的群起鼓噪,李鸿章只能硬着头皮做战争准备。在此期间,他曾有沉痛之语上奏:"臣久历兵间,深知时势艰难,边衅一开,劳费无已,但便挽回有术,断不敢轻启衅端。"

诡异的是,群情激昂的"小孩班",并不清楚中日间的力量对比,更不顾及大清国"政以贿成"的腐败国情,既不知己也不知彼,只凭一腔热血盲目言战。可叹的是,等战败的消息接连传来,他们又一股脑把所有责任都推到李鸿章身上。看来还是当"小孩"好啊。这也就难怪,当时为什么有那么多人都爱当"小孩",连"后党"中的清流,也都站在"小孩班"的立场上。

"小英雄"指挥李鸿章

后世史家评价甲午战争,有"以一人抵一国"之说。这"一人"指的是李鸿章,"一国"指日本。也有人说,是以直隶对抗日本。这两种概括,都有些道理。战事一开,大清国最忙的人就是老李,他要指挥海陆军,还要办外交,还要应付清流党再三再四的攻击,最重要的,他还必须接受光绪帝的瞎指挥。

从这一桥段开始,我把光绪帝称作"小英雄"。

"小英雄"年轻气盛,他要指挥李鸿章,打好这一场抗日战争。

我们来看看"小英雄"如何指挥李鸿章对日作战。按《光绪传》的思维方式,在抵御外侮的同时,"光绪帝和以他为首的抵抗派官员,为了积极地推行备战抗敌的方针,对西太后和李鸿章迷信外力,希图避战求和的行径进行了坚决的抵抗和斗争。"既然如此,我们也不妨搂草打兔子,来看看"小英雄"是如何进行"路线斗争"的。

这里补充一句,在整个甲午战争期间,按《翁同龢日记》记载,"每递一折,帝必问臣(翁同龢)可否。盖眷倚极重。"可以想见,给李鸿章的所有电谕,当然也得经过翁"可否"一下。严格说,是"小英雄"和翁帝师,联袂指挥李总督。

在正式宣战之前,"小英雄"给李鸿章发了至少五份重要电谕。

1894年6月25日,电谕:"据现在情形看去,口舌争辩,已属无济于事……李鸿章身膺重任,熟悉倭韩情势,著即妥筹办法,迅速具奏。前派去'剿匪'之兵,现应如何调度移扎,以备缓急之处,并著详酌办理。"

这份电谕,实质上是对李鸿章借助俄英调处清日纠纷感到极不耐烦,但如何处理这场纠纷,如何做好军事上的准备,光绪帝心里没底,让老李赶紧汇报。

7月1日,电谕:"前经叠谕李鸿章酌量添调兵丁,并妥筹办法,均未覆奏。现在倭焰愈炽,朝鲜受其迫胁,势堪岌岌;他国劝阻,亦徒拖空言,将有决裂之势。李鸿章督练海军,业已有年,审量倭韩情势,应如何先事图维,熟筹措置……我战守之兵及粮饷军火,必须事事筹备,确有把握,方不致临时诸形掣肘,贻误事机。李鸿章老于兵事,久著勋劳,著即详细筹画,迅速覆奏……南洋各海口,均关紧要……并著密电各督抚,不动声色,预为筹备,勿稍大意。"

这份电谕里,有对李鸿章的不满,也有对"兵事"的安排,但都是套话,都是泛泛而言,具体部署还得仰仗老李谋划。

7月4日,电谕中说,"中朝自应大张挞伐,不宜借助他邦,致异日别生枝节",类似这种"示弱于人"的事,今后"毋庸议"。

这时候的"小英雄",有一种盲目的自信,以为大清摆平日本,是信手拈来的事。此番言论,应了那句老话,"无知者无畏"。

7月23日,针对李鸿章要与俄国舰队"会办",来共同抗击日本的消息,光绪帝陡然"盛怒",电谕老李,"不得倚仗俄人","立即整军奋击,不可坐失机宜"。

你看你看,"小英雄"已经膨胀到不辨东西南北了。

7月24日,电谕:"李鸿章所派各军……倘有观望不前,致有贻误,定将该大臣等重惩。"

这份电谕发出的第二天,丰岛海战爆发,大清国的运兵船高升号被日本舰队击沉，小军舰操江号被俘，小军舰广乙号受伤自沉，巡洋舰济远号受重伤逃回旅顺口。又过两天，陆军的牙山战役（也叫成欢战役）爆发，清军死伤五百余人，大败而逃。日军死伤仅九十余人。

8月1日，"小英雄"谕旨，对日宣战。宣战的背景是，清廷得到消息，一是"丰岛海战大捷"，击沉了日本军舰；二是"牙山大捷"，清军"无不以一当十""斩倭首二千余级"，"我军以少胜多伤亡几无"。这两个假消息都跟"报喜不报忧"的大清国情有关。清廷信以为真，舆情一片沸腾。正是在此基础上，"小英雄"趁热打铁，公开宣战。

圣谕下达之后，"小孩班"的活跃分子志锐跳脚欢呼："皇上明诏下颁，赫然致讨，天下皆闻风思奋。"

宣战之后，"小英雄"对李鸿章的指挥调度越发频繁。

8月2日，电谕，令李鸿章"迅速电催"在朝鲜北路的清军，"星夜前进，直抵汉城，与叶志超合力夹击"。

8月3日，电谕李鸿章核查丁汝昌"有无畏葸纵寇情事"，不行就"更换"海军提督。

8月16日，针对李鸿章上报"俄人有兴兵逐倭之意"，电谕："俄有动兵逐倭之意，此非我所能阻，然亦不可联彼为援，致他日借词要索，总须由我兵攻剿得胜。"又说："李鸿章饬催水陆诸将，奋迅图功，慎勿虚盼强援。"

此一电谕说得很清楚，咱大清国要"独立自主、自力更生"且"多快好省"地打败日本。"小英雄"急于求胜，发动"军事大跃进"，完全不顾战场上清军的劣势。

8月17日，电谕，驻平壤的清军"若株守以待，未免坐失事机"，要求李鸿章迅速"饬令各军，相机进取"。

这份电谕，在得知日军向平壤集结的情报后发出，还是强调进攻。岂不知，那时候驻平壤清军，群龙无首，自顾不暇，哪有进攻的心思？

8月22日，电谕，驻平壤清军"自应迅图进剿，先发制人"，"若迁延不进，坐失事机"，"即以军法从事"。

"小英雄"的电谕里，反复出现"坐失事机"之说。笔者多次研读甲午战争史料，怎么也看不出，在平壤之战前后，清军有什么"事机"可乘。

8月25日，军机处和总理衙门大臣召开会议，认为"现驻平壤各军，营数较多,须有总统大员亲临前敌,调度一切。查叶志超抵韩较早,情形较熟,且历著战功,拟请派充总统"。当日请旨,"小英雄"恩准颁谕。平壤前线对此谕旨的反应是,"一军皆惊",叶志超本人深为"感悚",惟恐"指挥未协"。

9月4日,电谕,"叶志超前在牙山,兵少敌众,而词气颇壮。今归大军后,一切进止,反似有窒碍为难之象",这是咋回事呢? "不可以全军重任付之叶志超一人",各军必须布置"进剿机宜","不得以兵未全到,束手以待敌人之攻"。

直到这时候,"小英雄"对"牙山大捷"还深信不疑,只是纳闷为什么叶志超在平壤有为难情绪。此外还是强调进攻。

9月17日,平壤清军战败消息传来,"小英雄"谕旨,李鸿章"未能迅赴戎机,以致日久无功,殊负委任""著拔去三眼花翎,褫去黄马褂,以示薄惩。该大臣,勿当力图振作,督催各路将领,实力进剿,以赎前愆。"

正当平壤清军向鸭绿江方向一路狂奔的时候,"小英雄"心里想的还是"进剿"。

9月21日,电谕,四川提督宋庆"帮办北洋军务",借此削减李鸿章的军权。

9月30日,电谕,"除依克唐阿一军外,所有北洋赴朝鲜各军,及奉省派往东边防剿各营,均著归宋庆节制"。叶志超等于被免除"总统"一职。此谕再度削减李鸿章的兵权。那时候,宋庆已年过八旬。看来"小英雄"是把挽救大清的重任,寄托在"老英雄"身上了。

直到这时候,"小英雄"的谕旨中,才出现"防"字。此前,他一直强调进攻。笔者在乡下长大,乡下的小孩打群仗,孩子王总是站在一边大喊,打呀,打呀,快打呀。这跟"小英雄"指挥李鸿章,颇有相似的一面。

笔者郑重提醒读者,这一桥段的文字,跟宗泽亚《清日战争》中所讲述的战争经过对照阅读,更耐人寻味。补充一句,上文提到的诸多"小英雄"谕旨,在《光绪传》中,都被竭力褒奖,溢美之词,像唾沫星子一样四处喷溅。

到此为止,甲午战争才进行了两个多月,此后还有更多的战事,什么辽东防御战,什么金州之战、旅顺口之战,什么威海卫保卫战,"小英雄"对李鸿章的指挥,还在继续,但笔者已经没有耐心再说下去。到此为止吧,不说了。

"小英雄"很生气

战败的消息,一个接一个传来,"小英雄"很生气。

1894年10月13日,谕旨说:"叶志超驻军平壤,漫无布置……临敌溃退。卫汝贵所统奉军,兵数较多,全行溃散……叶志超,卫汝贵,均著先行撤去统领。听候查办。"这道上谕里有处分战败将领的用意,但更深的用意,还是针对李鸿章。叶志超和卫汝贵,是老李淮军体系的两大支柱。这是杀鸡给老李看。

自1894年10月下旬开始,日本陆军兵分两路,一路渡过鸭绿江,先后占领辽东九连城、安东、宽甸、凤凰城、岫岩,威胁沈阳;另一路从花园口和貔子窝登陆,攻占金州、大连湾、旅顺口。锦州和山海关告急,京津震动。

这期间,"小英雄"焦急万分,一筹莫展。翁帝师的感觉是,"时事如此,令人嗟诧"。闲置多年重新起用的恭亲王奕䜣,也毫无办法。而慈禧六十岁的"万寿盛典"一天天临近。清廷中主张议和的声音再次出现。军机大臣孙毓汶和徐用仪都主张议和,李鸿章、恭亲王和慈禧也倾向于议和。只有"小孩班"的翁帝师、志锐和文廷式等,还在上奏,强烈谴责"主和误国"。

"小英雄"的观点是:"冬三月倭人畏寒,正我兵可进之时,而云停战,得毋以计误我耶?"意思是,英美公使频频出面,调停大清和日本议和事宜,是不是日本人的阴谋啊?冬天眼看就到了,日本人怕冷,正是我军反击的好机会呀。事实上,那时候日本根本没有停战议和的意思,他们正在谋划来一场"直隶决战"。英美公使的调停,既是应大清国所求,也是为本国利益着想。毕竟,他们不能眼睁睁看着日本独吞大清国。

11月24日,旅顺口被占领的消息传来,"小英雄"一气之下,发布上谕:"该大臣(李鸿章)调度乖方,救援不利,深堪痛恨。革职留任,并摘去顶戴,以示薄惩而观后效。"

把战败的责任推到李鸿章身上,是"小孩班"坚定不移的指导思想。作为班长的"小英雄",也不能不贯彻执行。

在处分李鸿章的第三天,慈禧有了一个怪异的举动,以"习尚浮华,屡有乞请"和"干预朝政"的罪名,把珍妃和瑾妃降为"贵人",还捕杀了伺候珍妃的太监高万枝。慈禧此举主要是针对珍妃,瑾妃是连坐,但背后含有调理光绪之意。光绪独爱珍妃嘛。史料记载,珍妃这小娘子,有"干政"卖官行为,在宫中也不大守规则。据翁帝师观察,"小英雄"对慈禧的举动竟毫无怨言,"意极坦坦"。

事情到此还没完。随后,慈禧又降懿旨,宣称"志锐举动荒唐",把这个"小孩班"骨干赶出了北京,到内蒙古担任乌里雅苏台参赞大臣去也。

让"小英雄"不能容忍的是,慈禧还宣布撤销上书房。这上书房可是"小英雄"和翁帝师亲密接触的场所,撤销了怎么行?于是光绪命奕䜣转告太后,"书房不欲撤"。

按《光绪传》的分析,这是慈禧打击主战派的手段,是"大施淫威"。

既然《光绪传》是力挺"小英雄"、欢呼"打呀打呀快打呀"的一本"大著",有这样的倾向性说辞,也在意料之中。

此后的战况,让"小英雄"越发不知所措,除了频频询问"军务处有何布置"以外,再就是继续发布可有可无的上谕,什么"派兵严密防守",什么"同心协力",什么"一律严防,勿稍松动",他好像忘了"冬三月倭人畏寒,正我兵可进之时",不再主张进攻。

"小英雄"很生气,也很焦虑。

《翁同龢日记》记载,威海保卫战打响之后,"电报多,威海日逼矣,奈何!奈何!"又说"电旨几无可写,但令海军船出海迎击耳"。

这说明,有些上谕,只是为上谕而上谕。

就在这时候,"小英雄"突然想起湘军来了,谕令两江总督刘坤一为钦差大臣,"所有关内外各军均归节制",让他奔赴前线,保家卫国。没想到,刘坤一对此任命,先是坚辞不就,后勉强受命,但迟迟不赴任。连翁同龢也承认,这个办法,说到底也不是个办法,刘坤一"无亲兵,以孑身护末职之将,亦难事也"。

到这时候,"小孩班"里边,也有了议和的响动,说什么"两国相争,终归一和",既然"战无一胜",那只有求和一条路可走。

1895年1月14日,"小英雄"电谕张荫桓和邵友濂,从上海出发去日本求和。出乎意料的是,这二位求和大臣在日本"被拒"。清廷为此惊慌不已。

威海失陷的消息传来,"小英雄"越发"焦灼",越发"愤闷难言"。没有别的发泄渠道,只能斥责李鸿章:"专任此事,自问该当何罪?"

这里不妨再次引用《光绪传》的说辞:"面对如此严峻的事态,光绪帝和翁同龢均陷入忧愤交加而束手无策的困境。"

既然不能再打,议和就成为唯一的出路。使臣"被拒"之后,只能把希望寄托在李鸿章身上。该同志善于"卖国"嘛,这种事,不找他找谁?让他把事情办完,然后再骂他"卖国贼"也不迟。

李鸿章去马关议和,幸亏让一个日本激进分子打了一枪,才好歹导致日本降低议和条件,把《马关条约》给签了。但仅仅是签字,条约还不能生效。最终还得经过"小英雄"签字盖章才行。

《马关条约》文本递交清廷,一批清流党和"小孩班"成员再次"士论大哗"并"忧愤填膺"。张之洞作为清流党老前辈,也上书陈情,主张联合别的国家,共同抗日,"优与利益,订立密约……问其所欲,许以重酬,绝不吝惜"。意思是把一个大红包给谁都行,就是不能给日本。

这期间,清廷朝野出现了一阵毁约再战的声音,还比较响亮。

受这声音的鼓舞,"小英雄"也生出毁约再战的念头。毁约的事,在咸丰帝时代,发生过一次,招致英法联军打到北京,火烧圆明园。"小英雄"大概不记得这事,他下旨给两江总督刘坤一和直隶总督王文韶,让他们说说到底这仗还能不能打,要求他们"各抒己见,据实直陈,不得以游移两可之词,敷衍塞责"。可这二位的回话,虽然拍着胸脯说打,但能不能打赢,却都"以游移两可之词"应对。刘坤一甚至写了一篇"论持久战"。军务处各大臣研究之后,认为这二位都在扯淡。没法子,不能再拖了,批准合约吧。

按说签约前后所有的事,都由"小英雄"拍板,生气也罢,窝火也罢,都怨不得别人。可见到李鸿章,"小英雄"还是忍不住拿他撒气。《翁同龢日记》记载,"小英雄"斥责老李"身为重臣,两万万两之款,从何筹措?台湾一省送予外人,失民心,伤国体","词甚峻厉"。这又是孩子气发作。

德龄在《光绪泣血记》一书中,说光绪帝很犟很任性,列举了好多事实。这本书关于大事件的叙述,有很多错误,但关于光绪帝的性格,我相信作者没有说错。

"小英雄"领导戊戌变法

史学界的流行说法,《马关条约》的签订,让大清国的自尊心和国力都受到重创,国内官僚士绅阶层,要求变法图强的呼声日益高涨,在此社会背景之下,光绪帝毅然实行变法。

严格说来,甲午战争之败,只能算是戊戌变法的"远亲"。它的"近亲",是1897年11月至1898年5月间,陡然降临到大清国头上的瓜分潮。用美国人马士的话说,这段时间里,世界上从来没有一个国家,像大清国这样一再遭受外来的羞辱和轻蔑。马士所说的"羞辱和轻蔑",包括以下事实:德国租借胶州湾及周边地区(青岛)九十九年;俄国租借旅顺、大连二十五年;英国租借与旅顺遥相呼应的威海卫军港二十五年,同时拓展香港地界,囊括九龙大部,即所谓"新界",租期九十九年;法国租借广州湾;福建成为日本的势力范围。总之一句话,大清国沿海的战略要地,大多落入列强手中。诡异的是,处理这一系列的外交纠葛时,光绪帝牙关紧咬,要求臣属"力持'不战'二字",甲午年的"小英雄"此时变成了小狗熊。

1898年6月11日(农历四月二十三日),光绪帝颁布《明定国是》诏,以"变法"为基本国策。诏书说:"数年以来,中外臣工讲求时务,多主变法自强",但"风气尚未大开,论说莫衷一是"。"国是不定,则号令不行",因此必须"明白宣示",从今以后,咱大清国要"博采西学之切于时务者,实力讲求",完成民族复兴的伟业。著名的"百日维新"由此启动,至1898年9月21日(农历八月初六)戛然而止。

此次变法,旨在挽救大清危局,从政治、经济、军事、文教等诸方面,实行重大变革。主要内容包括:政治上,广开言路,允许士民上书言事,撤销某些行政机构;经济上,改革财政,开办实业,组织商会,设立农工商局、路矿总局,修建铁路,开采矿藏;军事上,裁减淘汰绿营兵,编练新军;文教上,废八股,兴西学,创立京师大学堂,设译书局,向海外派遣留学生,奖励科学著作和发明。

在整个变法期间,光绪帝共发布维新诏令一百八十条之多,等于天天下发一两个红头文件,而且每份文件,都要求"速办",不得"腹诽朝旨",更不得"各存私意,多方阻挠"。用现在的眼光看,这么密集下发中央文件,中央各部门以及全国各省市县,恐怕连组织学习的时间和精力都没有,更不要说什么贯彻落实。堂堂一场变法运动,看起来更像是光绪帝和身边寥寥几个"通达之士"演出的一场独幕剧。换句话说,光绪帝这是把变法当儿戏,以为一纸文件,就能把诸事搞定。

现在我们来看看光绪帝如何热情高涨地大搞"政治大跃进"。

变法第五天,光绪帝下诏罢免翁帝师的职务。上谕说:"协办大学士户部尚书翁同龢近来办事多未允协,以致众论不服,屡经有人参奏。且每于召对时,咨询事件,任意可否,喜怒见于词色,渐露揽权狂悖情状,断难胜枢机之任。本应查明究办,予以严惩。姑念其在毓庆宫行走有年,不忍遽加严谴。翁同龢著即开缺回籍,以示保全。"

史学界有这样一个说法,道是翁帝师被罢官,是戊戌变法中最"迷离"的重大历史事件之一。我不这样看。我觉得事情明明白白。上谕中不是说了,这翁帝师有"揽权狂悖"情状嘛,也就是说,光绪帝的话,他常常不听,态度还不好。变法大业刚刚开始,有这样一个桀骜不驯的帝师在身边当绊脚石,你想想光绪心里什么滋味?何况,恭亲王临终前的遗言,对翁帝师也大为不利,在"居心叵测,怙势弄权"之外,还有一句千古愤词,"是所谓聚九州之铁不能铸此错者",意思是翁帝师要为甲午战争之败负主要责任。

其实,光绪帝本人对甲午年间翁帝师的所作所为,也颇为愤愤。我在别的文章中说过,这里略去不提。但有句话必须说,少数史家为了给慈禧抹黑,说让翁帝师下岗是慈禧"挟嫌报复",此言非常扯淡。

变法第六天,光绪帝召见康有为。召见后下旨,给了康有为一个新的官衔,"在总理事务衙门章京上行走",简称"章京"。康对此任命,颇为失望。

变法第十天,光绪帝捉到一个"反改革典型",此人是礼部尚书兼总理衙门大臣许应骙。两位御史,宋伯鲁和杨深秀,联名弹劾许大人反对改革,要求光绪帝将许免职。史学界揭底,这道奏折的执笔者是康有为。光绪帝要求许尚书针对这一弹劾,"明白回奏"。许"明白回奏"之后,光绪帝才知道,这个典型弄错了。

变法第二十八天,御史文悌上呈《严参康有为折》,为许应骙鸣不平,指责康氏结党营私。光绪帝大怒,立刻罢免文悌的职务。满朝官员为之大哗。

变法第四十九天,任职于翰林院的恽毓鼎,在日记里记录了自己内心的忐忑。他说:"半夜时,还有同事找我聊天⋯⋯说到当前时局,相与叹息。怕是要出大乱子。我该怎么办?听说吏部、翰林院都要撤销,朝中有没有力挽狂澜的人呀?也罢,无官一身轻,遁迹荒野,开个讲堂,也挺好。"

变法第七十九天,光绪帝下旨,裁撤詹事府、通政司、光禄寺、太仆寺等六衙门,其业务,划归内阁及礼部、刑部办理,同时裁撤总督和巡抚在同一个城市办公的三省巡抚和东河总督。这些涉及机构调整的内容一经传出,"京师惶恐",裁撤六部九卿的谣言瞬间弥漫京城。当天晚上,礼部主事王照在日记中,对"联翩而下之新政",颇有不屑之词。

变法第八十一天,王照把自己的一份折子递交给礼部尚书怀塔布,请求代奏。怀塔布看到折子中有"请光绪皇帝陪侍太后到各国游历"字样，认为"大为出格"，拒绝呈递。此事惊动光绪帝，大怒，下诏斥责礼部怀塔布一干人等："似此故意抑格，岂以朕之谕旨为不足尊耶？若不予以严惩，无以儆戒将来！"

变法第八十三天，光绪帝一道上谕，将礼部正副部长一共六位"堂官"全部革职，同时破格提拔王照，连升三级，"赏给三品顶戴"。面对这一"不测之赏罚"，京中大小官僚瞬间晕菜，战战兢兢，"相顾错愕"。

变法第八十五天，光绪帝发布上谕，任命杨锐、刘光帝、林旭、谭嗣同四人，为军机处章京，参与新政事宜。这四人官职不大，但权力很大：凡有奏章，皆由四人审阅；凡有上谕，皆由四人拟稿。时人声称，"实宰相之任也"。原先的军机大臣因之而如同虚设，"咸愤愤不平，怒眦欲裂于此四臣矣"。

随之，京城几乎所有的一二品大员都跑到颐和园，"环跪于太后之前"，痛哭流涕，"请老佛爷做主"。

变法第九十五天，杨锐收到光绪帝密诏，意思是，你们商量一下，替朕想个法子，怎么才能把改革的绊脚石都踢走，又不惹太后生气。平心而论，这个密诏，有点小题大做。不幸的是，四天后，密诏的内容，被一肚子野心的康有为知道，再一次小题大做，竟然图谋政变，计划串通袁世凯，"先诛荣禄，再以兵围颐和园"，终极目的是干掉慈禧太后。

后边的事，不说也罢。总之是朝中的吵闹，和某些人的图谋不轨，惊扰了慈禧，老佛爷一声令下，那些"新进小臣"，人头纷纷落地。声动一时的戊戌变法，骤雨初歇。

至此，光绪帝亲自主持的两件大事，都以砸锅而告终。大清的国运，从此更加破败。

变法既败，光绪帝被囚禁中南海瀛台，终日郁郁，成为有清以来，最为郁闷的皇帝。

"小英雄"当国，国何以堪？

主要参考书目

1. 孙孝恩、丁琪著，《光绪传》，人民出版社，1997年。
2. 李岚著，《光绪王朝》，中国青年出版社，2012年。

3. 喻大华著,《囚徒天子光绪皇帝》,商务印书馆,2011年。
4. 刘耿生编著,《光绪事典》,紫禁城出版社,2010年。
5. 邢超著,《致命的倔强:从洋务运动到甲午战争》,中国青年出版社,2013年。
6. 隋丽娟著,《说慈禧(增订本)》,中华书局,2013年。
7. 〔美〕德龄著,《光绪泣血记》,中国人民大学出版社,2012年。
8. 〔美〕德龄著,《慈禧御苑外史》,中国人民大学出版社,2012年。
9. 〔澳大利亚〕雪珥著,《李鸿章政改笔记》,线装书局,2013年。
10. 王芸生编著,《六十年来中国与日本》,生活·读书·新知三联书店,2005年。
11. 茅海建著,《戊戌变法史事考》,生活·读书·新知三联书店,2005年。
12. 张建伟著,《温故戊戌年》,长江文艺出版社,2011年。

康有为究竟何为？

本文涉及的几位重要人物，一并在此简介。既方便读者阅读，也方便笔者叙事。人物按在文章中"出场"的先后顺序排列。

康有为（1858—1927），原名祖诒，字广厦，号长素，又号明夷等。广东省南海县人，人称康南海。光绪二十一年（1895）进士。戊戌变法期间的标志人物，戊戌政变后流亡海外。辛亥革命后（1913）回国，定居上海，主编《不忍》杂志。

梁启超（1873—1929），字卓如，一字任甫，号任公，又号饮冰室主人等。师从康有为，戊戌变法期间活跃人物之一，戊戌政变后流亡海外。辛亥革命后，入袁世凯政府任司法总长。之后对袁世凯称帝、张勋复辟等严词抨击并加入段祺瑞政府。

孙毓汶（1834—1899），字莱山（亦作来杉），山东济宁人。咸丰六年（1856），以一甲二名进士，授翰林院编修。光绪十年（1884），"甲申易枢"之后，出任军机大臣兼总理各国事务衙门大臣。甲午战争期间，为军机大臣中的主和论者。

张之洞（1837—1909），字孝达，号香涛，贵州兴义府人，祖籍河北沧州南皮，人称张香帅。晚清名臣，洋务派代表人物。同治二年（1863）起，历任翰林院编修、内阁学士、山西巡抚、两广总督、湖广总督、两江总督（多次署理，未实授）、军机大臣等职。

翁同龢（1830—1904），字述平，号松禅，江苏常熟人。咸丰六年（1856）状元，任同治、光绪两代帝师，官至户部尚书、军机大臣兼总理各国事务衙门大臣等职。戊戌变法开始不久被罢官。

张荫桓（1837—1900），字皓峦，号樵野，广东南海人。纳资为知县，几经升迁至道员。光绪十一年（1885）起，先后出使美国、日本和秘鲁。光绪十六年回国，迁至户部左侍郎、总理衙门大臣。戊戌变法的幕后操盘手。戊戌政变后充军新疆。

简介已毕,书归正传。

"公车上书"真相

享誉甚广的"中国史专家"、美国耶鲁大学教授史景迁,在《天安门:知识分子与中国革命》一书中,这般叙述晚清时节的"公车上书"事件:

> 不管这群新一代的儒生(引者按:指1895年进京会试的举人)是如何有耐心、如何克己,但是当中日两国在马关签订条约,条款内容在一八九五年四月十五日电传至北京时,他们也按捺不住心中怒火,一片哗然……消息传到康有为耳里,不到几个时辰就伙同几个密友上书拒罢议和,数日之内写就一万八千字的万言书,联合十八省举人共千余人具名,以奏折形式进呈皇帝。这群举人在北京松筠庵会商,又赶往面见都察院官员,在衙署之外大排长龙,传达心声。此时这群举人彼此还在竞逐功名,却公开表达反朝廷的立场,无怪乎当时有人说这展现的爱国情操乃是自古以来所未见的。康有为在自订的年谱里写道:"至此千余人之大举,犹为国朝所无。"梁启超曾是康有为的门生……他花了三十六小时,不眠不休誊写这份文件,自知人生道路此后将为之改观;康有为的幼弟亦谓其自此弃绝从学。
>
> ……
>
> 这份奏书直言不讳又富新意,却颇经波折。1895年的军机大臣兼兵部尚书是孙毓文,此人是朝廷一帮贪官污吏之首,力主朝廷与日本媾和议约。他公开反对康有为联合各省举人署名上书之举,派人造谣,阻止举人署名,在京城一带大肆张贴告示,诬蔑拒罢和议之人。所以当康有为在五月二日向都察院投递奏书,以呈皇帝御览时,都察院衙吏也拒绝代递。不过,显然署名人士并未受到惩处,因为即使当道早已知道这些人的名字,但是很多署名者,包括康有为在内,都已金榜题名。

在这段引文里,笔者省略了史景迁关于公车上书内容的转述,诸如下诏拒和以"鼓天下之气"、迁都以"定天下之本"、练兵以"强天下之势"、变法以"成天下之治"等治标治本之建议,此外还有富国、养民和教民的具体措施。这些内容,跟本文关系不大,故而省略。

康有为在《我史》中自述:"再命大学士李鸿章求和,议定割辽、台,并偿款二万万两。三月二十一日,电到北京,吾先知消息,即令卓如鼓动各省,并先鼓动粤中公车,上折拒和议,湖南人和之,于廿八日粤楚同递,粤士八十余人,楚则全省矣。与卓如分托朝士,鼓各直省,莫不发愤,连日并递,章满察院,衣冠塞途,围其长官之车……时以士气可用,乃和十八省举人于松筠庵会议,与名者千二百余人,以一昼二夜草万言书,请拒和、迁都、变法三者……遍传都下,士气愤涌,联轨察院前者里许,至四月八日投递,则察院以既已用宝,无从挽回,却不收……"

史景迁的叙述,基本上是康有为《我史》中这段内容的翻版。两篇文章中的时间不同,原因是,前者采用公历,后者采用农历。

据茅海建考证,康有为的这段文字,与事实有很大差距,略述如下:

其一:日本提出的议和条件,李鸿章早在三月初七(4月1日),已电告北京当局,两个星期之后,康才得到消息。康氏所谓"吾先知消息",实质上是后知消息。而那"消息",仅限于《马关条约》的基本条款,至于谈判进程,康和各省举人,都一概不知。

其二,康说"即令卓如鼓动各省""与卓如分托朝士,鼓各直省",等于宣称自己是公车上书运动的领导者,梁启超(字卓如)遵命而行。这是有意抬高自己。那时候,作为入京会试的举人,康、梁并无后来之盛名,显然不具备如此之大的"鼓动"能量。茅海建认为:"公车上书的策动者似为京官,方法是通过同乡、亲属、旧友关系;而这种集会具稿、联名上书的方式,原本是翰林院等处京官的拿手好戏。"他还说:"康、梁只是各省公车上书走在前台的众多组织者和参加者之一;而真正的组织者,是京官,幕后还有更高层的操纵者。"

其三,史景迁所言"消息传到康有为耳里,不到几个时辰就伙同几个密友上书拒罢议和",与康文"先鼓动粤中公车,上折拒和议",为同一事件,也就是四月初六、初七连续两天广东举人请都察院代奏的联名上书。奇怪的是,这两次上书,康有为都没有署名。梁启超在初六日八十人的联名中,排名第一,等于是领衔主演,但在初七日二百八十九人的联名中,梁排名在倒数第五位,领衔主演是陈景华。

其四,松筠庵的联名上书,是较大规模的"联省公车上书"。实情是,只有联名,并无上书。据茅海建考证,康有为的"言语中有多处不实",其真实过程大致如下：康有为写好《为安危大计请迁都练兵变通新法以塞和款而拒外夷呈》（后来简称《公车上书》）之后，于四月初七、初八、初九三天，在松筠庵的谏草堂举行会议，约各省举人陆续前来阅览（松筠庵是名士聚会之地，面积不大，不可能一次容纳千人，只能陆续前来）。由于四月初八日光绪帝已批准条约，初九那天基本上没有人来，所谓上书行动戛然而止，不存在所谓都察院拒绝代奏一事。实际上，从四月初六到四月十五日，都察院共代奏三十一件公车上书，初八、初九、十一日，都有代奏。另外，联名者也不是康所说的一千二百人，而是六百零二人。

其五，史景迁抹黑"孙毓文"（应为孙毓汶），也是受了康有为《我史》的影响。什么"先是公车联章，孙毓文已忌之……妄造飞言恐吓……迫令皇上画押"云云，皆无中生有。康不认识孙毓汶，谈不上有何冤仇，为什么要在《我史》中言辞激烈地加以贬斥？对此，茅海建的解释是："《我史》写作的一个特点，康若一事未成，必称为某一顶级人物所阻，除了孙毓汶外，他笔下的对手还有徐桐、荣禄、李文田等许多高层人士。而对于翁同龢、李鸿章、孙家鼐，《我史》中语气有如上级对下级，经常去教导他们应该如何办理。"我说康有为是个卖瓜的，看官信也不信？

关于公车上书，我还想补充以下内容：

其一，从光绪二十一年二月二十三日（1895年3月19日）李鸿章一行到达日本马关那天开始，到四月二十一日（5月15日），近两个月时间，大清国官员士民上奏、代奏或电奏的次数，达到一百五十四次，参与人数超过两千四百多人次。各省大员电奏反对者，超过半数；中央各部官员皆有大规模的联名上书；举人们的联名上书也颇有声势。几乎所有的声音，都反对议和。据茅海建考证，此一桥段，只有一人同意与日本签订和约，此人是前方主将之一、四川提督宋庆。当然，宋庆在奏折里，把话说得非常委婉。

其二，在声势浩大的反对议和运动中，最有影响力的，不是举人，而是朝廷的各级官员。茅海建说："当今的许多研究，只强调公车上书而很少甚至不提官员上书，有失于偏颇；而在一些研究中将公车与官员、与朝廷对立起来，那就失去了历史的真实。"

其三，在众声喧哗一致反对议和的政治氛围之下，很难相信谁敢做出史景迁所谓的"阻止举人署名"的行为，那无疑是冒天下之大不韪。康有为所谓"街上遍贴飞书，诬攻无所不至"云云，肯定是无稽之谈。

其四，公车上书，不是举人的自发运动，而是"高层设计"的结果。光绪于三月二十日电谕李鸿章可以签约，二十一日康有为等人得知《马关条约》的基本内容，这时间有点蹊跷，更像是一次有计划的行动，目的是让"司员士民"蜂拥而起反对签约，同时也反对李鸿章。这恰恰是高层大员翁同龢、李鸿藻、汪鸣銮等人的主张。茅海建认为："政治高层发动者决定于二十一日向外透露，恰是他们要利用下层的请愿来改变光绪帝二十日的旨意。"

其五，绝大多数上书反对议和者都对谈判进程缺少了解，很多人甚至以为是李鸿章私自跟日本签订《马关条约》，而不知老李的每一举动，都是奉命行事。即便像文廷式这样的京官，实际上也只看到皮毛，他那些激烈的主战言论，都被幕后力量所操纵，他本人却误以为自己是个"主角"。类似的误解非常普遍。很多人上书，目的是请求光绪帝利用最高权力来否决和约。而在多数举人眼里，李鸿章就是一个汉奸卖国贼。

其六，茅海建在《戊戌变法史事考二集》一书中有明确结论，历史上有两个不同概念的"公车上书"：一是政治高层发动，由文廷式等京官暗中策划，由梁启超、陈景华等直接参与组织的"公车上书"（广义的公车上书），共三十一次，联名者达一千五百五十五人次。这类上书，对当时的政治决策，起到了微弱的影响；二是康有为组织的号称十八省举人联名的"公车上书"，半途流产，对清廷的决策没有丝毫影响。奇怪的是，直到现在，还有不少历史叙事中的"公车上书"，专指这次不曾上书的"上书"。

其七，康有为将《公车上书》改写为《上清帝第三书》，是他初登政治舞台的投名状。五月初十，广东新进士觐见光绪，康有为于初六日将《第三书》递交都察院请求代奏，目的显而易见。此后不久，他写了《第四书》，还在上海刊行《公车上书记》，两年后又在上海刊行《南海先生四上书记》，所有这些，都是要求"进步"的表现，我们当然也可以把它看作是康在戊戌年间一连串表演的"前科"。茅海建说："《公车上书记》的刊行，当属康有为及其党人聪明且效果彰显的重大决策……使康有为名声一振，也为康有为及其党人此后利用媒体宣传其主张开辟了一条新式道路。"

关于公车上书一事，史学界从20世纪70年代开始，就对康有为在《我史》中的自我标榜提出质疑，且有很多研究成果问世。茅海建在《戊戌变法史事考二集》一书中，对史学界人士黄彰建、孔祥吉、汪叔子、王凡、姜明等人的考证和观点,都持有肯定的意见。可惜这些研究成果并没有得到学术界的广泛采用。史景迁的《天安门:知识分子与中国革命》初稿完成于1990年,作者却依旧采信康有为本人的说辞。不可思议的是,1999年,还有人在《光明日报·读书周刊》发表文章,力挺康有为的谎言,对质疑康的人提出反质疑。2001年,某位学者修订其旧作《戊戌变法史》,坚称"康有为这一次上书,都察院以清政府已在'马关条约'上签字,无法挽回,拒绝接受"。同一年,另有某某的《戊戌变法史述论稿》也采信前者的说法。由此说来,"还原真相",并不是一件很容易的事。

康有为与张之洞

康有为与张之洞的关系,在戊戌变法前后,只能说是一种次要的社会关系。但此一"关系",有助于读者对康氏在人格、品行方面的了解。笔者这样编排故事,多少有点"小人之心",呵呵。

史料显示,康与张初次相识,是光绪二十一年(1895)秋天,地点在南京。此前,张以湖广总督身份,署理两江总督,负责东南一带海防。这年六月,康与梁启超在京创办《万国公报》。七月,康又参与发起强学会,在士大夫群体中,引起很大震动,张曾捐银五千两。在此期间,康还结识了张的儿子张权。等于说,此时,康与张,虽未谋面,但志趣已有相通之处。

在这一背景下,康与张在南京相会。这是康的老乡、张的幕僚梁鼎芬从中"力为周旋"的结果。

南京相会期间,康、张之间,有很多共同语言,张对当时的康评价很高。张决定在上海和广东两处,开办强学会。上海暂由康代办,广东由康主办。康后来在《我史》中记载,他和张,在南京时"隔日一谈,每至深夜"。

史料揭示,康、张在南京期间,为"孔子改制"问题,观点产生分歧。梁鼎芬记载,张在"留住十数日期间",对康有过劝告:"议论宜平正,做事勿夸张,讲西学得其益,无流其弊,乃有用。"对张的劝言,康是否有驳语,现在找不到任何文字资料。但这无疑是张、康产生分歧的开端。

康到上海,立即着手上海强学会的工作。他需要钱,张尽全力满足。光绪二十一年十一月,康主持的《强学报》第一期在上海刊行,立马点爆了康、张之间的矛盾。矛盾的焦点,一是刊发"廷寄",二是使用孔子纪年。

这里必须做一说明,"廷寄",就是"军机大臣字寄某某",是保密的上谕,不可公开刊布。另,用孔子纪年,而不是大清纪年,说白了,有谋反之嫌。这两条,对张来说,都是原则问题,绝不会轻易对康妥协。

光绪二十一年十二月初八,张派人到上海,打算与康商谈,不遇。康已于初五日离开上海返粤,"为其母亲祝寿"。不跟你玩啊,看你怎么着?呵呵。

时人评价:"最可骇者,不以大清纪年而以孔子纪年,名为尊圣,实则轻慢。"这是张最不能容忍之处。于是,张下令《强学报》停刊。自然而然,上海强学会也一并停办。广东的,不了了之。

茅海建说,光绪二十一年九月下旬到十二月上旬,康、张之间两个多月的交往,期间在南京的十多天,"大约是他们的蜜月期",康到上海之后,也有一段平静的日子,"大约从十一月起,裂缝越来越大,以致最后破裂。从此两人再无合作。"

虽然"从此两人再无合作",但张对康的动向,一直密切关注。到戊戌年,张更是通过"坐京"(秘密驻京办事处,各省督抚皆有之)杨锐、儿子张权、侄子张检等人,不断向其汇报康的动向。

光绪二十三年(1897)七月十一日,张的幕僚陈庆年,在日记里记载,《湘学报》刊登康的"素王(孔子)改制"内容,张大发脾气,跟幕僚等人酒后谈到三更才散。

张跟幕僚大发脾气的第二天,张给湖南学政江标发电,说"素王改制","其说过奇,甚骇人听"云云,还是大发脾气。同时,张又致电湖南巡抚陈宝箴,照录给江标的全文,可见当时张的情绪反应有多么激烈。

光绪二十三年十月,梁鼎芬与康在上海有过一次面谈。梁后来回忆说,面谈时,他劝康:"君才如此,宜恭谨逊顺,乃能有济。"事实是,康日后的所言所为,跟梁的劝告,完全背道而驰。

光绪二十四年(1898)三月,陈庆年写文章批驳"康学",张大力称赞。

光绪二十四年四月三十日,翁同龢被赶出清廷、康受光绪宠信的消息,都传进张的耳朵。张很郁闷,却也不敢公开发难,给梁鼎芬写信:"康学大兴,可谓狂悍。如何,如何!"梁答复说:"贼猖悍,则讨之,不当云如何也。"

看史料到此处,笔者不禁发笑。

光绪二十四年五月二十五日,陈庆年日记说,康唆使御史宋伯鲁弹劾礼部尚书许应骙阻挠新政，光绪令骙"明白回奏"。陈的日记，省略了许应骙的奏文。其实许的奏文，在张以及幕僚中，广为流传。茅海建说："以至在戊戌政变之前，梁鼎芬等人就将之刊刻，广为散发。"

许应骙的奏文中，有直接攻击康的内容："盖康有为与臣同乡，稔知其少即无行，迨通籍旋里，屡次构讼，为众论所不容……今康有为逞厥横议，广通声气，袭西报之陈说，轻中朝之典章，其建言既不可行，其居心尤不可问，若非罢斥驱逐回籍，将久居总署，必刺探机密，漏言生事；长住京邸，必勾结朋党，快意排挤，摇惑人心，混淆国事，关系非浅。"

笔者读到此处，不由感叹，这许应骙，眼光何其毒也！康有为其人，算是被他一眼洞穿，隐私全无。

光绪二十四年六月间，杨锐曾有寄给张的"百日维新密札"，谈康奏请设立制度局等事，说康"深当圣意，故所请无不行，以小臣而受殊知，实古今未有之奇遇也"。值得注意的是，这封信中，两次出现"康党"字样。

茅海建在《戊戌变法的另面："张之洞档案"阅读笔记》中说："从陈庆年日记可以清楚地看出，张之洞幕中人经常非议康有为的人品与学术，任何反对康有为的做法都得到了赞许，也看不到保守派对变法运动的阻挠。由此可以说明，陈庆年以及他所属的张之洞阵营已将康有为当作自己最重要的敌人。还需说明的是，陈庆年本人还是主张变法的。"

这段话，等于说出光绪二十四年大清国官员及绅士的主流思想：不反对变法，但反对康有为参与其中。

光绪二十四年春天，张之洞及其幕僚，合著《劝学篇》一书，主要内容是呼应当时的变法思潮，书中所述的许多政策或政治设计，也与康、梁的主张大体相同，但这本书还有一部分内容是"非康"，也就是跟康的种种说辞对着干。

老张这是跟康打嘴仗嘛。赢了没有啊？还真赢了。《劝学篇》刊刻之后，老张到处寄书，给京城某人一次就寄了三百本，还叮嘱人家"亲友愿看者送之"。之后，某人向光绪推荐该书，光绪很高兴，于六月初七日下旨，作为变法的两部政治指导性著作之一（另一部是冯桂芬的《校邠庐抗议》）在全国各地刊印，成为晚清印数最大的著作之一。

光绪二十四年八月初六（1898年9月21日）发生的戊戌政变，张于次日凌晨丑时（一点至三点）得知。他对政变后大清国的前景，并不悲观，对康的落难，生出几分暗喜。在张看来，康和康党的如此下场，无疑是咎由自取。让他"惨痛难言"的是，"素恶康学，确非康党"的杨锐也一并遭难。几年后，张在南京鸡鸣寺为杨锐建"豁蒙楼"（取自杨锐诗句），以志纪念。

康流亡后，曾写过多篇文章诽谤张，什么《驳后党逆贼张之洞……》，什么《逆贼张之洞罪案》等等，称张犯有"电请杀六烈士"之罪。茅海建对此评价说："此本是康在政治斗争中的诬词，不足为据，然今亦见有学者引用而信之，失察之误。"

康有为与翁同龢

康有为能在戊戌年的政治舞台上，表演一场略带悲情的滑稽剧，跟翁同龢有一定关系。在光绪看来，康氏是翁帝师推荐上来的。在慈禧眼里，当然也是。

戊戌政变后，清廷两次颁发上谕，都把保举康当作翁的罪名。光绪二十四年十月二十一日谕旨说："（翁）今春力陈变法，密保康有为，谓其才胜伊百倍，意在举国以听。"翁在日记中称，他从《新闻报》上读此上谕之后，"感涕而已"。一年后的十一月，清廷再次明发上谕，往事重提。上谕说："翁同龢推荐康有为，并有其才胜臣百倍之语……无论绅商士民有能将康有为、梁启超严密缉拿到案者，定必加以破格之赏。"这回，翁从《新闻报》上读后，不再"感涕"，而是在日记中写下一大段文字为自己辩解。翁说："新闻报纪十八日谕旨：严拿康梁二逆，并及康逆为翁同龢极荐，有其才百倍于臣之语。伏读悚惕。窃念康逆进身之日已微臣去国之后，且屡陈此人居心叵测，不敢与往来，上索其书至再至三，卒传旨由张荫桓转索，送至军机处，同僚公封递上，不知书中所言何如也。厥后臣若在列，必不任此逆猖狂至此，而转因此获罪，惟有自艾而已。"这段文字中提到的"上索其书"旧事，指的是光绪二十四年三月间，光绪将康的《日本变政考》呈送慈禧，而慈禧不将书返还，光绪想再要一份，让翁传话，翁拒绝，为此师生两个发生激烈口角。翁的抱怨是，你光绪帝"重用"康的时候，老翁我已经被你赶出朝廷，这事怎么能赖我呀？

补充一句，翁在日记里的自辩词，并不符实。他说康书交到军机处，实际上是交到总理衙门。

戊戌政变发生不久，康逃亡香港，其间接受《中国邮报》采访，说过一番对翁颇为不利的话:"我由湖北人御史高燮曾所荐,翁同龢及礼部尚书李端棻亦留意于我,有谓翁守旧党,实非也,实翁李二臣屡欲荐我在皇上左右以备顾问。"这篇访谈稍后被《新闻报》转载,翁读后很生气,在日记中写道:"《新闻报》等本皆荒谬,今日所刊康逆语,谓余论荐,尤奇,想我拒绝,欲计倾我也?!"由此可见,翁对"密保"二字,一开始就不认账。不过,"帮腔"的事实,他推脱不掉。

我觉得很有必要把康有为与翁同龢之间的关系,简要地捋上一捋,从中我们或许能发现点什么耐人寻味的细节。

我的叙述,对康在《我史》中的种种说辞,均不予以采信,而是以《翁同龢日记》为底本,以史学家孔祥吉、茅海建和马忠文的考证为参照。以此为视角的叙事,我以为最能接近真相。

《翁同龢日记》关于康有为的记载很少,经茅海建检视,结论是:光绪十四年(1888),两条;光绪二十年(1894),两条;光绪二十一年(1895),三条,其中两条后来修改过;光绪二十二年(1896),没有记载;光绪二十三年(1897),两条,其中一条后来修改过;光绪二十四年(1898)戊戌政变之前,七条,其中三条后来修改过。

下面我以时间为序,说说康与翁的交往。

光绪十四年,翁十月十三日的日记中有这般字样:"南海布衣康祖诒(康有为原名)上书于我,意欲一见,拒之。"同月二十七日又记,有人拜见翁,为康上书一事说情,请求代奏,翁以康的上书"语太讦直"而拒绝。康的这一上书,就是所谓《上清帝第一书》。从翁的日记可以看出,康有见翁之意,但被拒绝,求翁办事,也被拒绝。

光绪二十年,五月初二日:"看康长素(祖诒,广东举人,名士)《新学伪经考》,以为刘歆古文无一不伪,窜乱六经,而郑康成以下皆为所感云云。真说经家一野狐也,惊诧不已。"自光绪十四年之后至此时,康的身份大变,布衣成举人,而且在翁眼里,已是"名士"。翁看完康的作品,"惊诧不已",等于说引起关注,但谈不上有好感。三天后,初五那天:"答康长素,未见。"意味着康又有拜见翁的诉求,翁还是不见。

光绪二十一年,康与翁,终于有了比较亲密的接触。五月三十日:"南学诸生等寓书求见。拒未见。"孔祥吉考证,这段话中,"南学诸生等"五字,在《翁同龢日记》手稿中,有挖补痕迹,"拒未见"三个小字,疑似后来添写。考虑到翁在戊戌政变后，为了撇清跟"康逆"之间的关系，曾对日记中跟康有关的记录加以删改的事实，孔祥吉大胆假设，这天，"很可能是康有为上书求见"。几天后的闰五月初九日："饭后李莼客先生来长谈，此君举世目为狂生，自余观之，盖策士也。"孔祥吉审视日记手稿本，发现"李莼客"三字，有挖补轮廓，推断此处当为"康祖诒"或"康有为"三字。进而推论，康与五月底上书请见，翁同意，于是有闰五月初九的正式会面。而这次见面，极有可能是康与翁的第一次见面。翁的日记，透露出一个事实，康在很多京官眼里，是"狂生"。翁称他为"策士"，评价不低，等于说是印象还行。这是翁在日记中对康评价最高的一次。

学者马忠文断言："甲午、乙未年康有为在京与翁同龢的关系相当疏远；康氏虽有攀附帝师的热望，无奈翁氏对他始终'敬而远之'。"这段话高度概括光绪二十、二十一这两年间翁、康之间的关系，我以为基本属实。

光绪二十二年，康离开京城，与翁没有任何联系。

光绪二十三年，翁十一月十八日的日记："散时尚早，小憩，出城。赴总署发罗使电。"似乎跟康没有丝毫关系。但日记手稿本，被孔祥吉查出大问题："系重新改写的，其中有半页日记被剪去，而另外补贴了半页，有明显补贴痕迹"；"翁此日行踪可能是在朝见过光绪皇帝之后，并非像日记中所书'往总署发罗使电'，而是前往位于宣南（引者注：宣武门之南）的南海会馆去拜访康有为，进行恳谈。"对此，茅海建补充一条证据："出城"，指由内城到外城，而总署在东单，翁去总署，根本不需要"出城"。翁是到宣南跟康谈话后，再回总署办理公事。但马忠文认为，这天没有翁、康见面之事，是康要见翁，却被翁拒绝，也就是说，翁挽留康的说法不可信。且不论这天翁、康有没有见面，挽留之说可不可信，但第二天发生的事，对康极为有利。朝中一个名叫高燮曾的御史，上书保举康，对康评价甚高。这事，在翁十九日的日记里有痕迹："高御史燮曾保康有为入瑞典弥兵会，交总署酌核办理。"关于这次高氏上书的内容，下文还会说到，这里暂且略去。有学者认为，高氏此举，是翁、康密谋的结果；也有学者认为，是康自己向高"买折"；还有学者认为，是张荫桓在幕后操纵。不管事实如何，笔者都可以肯定，翁在其中起到过"帮腔"作用。三个月后，总理衙门上书光绪，对康参加"弥兵会"一事予以否决，这看起来是谋事不成，实际上是另辟蹊径，此次上书肯定"该员学问淹长，熟谙西法"，同时将康有为的所谓《上清帝第六书》，"恭呈御览"，为日后光绪召见康有为，铺路搭桥。

光绪二十四年，康与翁的接触次数明显增多。正月初三（1898年1月24日）："传康有为到署高谈时局，以变法为主，立制度局、新政局、练民兵、开铁路、广借洋债数大端。狂甚。灯后归。愤甚惫甚。"这时，翁对康的印象，跟别人没什么两样，认为康是一介"狂生"，而且"狂甚"（茅海建说这句话是翁事后对日记的修改）。康"高谈时局"的时间，大约两个小时，以至于翁"愤甚惫甚"。同日，《张荫桓日记》也记载了"长素（康有为号）高论"一事。此后两三个月，康通过张荫桓，准确把握光绪的思想动态，不断进呈变法书籍和条陈，赢得光绪的信任，而翁对康的态度，却趋于冷淡。到四月初七，翁对康的厌恶之感，竟然到了掩饰不住的程度。当天的日记，说光绪跟他谈起康有为进呈的《日本变政考》，让他给康传话，"再写一份递进"，翁竟然回答"不与康往来"。"上问，何也？对以：此人居心叵测。曰：前此何以不说？对：臣近见其《孔子改制考》知之。"第二天，君臣两个，还在为这事拌嘴。翁初八的日记："上又问康书，臣对如昨。上发怒诘责，臣对传总署令进。上不允，必欲臣诣张荫桓传知。臣曰：张某日日觐见，何不面谕。上仍不允。退乃传知张君……"你看这师徒二人，等于是在互相赌气，而且翁的态度，近乎蛮横。显而易见，翁对康，已是满怀愤懑。四月二十七日，翁被赶出清廷，"开缺回籍"，康与翁的交往，戛然而止。

那么，那句"康有为之才胜臣百倍"，又是怎么回事？这是戊戌年四月翁与光绪对话中说的，后边紧随"然其居心叵测"一语，肯定康的才华，却诋毁他的心术，等于说康不是"又红又专"，而是"白专"。当时，不少京官对康都有类似评语。

清史学者中，有人经多方考证，认定戊戌政变后，清廷两次上谕中所言翁"密保康有为"一事，并不符实。真正"密保"康有为的，另有其人。那人是康的老乡，光绪的宠臣张荫桓。

康有为与张荫桓

康有为与张荫桓何时相识，学界至今没有明确说法。一种猜测，可能是在广东老家的时候。康与张，都是广东南海人。一个康南海，一个张南海，说他们在老家见过面，也算合情合理，可惜这说法没有史实依据。有依据的是，光绪二十年春，康进京会试，张此时身为户部左侍郎兼总理衙门大臣，按清朝官场旧俗，康定然要拜访这位同乡大僚。这一年的《张荫桓日记》，清晰记载张与康的交往：农历二月二十九，张去法源寺看桃花，在寺内吃"僧饭"，康随之行坐。晚上，康与一行中的粤籍京官、户部主事凌闰台彻夜长谈；三月二十四，康与梁启超等人在张的寓所聊天，康"屡言谋国自强"，张认为他"中外形势惜未透辟"，但同时觉得"此才竟不易得，宜调护之"；四月十九日，"返寓后，长素来谈"；四月二十七日，又说康昨晚来"夜谈"。不难看出，此时，康与张之间的关系，担得起"亲密"二字。难怪学者黄彰健一见这日记稿本，便断定张属于"康党"无疑。

康在《我史》中对他与张的上述交往，一字不提，对后来的交往，也多有回避。多位学者认定，这是有意隐讳。隐讳原因，与本文无关，略去。

史料显示，那期间，康在京的寓所之一是金顶庙（《张荫桓日记》称为"金鼎庙"），与张宅仅仅一街之隔，往来便利。而当时，与张关系密切的粤籍人士，大多住在张宅附近。

光绪二十一年春，康再次进京会试，仍然住金顶庙。四月发榜，得中进士。戊戌政变后，张之洞的幕僚梁鼎芬在《康有为事实》一文中披露，康中了进士，还想当状元，求张荫桓到处疏通关节，碰壁之后，又想当翰林，再次委托张"送关节"给阅卷大臣礼部右侍郎李文田，李认为康品行不佳，坚决不点他做翰林。康恨之入骨，经常与众弟子一起诋毁李文田。

马忠文推断，光绪二十年发生《新学伪经考》毁版案时，"张荫桓应该参与过营救康的行动，甚至是得力人物"。

之后不久，张又把康引荐给翁同龢，于是才有闰五月初九翁见康一事。

光绪二十四年，也就是戊戌年，康闹出那么大的响动，跟张在幕后的运作有很大关系。甚至可以说，张在其中起到决定性作用。有学者指出，张荫桓才是戊戌变法的真正领袖。此说大有道理。

要把这件事情搞清楚，我们先要了解戊戌年张在清廷中的地位。苏继祖《清廷戊戌朝变记》称："南海张侍郎曾使外洋，晓然于欧美富强之机，每为皇上讲述，上喜闻之，不时召见"；"启诱圣聪，多赖其力"。王照《礼部代递奏稿·按语》称："张荫桓蒙眷最隆，虽不入枢府，而朝夕不时得参密沕，权在军机大臣以上"；"是时德宗（光绪庙号）亲信之臣，以张荫桓为第一"。梁启超《戊戌政变记》也说："（张）久游西国，皇上屡问以西法新政。"《翁同龢日记》记载，光绪在接待德国亲王访华的礼仪安排上，完全听从张的意见，导致慈禧和军机大臣都不满意。

查《张荫桓日记》,戊戌年正月至四月间,光绪单独召见张,总计十三次。三月份,竟被召见六次,而康的那些变法书籍,主要是在三月份进呈光绪的。大学士徐桐指责张"屡蒙召对,与敷陈时事必有耸动圣听之处",显然不是无的放矢之语。时人魏元旷在《坚冰志》中直言:"康有为居京,日夜于侍郎张荫桓宅图之,张荫桓私以康有为进。"一语道破玄机。

清史专家萧一山说:"所谓徐致靖、杨深秀、高燮曾、李端棻等推荐(康),皆系官样文章,其奏疏全出梁任公手,观《梁任公先生年谱稿》可以知之。惟诸当事人所亲记,如翁,如康,如梁,均只言其一面,实际暗中为之运用者,皆张荫桓,而荫桓之名竟不彰,殊可惜耳。"还是强调张是康的"谋主"。

这期间康的种种表演,下文再叙。

史料证实,翁对张、康之间的密谋,几乎了如指掌,适当时机,他也愿意送送顺水人情。但随着朝局变化,四月初,翁与张均受到多位官员的严厉弹劾,特别是光绪在张和康的影响下,表现出来的改革倾向引起慈禧不满的时候,翁开始退缩,主动疏远张、康,以求自保。

到戊戌年五月份,朝局更为动荡,因中德胶州湾事端、中俄旅大事端等诸多外交问题,张荫桓频频遭受朝野的猛烈攻击,同时康也遭受攻击。在自身难保的情况下,张开始有意跟康保持距离。到七月,伊藤博文访华,李端棻奏请康担任"迎送使",奏稿竟被"留中","由是康颇惊惶"。此外,光绪令张跟日本使馆交涉,打算派康到日本"坐探变法事宜",张竟抗旨不遵。

马忠文认为,以张、康在戊戌七月间的关系而言,康冒险一搏密谋兵围颐和园一事,跟张没有直接关系。这一推论,于情于理,都站得住。

戊戌政变发生后,八月初八,张受到监视,初九,与徐致靖、杨锐、谭嗣同等同时被革职、逮捕。十一日,清廷颁发上谕:"张荫桓虽屡经被人参奏,声名甚劣,惟尚非康有为之党,著刑部暂行看管,听候谕旨。"这是英国和日本公使干预以及李鸿章周旋的结果。国子监里有一愣头青官员于两天后上折抗辩:"张荫桓与康有为往来最密,通国皆知。康有为时宿其家,无异家人父子,数月以来种种悖迹,张荫桓实与康有为同恶相济。"这位官员不明白,清廷说张不是康党,是言不由衷,做做表面文章罢了。

八月十四日,清廷颁发谕旨将张发配新疆,罪名是:"居心巧诈,行踪诡秘,趋炎附势,反复无常。"这话说的,实在难为那个起草上谕的官员。

张在流放途中,曾作委屈状,感慨道:"既云我非康党,何以仍有此严遣,殊不可解。言罢长叹。"有学者说,这一"委屈",不过是一种姿态而已。呵呵。

康有为的"有为"

茅海建在《戊戌变法史事考二集》中提到:康有为在戊戌年只是工部的候补主事,从未到部任事,而梁启超只是举人身份,没有官职,按常理,在京城官满为患的情态下,他们不可能占据政治舞台的中心。于是要彻查"此中的真情"。

茅海建彻查的结果,证明康有为确实"有为",其表现在:一是利用保举制度,借他人之口,唱自家心曲,将自荐伪装成他人的推荐;二是不断上书,"假"变法之"公","济"个人政治前途之"私"。在茅老的考证之外,我还觉得,当朝局跌宕,慈禧与光绪之间意见发生分歧之时,康竟然暗动杀机,意欲以卵击石,也应该归于"有为"之列。

下面说说康有为的"有为",在什么背景下实施,以及如何实施。

先说晚清季的保举制。这一制度,在清代是常态。有上奏权的官员,平时都有为朝廷保举贤良之责。如果政局有变,皇帝往往还会临时下诏求贤,命各地大员鼎力保举。甲午战争后,光绪多次下诏,发出保荐人才的"最高指示"。

光绪二十一年(1895)四月初八,光绪批准《马关条约》后,于闰五月十三日,明发上谕,提出"当兹时事多艰,尤应遴拔真才",同时提出真才的标准是"究心时务,体用兼备"。此谕一出,保荐的折片,纷扬而起,延续时间长达两年多。至今仍可查阅的旧档,有五十多份,而每份折片不止保荐一人,如兵部侍郎徐树铭一次保荐十九人。在可查阅的档案里,茅海建发现,时任钦差大臣、两江总督刘坤一,六次上奏,共保荐二十四人;湖广总督张之洞,四次上奏,保荐三十三人。而在这次保荐潮中,张荫桓共保荐六人。

这次官员保荐的"人才",经考察后,少数得到起用。剩余的,要么"交军机处存记",要么"发回原省"。这也是惯用的处理手段。

光绪二十三年(1897)十月二十日,德国以教案为借口,发兵占领胶州湾(青岛),十一月二十二日,俄国军舰开进旅顺港。事态紧急,光绪于十一月二十五日颁发谕旨,"各省将官有老于兵事,缓急可济者",迅速保荐上来。这是"提高警惕,保卫祖国"的态势。一个月后,十二月二十五日(1898年1月17日),再次下旨要求荐才,这次的标准,一是"居心正大,才识宏通,足以力任艰巨者",二是"尽心民事,通达时务"。

光绪二十四年四月二十三日,光绪在下发《明定国是》诏的同时,还有一道明谕,称"当今各国交通,使才为当务之急"。

我们从中不难看出,胶州湾事件之后,光绪的三道谕旨,求的是军事、政治、外交三方面的人才。

有此前提,康有为以及康党,开始跳哒起来,而且频率越来越快。

光绪二十三年十一月十九日,胶州湾事件发生一个月后,高燮曾上书,保荐康有为加入"西洋弭兵会",中有"可否特予召对"字样。孔祥吉认为,这"很有可能是康有为买折"。茅海建同意孔祥吉的判断,并补充两点证据,结论是,这份奏折"是康本人或其党人自行起草的"。这跟萧一山的结论基本一致。上文提到,萧一山认为,所有保荐康的奏折,都由梁启超起草,这份当然也包含在内。

尽管"弭兵会"一事被总理衙门否定,但此次保荐,是康有为政治上不断进步的一个起点。光绪二十四年正月初三,总理衙门大臣翁同龢、荣禄、张荫桓、李鸿章等一起"查看"康氏,听其陈述政治改革方案。不久,将康的《上清帝第六书》呈送光绪。这"第六书"中,最重要的内容,是建议清廷设立"制度局"。二月十九日,光绪下诏让总理衙门针对第六书"妥议具奏"。听到这个消息,康立马活跃起来,频频联络宋伯鲁、杨深秀、徐致靖、陈其璋等人,上奏言事,提出一系列政治建策,促发《明定国是》诏的颁布。茅海建说,此时,"康已成为京城政坛的新星"。

《明定国是》诏下达两天后,徐致靖上奏《国是大定密保人才折》,保举康有为、黄遵宪、谭嗣同、张元济、梁启超五人,其中对康、梁二人,几乎捧到天上。说康:"忠肝热血,硕学通才,明历代因革之得失,知万国强弱之本原。当二十年前,即倡论变法……其才略足以肩艰巨,其忠诚可以托重任,并世人才,实罕其比。若皇上置诸左右,以备顾问,与之讨论新政……宏济时艰,易若反掌。"说梁:"英才亮拔,志虑精纯,学贯天人,识周中外……如蒙皇上召置左右,以备论思,与讲新政,或置诸大学,令之课士,或开译书局,令之译书,必能措施裕如,成效神速。"你瞅瞅这两段话,不是捧到天上是什么?多位历史学者都认定,此折是康或者康党自拟。

在这一折中,仍有请求光绪召见康氏字样,只是又加了两个人——张元济和梁启超。那时候,康及康党,特别想见上光绪一面。

徐致靖的奏折,得到光绪的积极回应,真就下旨召见康有为和张元济。

四月二十八日,光绪召见康,随后下旨,任康"在总理各国事务衙门章京上行走"。茅海建对此提出自己的看法:"总理衙门章京是当时京城各部院司官所心仪的差事,康有为作为候补主事,分部仅三年,又未当差,未经考试与候补,也未经历'额外章京'的阶段,由光绪帝特旨任命为总理衙门章京,应当说是特例,也是令京官们注目垂涎的优遇。"但康竟然不满意。在召见第二天,梁启超给某人写信,谈到光绪对康的任命,说什么"总署行走,可笑之至"。你说康、梁跳着脚倡导变法,到底是为公还是为私?这事不能不让人画个问号。

可笑的是,康后来在《我史》中,说光绪原本想给他一个"五品卿"干干,是刚毅那小人进了谗言,才改为"章京","盖欲以辱屈我也"。好一个大言不惭。

徐致靖对康的保荐,光绪对康的召见,导致京城政坛从此风生云起。很多高层官员,眼睛紧紧盯着《上清帝第六书》里提到的制度局。

这个制度局,是康发出的一枚杀伤力极强的暗器,一旦清廷中招,康将借机上位,进入权力中枢。很多官员都看出了其中的玄妙。康所说的这个政治咨询机构,实质上是一个决策机构,直接对光绪负责,对重大政治问题和改革方案进行决策,一旦成立,将取代军机处和各大部院的功能,而康铁了心要在制度局里谋一差事。高层大员很难接受这一局面,于是对制度局进行全力阻击。阻击的手段之一是,纷纷上书,向光绪保荐人才,以此对抗康党。更重要的阻击手段是,于五月初四,以总理衙门名义复奏"第六书",否定康的设计,不同意设立制度局。光绪心有不甘,要求总理衙门与军机处再议。六月十六日,再议的结果,还是否定康的设计。

在此期间,康党也不示弱,针锋相对进行反击,清廷内斗越发加剧。

六月六日,康党以李端棻的名义上书,"请皇上选择人才,在南书房、懋勤殿行走"。谁去"行走"呢?自然还是康和康党。对此奏折,孙家鼐"奉旨议复",提议让康出京督办《时务报》。康不死心,两次以别人的名义上书,请设"议院"、"议政官"等,名称有变,本质上还是制度局的老调。后来,康党又把主要精力放在懋勤殿上,反复上书鼓噪,希望自己能如愿以偿去"行走"一番。

七月二十六日,徐致靖上书保荐直隶按察使袁世凯,"特于召对,加以恩意"。在茅海建看来,保荐袁世凯,是康党最重要的政治行动。康党事先有调查有密谋,以图在危机时刻借助袁世凯的军力举事。而这一保荐,很快得到光绪的呼应,传出话来,"著荣禄传知袁世凯,即行来京陛见"。此一回合,康党得分。

七月二十八日,新任军机章京杨锐给弟弟杨悦写信,说:"现在新进喜事之徒,日言议政院,上意颇动,而康、梁二人,又未见安置,不久朝局恐有更动。"杨锐所说"新进喜事之徒",指康党无疑,而"议政院"跟制度局是一回事。

七月二十九日,慈禧与光绪在颐和园为重用康有为等事,发生正面冲突。光绪第二天召见杨锐,颁下朱谕,问杨锐有没有"良策",既能把"老谬昏庸之大臣"都罢免、把"通达英勇之人"都提拔到领导岗位,同时又不惹慈禧生气。这就是所谓"衣带诏"的主要内容。看官注意,这道诏书,是颁给杨锐的,跟康没关系。

八月初二,光绪颁发明谕,催促康有为"迅速前往上海"督办《时务报》,"勿得迁延观望"。此时,光绪对重用康和康党一事,已经不抱任何希望。

到这份上,康和康党还不死心。康与伊藤博文、李提摩太见面之后,以杨深秀名义上奏,保举这两位洋人;又以宋伯鲁名义,奏请李鸿章与李提摩太、伊藤博文"商酌办法",同时"以工部主事康有为为参赞,必能转祸为福"。最不可理喻的,这康卖瓜竟然委派谭嗣同游说袁世凯,打算演一场"枪杆子里边出政权"的大戏。你说康如此这般图谋不轨,是为了大清国,是为了光绪帝,还是为了他自己?事到如今,我眼中的康和康党,已经堕落成一小撮以一己之私为行事宗旨的跳梁小丑。

随便说一句,民国四年,康有为竟然起兵倒袁(世凯),命令弟子攻打广东,此一"革命"事迹,差点惊掉在下鼻梁上的老花镜。形势比人强啊,看把老康逼的,这是豁出去要"抛头颅洒热血"嘛。

主要参考书目

1. 史景迁著,《天安门:知识分子与中国革命》,中央编译出版社,1998年。
2. 茅海建著,《从甲午到戊戌:康有为〈我史〉鉴注》,生活·读书·新知三联书店,2009年。
3. 茅海建著,《戊戌变法史事考》,生活·读书·新知三联书店,2005年。
4. 茅海建著,《戊戌变法史事考二集》,生活·读书·新知三联书店,2011年。
5. 姜鸣著,《天公不语对枯棋:晚清的政局和人物》,生活·读书·新知三联书店,2015年。

6. 张建伟著,《温故戊戌年》,长江文艺出版社,2011年。
7. 张鸣著,《重说中国近代史》,中国致公出版社,2012年。
8. 张鸣著,《再说戊戌变法》,陕西人民出版社,2013年。
9. 马忠文撰稿,《张荫桓、翁同龢与戊戌康有为进用之关系》,中华文史网,2013年。

关于慈禧的五个话题

在晚清史叙事当中，慈禧是一个敏感词。我注意到一个诡异现象，在有些史家或作家笔下，凡好事，搞洋务运动、富国强兵等，都跟她无关；凡坏事，甲午战败、戊戌政变等，都跟她有关。这种一边倒的言说方式，从逻辑学角度是站不住脚的。本文的宗旨，是从小角度切入，透视洋务运动、甲午战争和戊戌变法这三个重大历史事件中，慈禧的所作所为，以此还原历史的真相。

在开始这个话题之前，我们先要厘清一件基本史实，慈禧的垂帘听政，不是一垂到底，其间也有"卷帘归政"的时候。整个过程，可分三个桥段：第一段，1861年农历十一月，咸丰死后，慈禧与慈安共同垂帘，至1873年农历三月，同治帝亲政为止；第二段，1875年农历一月同治病死后，慈禧再度垂帘，至1889年农历二月，光绪帝亲政为止；第三段，是1895年中日战争出现败象，慈禧过问政局，但并不专权；第四段，是1898年，光绪二十四年农历八月初六，戊戌政变后，慈禧三度垂帘，至1908年农历十月去世为止。也就是说，从1961至1908年间，有两年同治亲政，还有十年光绪亲政，这十二年间，慈禧处于离休或半离休状态。

同治亲政的两年，谈不上有什么政绩可言，大多数时间都在闹修园子风波。先是要重修圆明园，遭到大臣强烈反对，朝堂上鸡飞狗跳。同治这小屁孩，竟然跟叔叔恭亲王大吵，说什么，是不是要我把皇位让给你呀？话一出口，吓得军机大臣文祥伏地大哭。同治还不解气，当场手书朱谕，革去恭亲王"一切差使，降为庶人"，之后又写一道朱谕，革去醇亲王的官职。事态闹大，惊动后宫，慈禧流着眼泪劝解，同治才好歹收回成命。不过他坚持要重修西苑，也就是现今的北海、中海和南海。朝中大臣妥协，不再反对。后来西苑成为慈禧的主要居住地。

笔者提醒读者注意，大清奉行以孝治国，皇帝为万民典范，同治帝修园子，自然以"孝"做旗号，为两宫皇太后奉献一个颐养天年的所在。这是说得出口的理由。说不出口的是，小皇帝自己贪玩，特别讨厌紫禁城里的各种规矩，比如每天落日时，皇宫要关闭大门，谁都不能随意出门，还有天不亮就起床准备早朝等等，诸如此类。同治修园子，主要是为自己建造一个享乐之地。史书记载，西苑动工重修之后，"同治经常在这里流连忘返。盛夏去隆冬至，他来的次数有增无减，直到一天，在湖上他受凉生了病。"你瞅瞅孩子这劲头，若说完全是为了两宫皇太后，你信么？

光绪亲政的十年，大清国摊上两件大事。一件是甲午中日战争，另一件是戊戌变法。光绪帝的表现，我在《"小英雄"光绪帝》一文中，说得很详细，这里不再絮叨。

让我们把目光聚焦在慈禧身上，好好看她。

紫禁城里的漂亮女人

大清帝国从1861至1889年，近三十年间，只有短短两年是同治亲政。而这两年，同治毫无建树可言。因此我要说，大清帝国的19世纪60至80年代，是慈禧的时代。

这里必须挑明，所谓"两宫垂帘"，真正起主导作用的是慈禧。对朝政的处理，两人有分工：官员升迁等例行公事的折子，主要由慈安处理，圣旨上往往只盖她一个人的印章；事关朝廷大政方针的折子，都由慈禧处置。而且在朝堂之上，慈安"不甚发言"，"讷讷如无语者"。拿大主意的，都是慈禧。史料记载，恭亲王等官员，遇事都是向慈禧请示，可行与否，由慈禧定夺。当然，慈禧本人也并不武断，总是跟恭亲王等人商量，在一定范围内，实行民主集中制。最后，慈禧把自己的决定，口述给军机大臣，由他们或者他们的秘书，也就是"军机章京"，起草上谕，再经慈安认可后，与慈安一起钦章下发。大清国的规矩，任何军机大臣，都无权在已经定稿的圣谕上做任何改动。

随便说一句，慈禧与慈安两人合作默契，直到1881年慈安去世，从无勾心斗角的言行，朝野反响甚佳。

慈禧晚年时，曾跟身边人回忆往事，说："入宫后，宫人以我为美，咸妒我。"慈禧于咸丰二年入宫，初为"兰贵人"，咸丰四年晋级为"懿嫔"，两年后晋级为"懿妃"，咸丰七年为"懿贵妃"，地位仅次于皇后。"进步"速度这样快，不能说跟她的美貌没有一点关系。另有美国女画家卡尔的一番话，也可证明慈禧的确相貌出众。卡尔于1904年8月进宫为慈禧画像，她在《慈禧写照记》一书中说："眼前这位皇太后，乃是一位极美丽极和善的妇人，猜度其年龄，至多不过四十岁。"其实那时候，慈禧已年近七旬。

慈禧垂帘听政之初，年仅二十五岁。这样一个年轻漂亮的小媳妇，竟然领导大清国进行了一场让世界瞩目的"洋务运动"，不能不说是一个奇迹。在此后的三十年里，我把慈禧看作是全中国最漂亮的女人。当然，我所说的漂亮，不仅仅指她的容貌。

我很愿意以时间为序，说说慈禧到底漂亮在哪些地方。看官勿躁，且听我细细道来。

其一，垂帘伊始，改组军机处，外交局面由此改观。新组建的军机处，由恭亲王领班。英国首位驻京使者卜鲁斯对新任军机大臣印象颇佳，他说："这些人都是政治家，他们信任我们，因为他们了解我们的性格和动机，明白我们有力量也有节制。"他还说，军机处的改组，"是最有利于英中关系的事件"。大清帝国和大英王国之间的"甜蜜事业"由此发端。

两次鸦片战争，大清国的头号敌人都是英国，而两次战争，都是由于外交上的重大失误所导致。有人说，战争是另外一种形式的外交，很精辟很透彻。对当时的大清国来说，能彻底改变咸丰帝以愤怒和仇恨制定的政策，跟英国彻底改善关系，是外交上的最大成就之一。

慈禧当政，大清国在对外关系方面，走进一个长期和平的桥段。英国很快注意到："中国政府一改从前千方百计拒绝跟外国打交道的立场，准备与外国建立密切关系。"同时表明自己的态度："既然中国今天的政策是鼓励与世界各国通商贸易，我们应该协助开明的中国政府，不这样做等于自杀。"由英国牵头，西方各国都跟大清采取"合作政策"。时任英国首相巴麦尊说："如今我们的政策，是巩固中华帝国，帮助它增加收入，建立一支更好的海军和陆军。"我们当然已经看到，史实跟巴麦尊的说法，高度吻合。

补充一句，1862年清廷设立同文馆，培训外语人才，也是慈禧重视外交的一项重大举措。1865年，同文馆加入"天文算学"教学内容，成为文理兼备的综合性高等院校。我从《齐如山回忆录》中得知，同文馆算得上是全世界迄今为止待遇最高的学校。我指的是给予学生的待遇。齐如山说，在同文馆读书，除个人服装之外,吃住及其他所有生活用品开销,都由校方承担。以吃为例,不仅花样繁多,还可以随便点菜。有熟人朋友来访,也可以随便点菜待客,一概免费。初来乍到的新生,每月有"助学金"三两白银。一年或两年之后,增加至每月六两白银,之后再增至八两。那时候,三两银子等于满族八旗兵一个月的饷银。学校里三年一次大考,成绩优秀的,可直接录用为公务员。三年之后,倘若还是成绩优异,可以保举为中央各部的"主事",官衔为六品,如同中了进士。从这一角度不难看出,慈禧太后有求才若渴的拳拳之心。

其二,广开言路,鼓励中下层官员和知识分子议政。晚清"清流党"由此兴起,成为一股重要的政治力量。这些"清流"中,不乏信口雌黄的人,有时还将批评的矛头指向慈禧本人,但慈禧从不禁言。相反,她还能从"清流"中辨识出千里马加以重用,张之洞便是一个最好的例子。后来在戊戌变法期间,光绪帝说过这样的话:"当广开言路之时,不必有所谴责以塞之。"说起来,只是光绪帝继承和发扬了慈禧太后的优良传统和作风而已。

其三,借力打力,不到三年时间,迅速镇压太平天国运动。慈禧善于借用各种力量,来达到自己的终极目的。美国人华尔、英国人戈登、法国人日意格等,汉人曾国藩、左宗棠、李鸿章等,只要担得起历史重任,便一视同仁,委以大权。这里只说一件事,辛酉政变刚刚十八天,清廷颁布上谕,对曾国藩委以重任,以两江总督身份,统辖江苏、安徽、江西三省,此外还包括浙江省的军务,等于是节制四省。下放的权力之大,在大清国史无前例。事实证明,慈禧的敢想敢为,得到了丰厚的回报。

其四,慧眼识珠,重用英国人赫德,治理大清海关。慈禧竟然提拔年仅二十八岁的赫德,为"大清海关总税务司"。而赫德也不负慈禧厚望,在此岗位上为大清恪尽职守近半个世纪,为国库提供了不断增长的税源,成为洋务运动稳固的经济基础。赫德主持的大清海关,雇用一大批外国人,如此"肥缺",竟被洋人占据,很多人心生不满,甚至有不少朝中大员,直接对赫德表达愤慨。但慈禧用人不疑,显示出超人的判断力。到1888年,大清国的年财政收入,由慈禧执政之初的白银四千万两猛增到八千多万两,其中近三分之一是海关税收。

其五,大刀阔斧,建设现代军队和工业。慈禧执政之初,就聘请外籍教官训练军队,聘请外籍工程师指导武器的制造。1866年,中国第一个制造军舰的造船厂落成,1869年,第一艘轮船"万年清"号下水。尤为值得一提的是,到光绪帝亲政那年，慈禧打造的北洋舰队，是当之无愧的亚洲第一舰队。同时，中国的现代工业、制造业、采矿业等等，也都欣欣向荣。

其六，放眼向洋看世界，让中国了解世界，也向世界介绍中国。慈禧在执政之初短短几年时间里，就走了三步棋：先是启用《瀛寰志略》（介绍世界地理的书籍）的编著者、"老成望重"的徐继畲为"总管同文馆事务大臣"。此书在道光年间出版时，舆论大哗，纷纷指责作者夸大"外夷"，徐因此丢官。慈禧对徐的启用，绝非小事，朝野上下自然能体会到朝廷的用意之深。其次是派人出国"旅游"。1866年春，赫德回国休假，清廷从同文馆选拔几个学生，跟随赫德到欧洲游历。领队是满族人斌椿。斌椿是低级官员，毛遂自荐，"慨然愿往"。斌椿率领的小小旅游团，在欧洲旅行了十一个国家，足迹所到，都市、宫廷、博物馆、歌剧院、工厂、船坞、医院、动物园等等，所见所想，都写进日记。归国后斌椿把日记上呈总理衙门，后来经慈禧同意公开出版，斌椿也被提拔为同文馆的"西学总监"。翁同龢对斌椿极为不屑，骂他"甘为鬼奴"。第三是派遣正式外交代表团，出使西方各国。这想法早就有，只是苦于无人愿意担当此任。1867年，驻华六年的美国公使蒲安臣期满回国，恭亲王建议由蒲安臣领衔为中国特使，带队出访美欧。慈禧当即首肯，并派遣两位年轻的大清官员志刚和孙家谷，为二品"钦命之员"，随蒲出访，史称"蒲安臣使团"。这一使团，行期接近三年，访问了十一个国家。期间，蒲安臣于1870年初病逝于俄国圣彼得堡。志刚在日记中说："目击情形，深为悼惜。"慈禧降旨加恤，"以示优待"。

其七，力排众议，收复新疆。1875年，慈禧二度垂帘之始，决定派兵收复新疆。新疆的阿古柏叛乱，是借太平天国运动而起，到此时已割据十几年时间。此外，伊犁也被俄国所占。慈禧认为，新疆问题，到了非解决不可的程度了。她的意见，遭到朝中重臣的激烈反对，时任直隶总督李鸿章的看法，代表性最强。李氏认为，收复新疆，"兵力饷力，万不能逮"，况且那"数千里之旷地"，即便收回来，"将来断不能久守"，不如把它当作附属国看待。当时，连醇亲王也觉得"暂罢西征为最上之策"。但慈禧坚持己见，派左宗棠带兵前去收复。到1878年，左宗棠收复了绝大部分失地。慈禧采纳左的意见，将早先的这个自治区域改为行政省。随后，被俄国占领的伊犁，也通过谈判索回。而且那次谈判，被西方观察家称为中国的"外交大胜利"。处理新疆事务期间，慈禧因思虑过度而病倒。太医束手无策，只得颁发上谕，让各省推荐良医来京。等到伊犁问题完满解决之后,慈禧的病体才渐渐复原。

其八,"据理相持,刚柔互用",《中法合约》不伤国体。引号里的八个字,原本是中俄为伊犁谈判期间,慈禧发给曾纪泽的"最高指示"。我却发现,这八个字,正好可以用在中法战争期间的慈禧身上。1884年5月,李鸿章与法国军官福禄谈判,达成《李福协定》,清廷以放弃越南为代价,换取法国不侵犯大清的承诺。谁知此后不久,法国竟以双方军队发生的一场小规模冲突为借口,向大清勒索两亿五千万法郎(合白银三千八百万两)赔款。对此无理要求,慈禧的看法是:"法人有意废约,衅自彼开。"态度非常明朗,在朝堂之上,"字字严切"、"即减亦不可",之后一再重申"不允""亦不允",为此不惜跟法国重新开战,体现出"刚"的一面。法军进攻台湾,炸毁马尾造船厂,都不曾让慈禧萌生求和之意。到1885年3月下旬,清军在中越边境的镇南关打败法军、国内舆论振奋之时,慈禧抓住时机,见好就收,决定体面地结束战争。6月份签订的《中法和约》,基本上是以《李福协定》为底本,法国人一个法郎也没拿到。这场战争让大清国赢得普遍的国际尊重。赫德说:"一年多(指正式宣战)战争下来,没人能说中国干得不漂亮。"连对慈禧常有腹诽的翁帝师,也在日记中扬眉吐气:"朝廷一震之战,已足以化中原积弱之习。"诡异的是,国内的大中学历史教科书和当今的某些史家,众口一词说中法战争"中国不败而败,法国不胜而胜",签订了屈辱的不平等条约。笔者认为,这种罔顾事实的论述,完全是别有用心。

除此之外,还有一些史实,直接支撑了我对慈禧的看法:她是一个有胆魄、有威仪、有见识、有胸怀的女人。在反腐倡廉、整顿吏治方面,也多有可圈可点之处。这样的女人,自晚清以降,直到今天为止,说绝无仅有,可能稍有夸张,说是极为罕见,应该不会引起异议。

我决定引用美国驻华公使田贝对慈禧的评价,向这位紫禁城里的漂亮女人,表达我个人的敬意。田贝说:"皇太后在她的国人中,第一个领悟到中国与外部世界关系的重要,并且利用这个关系来造福她的王朝,促进物质发展……她被认为是历史上最伟大的人物之一……在她的统治下,中国在四分之一个世纪里,取得了巨大的进展。"田贝还注意到,慈禧"对她的人民……是仁慈的、悲悯的"。这段话背后的史实是,慈禧执政时期,中国政府大量进口粮食,每年少则花销几十万两银子,多则几百万、上千万两,即便是灾荒之年,也路无饿殍。我为当时的中国人,能拥有这样仁慈、悲悯的皇太后而高兴。看来,执政者身上的"妇人之仁",对百姓而言,是莫大的福祉。在我眼里,所谓"同光中兴",跟同治和光绪,实在没有多少关系,主要功绩,应该算在慈禧、恭亲王和李鸿章等人的头上。

光绪"亲政"风波

慈禧跟光绪之间,一直就说不上有多么亲密。比较而言,光绪更喜欢慈安太后。可惜,光绪九岁时,慈安去世,弄得"皇爸爸"慈禧跟光绪闹别扭的时候,连个调解的人也没有。透过史实,我们能清晰看到,慈禧与光绪的关系,随光绪年龄的增长而不断恶化。这种恶化,为大清的国运,带来了一场不可弥补的悲剧。

早年光绪在学习上很用功,弄得翁帝师大为振奋,日记里装满了对光绪的赞美,如"读甚佳""读大佳""读极佳",等等。在翁帝师眼里,不满九岁的光绪,毛笔字"颇有笔意";十岁时作诗"极敏捷","作史论,亦通畅,且极欢喜"。对此,慈禧也很满意。九岁以后,宫中复制了一些奏折,让光绪在上面用朱笔练习写批语,有时慈禧会对他加以指点。某年陕甘总督上奏,说甘肃陇西县雷祖庙里的雷神显灵云云,用俗话说,就是当地官员担心"天鼓"要响,预示天灾临近,于是请皇上写份匾额挂在庙上,哄哄雷神。光绪朱笔批示:"著照所请行。"慈禧教他,要说得详细一点,叮嘱地方大员,要"修身爱民,政无缺失",才能让神灵满意。这大概是慈禧与光绪之间最甜蜜的一段时光。

光绪"亲政"风波,从1886年开始。那年光绪十六岁,慈禧颁旨:"著钦天监选择吉期,于明年举行亲政典礼。"

此谕一出,朝中一片慌乱。史料记载,李鸿章担心已经稳健起步的洋务运动遭遇意外因素干扰,绞尽脑汁考虑对策,竟然达到"寝食俱废"的程度。终于想出对策,给醇亲王写信,说自己是"外吏",不能冒昧插嘴皇室事务,委托醇亲王设法挽留慈禧。醇亲王也清楚,处在自己的地位上,于礼于理,都应该有个态度。一番叽叽喳喳之后,在谕旨颁发的第三天,请求皇太后收回成命的奏折,纷纷而至,其中,以军机处领班大臣礼亲王和醇亲王的折子最为显眼。醇亲王同时还安排自己的亲儿子光绪"跪求"慈禧再"训政数年"。这一番运作之后,慈禧宣布,她"何敢固守一己守经之义,致违天下公论之公也。勉允所请,于皇帝亲政后再行训政数年"。

史学界有人指责慈禧"嗜权如命",说她碍于"祖制",摆出归政的姿态是假,骨子里恋栈不肯交权是真。尽管没有明确的史料为依据,还是有不少史家,坚持这一论断。我不了解其中的奥妙何在。在我看来,清廷的那个"祖制",本身就有问题,把一个泱泱大国,交给一个十几岁的小屁孩去掌舵,不怕触礁或者翻船么?我觉得李鸿章就有这方面的担心,所以才想方设法挽留慈禧。事成之后,老李赞扬醇亲王有"回天之力",还说"远近臣民额首交庆",大喜呀。光绪帝最亲爱的老师翁同龢,对此结果也不反对,他知道,毕竟"宗社事重"。

对慈禧"再行训政数年"意见最大的,是十六岁的小屁孩光绪本人。小东西很郁闷,"停食头疼",病倒很多天。翁帝师再三劝慰,"反复数百语,至于流涕"。光绪从此闹开了情绪,对学习也不再感兴趣,经常逃学,上课听讲也心不在焉。翁帝师这个时期的日记,随处都有一声叹息:"作论极不佳""作诗亦草草""功课如此,奈何!"

光绪的身体也从此坏掉了,"腿膝足踝永远发凉……夜间盖被须极严密……耳鸣脑响",说话声音像蚊子叫,连近在咫尺的翁帝师也听不清。可怜见的,就在这时,他还有了一个难言之隐,遗精,每月十几次之多,连听见锣鼓响,都会应声而泄。小体格越来越坏。

慈禧得知光绪情状和缘由所在,流着眼泪说:"诸臣以宗社为辞,余何敢不依,何忍不依乎?"坚持不把权力交给光绪。对此,我站在慈禧一边。说慈禧"嗜权如命",我看光绪是嗜权不要命,这时候把国家交给他,无疑等同儿戏。

到1888年,小皇帝实在忍不住,大发癔症。翁帝师在日记中说:"昨日上怒责茶房太监三人,内一人杖几死,因细事耳。"光绪的坏脾气,由此可见一斑。

很快,慈禧下旨:"明年正月举办大婚典礼。"不久又下旨:"明年大婚礼成,应即亲裁大政,著钦天监于二月内敬择归政吉期。"这回光绪迫不及待,也不给大臣做出反应的时间,立马颁布上谕,命令各衙门准备皇太后"归政届期一切典礼事宜"。

要说慈禧没跟光绪治气,肯定也不是事实。她亲儿子同治大婚,皇后可以自己选,临到养子光绪,不行了,得"皇爸爸"给选,管你喜欢不喜欢。这无形中,进一步加剧了她与光绪之间的裂痕。光绪就此事对慈禧的报复,说来是个笑谈。清廷的游戏规则,皇帝大婚第二天,应该在最庄严的太和殿,宴请皇后的父母和皇亲百官。可小屁孩任性,说自己身体不适,不能出席宴会,已经聚齐的客人,只得作鸟兽散。光绪用这种负气的方式对抗慈禧,同时也等于向全社会公开他跟慈禧之间的矛盾,当然也包括他对皇后父母一家的鄙视。

对慈禧归政后,她跟光绪之间,应该保持怎样的政治关系,醇亲王与一班军机大臣,拟定了详细方案。根据这个方案,光绪独立处理国家大事,不需要事先征求慈禧的意见,只是在"皇上披阅传旨后,发交臣等另缮清单恭呈皇太后慈览",而这个清单上面,只有标题,没有详细内容。不过,在任免朝廷一二品大员时,给了慈禧一点发表意见的机会:"皇上奏明皇太后次日再降谕旨。"难怪慈禧自己要说:"自归政后,时事不复与闻。"

事实证明,慈禧归政,对大清国的改革开放,是一重大损失。在慈禧即将归政之际,她跟光绪和翁帝师有过一次会谈,希望自己离休以后,大清国的现代化建设步伐,能够继续下去。其中包括发展海军的指导思想:"逐渐扩充,历久不懈"。光绪和翁帝师都点头,保证"亲政后第一不可改章程",而且是"断不可改"。事实却是,光绪亲政后,翁立马运用光绪的信任和手中的大权,把洋务运动代表人物李鸿章的手脚都给捆住,北洋舰队、京汉铁路、币制改革等随之终止。慈禧时代"奉命游历"的官员,回国后也得不到重用,他们递交的各种报告,也都尘封在书库之中。西方人士明显感觉到,中国进入"沉睡状态,只有外国人还在积极努力"。这些事件,无论怎么看,都会让人觉得光绪还是跟慈禧赌气,而且是用国运在赌。

慈禧归政之初,跟光绪的关系,依然紧张。原因是她对铁路和朝鲜问题,过于关心,发过懿旨,也跟李鸿章等有过面谈。光绪对此大发脾气,搞得慈禧很不愉快。在这一背景下,1891年6月4日,慈禧正式搬进颐和园,借用老太监信修明的说法:"整天与太监、妈妈女子等消遣岁月。"

慈禧一生中,被人诟病最多的一件事,是修建颐和园。修园子的主意,是慈禧自己拿的。但要说这园子到底该不该修,后人似乎没有什么发言权。史学界的争议,在该不该修的问题上,着墨并不太多,主要论调是说,慈禧糟蹋了海军的钱,对后来北洋舰队全军覆没负有重要责任。说到钱,我倒要再次替慈禧说两句公道话。修颐和园花了多少钱,以前有个说法是几千万两白银,那是扯淡,准确数字,是五百万到六百万两之间,其中最大一笔钱,三百万两,是慈禧从后宫的用度中,逐年节省出来的。其次是满朝官员的"报效",二百六十万两,以北洋名义存入天津的外资银行生息,取名"海军军费"。"非职业历史拾荒者"雪珥先生说,此举"为的是减少舆论对中央的压力,却没想到效果适得其反"。最后才是从海军衙门每年"腾挪"三十万两,等于海军军费的零头。问题是,海军后来停止购舰购炮等事端,跟颐和园一点关系也没有。此事我在《北洋舰队之殇》一文中有详细说明,这里略过不提。

最后我要强调,修颐和园的花销,跟光绪大婚的花销五百五十万两,基本相当,前者没动国库一分钱,后者所有费用都由国库承担,但为什么没人为此指责光绪帝或者清政府?

甲午年的焦虑和气闷

1894那个甲午年,也包括1895年在内,慈禧生活中的关键词,主要有两个,一是焦虑,二是气闷。这两个关键词,交替出现,对慈禧反复进行精神打击,让她不堪其扰。

下面以时间为序,简要说说慈禧在甲午战争期间的"参政议政"表现。

上文说过,慈禧归政,国家大事由光绪掌控,慈禧只能看到奏折的标题,而无法了解实情。但甲午中日开战之前,光绪破例向慈禧请示过一次工作。7月15日,光绪去了颐和园,第二天他向军机处"传懿旨",说太后"主战",并叮嘱"诸臣所行照会不准有示弱之语"。我在《"小英雄"光绪帝》一文中说过,那时候,光绪和翁帝师以及围绕在他们身边的"小孩班",已经下定开战的决心。而社会舆论,借赫德的话说,千分之九百九十九的中国人,都毫不怀疑中国能把日本打得落花流水。显然,慈禧接受了光绪的意见。

此外,慈禧参与了一件大事的决策,是关于北洋舰队统帅丁汝昌的罢免事件。光绪听信大舅哥志锐的说辞,要派海军去外洋"截日人归路,遇军火船则轰击之,遇载兵船则杀之"云云,谁知丁汝昌一盆冷水,把光绪浇得透心凉。丁的意见是"今日海军力量,以之攻人则不足,以之自守则有余",总之是不去外洋为好。正要大展宏图的光绪哪能咽得下这口气,请示慈禧打算把丁免职。慈禧不同意,说"现在此人无罪可料"。光绪坚持己见,下旨让李鸿章找人替代丁,结果李也为丁辩护。光绪只好收回成命,但下旨警告丁:"倘遇敌船猝至,有畏缩退避情事,定按军法从事,决不姑宽。"丁就是背着这样的思想压力,打了一场悲壮的黄海海战。大战刚刚拉开序幕,光绪就孟浪如此,慈禧能不焦虑?

慈禧很长时间都不了解军情如何,直到李鸿章把宣战后的往来电报,汇集成册呈送给她,她才知道军情糟糕到什么程度。她立刻下旨,从后宫拿出三百万两银子"交李鸿章","以济饷需"。之后不久,又拿出二百万两,而且下旨停办六十大寿庆典中的诸多项目。在这一过程中,你说她能不焦虑?

到9月底,清军被全部赶出朝鲜。用赫德的话说:"再打也无益,最好的结果是尽快停战。"军机处与赫德商议,请英国驻华公使调解此事。对此,慈禧表示同意。没想到翁帝师大发雷霆,大骂英使"可恶"。无奈,慈禧只好耗费"极长"时间,去说服伟大的爱国主义者翁帝师,让他接受英使在中日间斡旋。谁知,此番努力竟付诸东流,日本对英国的态度置若罔闻,一门心思攻打大清的边防要地,并很快进入大清本土。慈禧那个低调的六十大寿庆典,在日军的枪炮声中草草举行。这期间,慈禧大概是焦虑和气闷兼而有之吧?

到11月下旬,日军占领旅顺军港之后,慈禧对无法了解战局的情状,再也无法忍受,她以惩治珍妃卖官鬻爵之案例,作为压制光绪的手段,换取光绪对她的政治让步。在懿旨把珍妃和瑾妃都"降为贵人,以示薄惩"的同一天,光绪下旨:"所有逐日对奏均递皇太后慈览。"这个看起来有点发狠的法子,大概是慈禧在万般焦虑之后,才走出的一步棋。以笔者愚见,像光绪那样嗜权不要命的主儿,让他交出一点权力,并不是件很容易的事。光绪的悖言悖行,我在《"小英雄"光绪帝》中耗费过不少笔墨,读者不妨参看。

慈禧的第二步棋,是驱赶光绪身边那几个大言炎炎的清流党。第一个便是珍妃的堂兄志锐。这哥们曾经建议光绪招丁汝昌"来京预备召见,到京后即交刑部"处死,心地够狠。慈禧把他打发到祖国的边疆,让他在那里继续发狠。其次是文廷式。这人的著名论调是:"皇太后干预国政是牝鸡司晨,非国家美事。"通俗点讲,是指责慈禧母鸡打鸣。有甚者,他还指使御史安维峻上奏,说是由于太后"遇事牵制"才打了败仗,还造谣说"议和乃太后旨意,李莲英左右之"。慈禧对此言甚感愤怒。光绪看到风向不对,主动把安维峻给办了,"革职发军台效力"。文廷式"敛银万余",为安壮行,等于暗中跟慈禧叫板。甲午战后,慈禧逼迫光绪把文廷式赶回老家去了。此外还有两位"小孩班"成员,也都受到革职处分。

1895年1月,清廷派张荫桓和邵友濂动身去日本议和之前,慈禧专门给他们颁发一道懿旨:"如日本所请于国体有碍,及中国力所不逮者,皆不许擅许。凛之,慎之。"话说得很明白,既不能伤咱大清国的面子,也不能伤咱的里子。等战事延续到1895年2月,北洋舰队全军覆没,慈禧的态度,却有了明显转变,再也不谈议和的话题。她"辞色俱厉",对军机大臣宣告,中日形势"势难迁就",应"撤使归国",跟日本打下去。这时的慈禧,又回到中法战争期间的某个节点。但她的主战论,在军机大臣那里碰了软钉子。被重新启用领班军机处的恭亲王,"嗫嚅委婉"劝慰慈禧"不可决绝"。她不听。第二天,她召见即将代替李鸿章担任直隶和北洋职务的王文韶,"不惮烦言,历三刻许",说告诉前线官兵,皇太后决心打下去,要求众将士"各矢天良,力图振作。果能奋勇争先,杀贼立功,必有不次之赏"。王文韶在日记中记载,慈禧说这些话的时候,"忧愤形于辞色"。

问题是,慈禧说了不算。当时光绪、恭亲王及其他军机大臣,都不想再打,准备派李鸿章去日本谈判。慈禧让军机处通知李鸿章来京"请训",恭亲王阻挠:"不令来京,如此恐与早间所奉谕旨不符。"慈禧生气,明明是你们来征求我的意见嘛,"我可作一半主张"呀。

其实,在整个甲午战争期间,慈禧根本不可能作成"一半主张"。

翁帝师在日记里说,慈禧坚决反对在割地的前提条件下进行谈判,恭亲王反复解释,老太太最后负气不管了,你们爱咋地咋地,别来问我!当光绪还想问问割哪块地给日本比较合适的时候,老太太让太监传话,俺病了,不能见人,皇上你自己决定吧。言外之意是,割哪块都不合适。见慈禧的情绪不对,李鸿章随之表态:"割地之说不敢担承","让地不敢允"。在这一前提下,大清国所有军机大臣紧急行动起来,集体充当"卖国贼",给慈禧上书,恳求太后理解皇上苦衷:"现在勉就和局,所注意者,惟在让地一节,若驳斥不允,则都城之危即在指顾……"慈禧对此一声不吭。光绪想当面恳谈,慈禧不见,只好"逡巡而退"。

史学界很多人,多年来一直把甲午战败的责任强加在慈禧头上,什么挪用海军经费,什么一意主和,等等,这些说法有的并不符合史实。实际上,当日本要求割让台湾和辽东半岛的消息传来,慈禧的态度更加坚决,她对光绪直言:"两地皆不可弃,即撤使再战亦不恤也。"说这话的时候,她心里想的,无疑是要跟日本打一场持久战,就像四十多年后爆发的抗日战争一样。

到三国干涉还辽的时候,慈禧还审时度势,认为列强绝对不会眼睁睁看着日本推翻满清而无动于衷,于是又生出废掉《马关条约》与日再战之心。她让军机处讨论这一建议,讨论的结果,让她大失所望。

慈禧后来跟她的老爱卿张之洞掏心窝子说,战争和谈判期间,"我焦急太过,日晚则神识昏迷"。史料记载,某太监经常看见老太太独自哭泣,感觉到太后"心中无限之痛苦,咸流露于暗泣之中"。该太监认为,那时候慈禧是"天地间最痛苦的女人"。

美国公使田贝目睹过甲午战前大清"阳光灿烂的日子",也见证过战后的"乌云密布",他对此有一句极为中肯的评价:"中日战争是中国末日的开端。"

关于甲午战败的原因,赫德感慨,是由于中国"没有首脑,没有强人"。但有一位法国人,敏锐地看到,在"末日的开端"里,慈禧是"中国唯一的男子汉"。

对慈禧的妖魔化

对慈禧的妖魔化,很早就开始了。早在戊戌政变发生不久。第一个站出来向慈禧头上泼污的,是擅长卖瓜的康有为,第二个是他的弟子梁启超。

光绪二十四年八月二十一日(1898年10月6日),政变仅仅半个月,康有为在逃亡途中,接受香港的英文报纸《德臣报》采访。谈话中,康对慈禧大肆攻击,还妄称光绪对他如何信任,给他"衣带诏",让他去英国求救云云。康知道报纸会发表这次谈话内容,但并不妨碍他率性地扭曲事实。这次谈话内容在《德臣报》发表后,很快传到国内,上海《字林西报周刊》《申报》《新闻报》,天津《国闻报》,等等,或全文或摘要转载了这一长篇报道。报道的破坏性显而易见,一则加剧了慈禧与光绪之间的离心离德,二则导致中方要求日本驱逐康有为。

茅海建说,这次谈话,"康有为犯下了他一生中的一大失误"。笔者倒觉得,对"万事纯任主观"而且认为自己永远"伟光正"的康卖瓜来说,这"失误"早晚得犯,而且会一犯再犯。

果然,康逃亡到日本,于1899年初,写下了一部被茅海建称为只"可以小心利用的史料",也就是《我史》(即《康南海自编年谱》)。茅海建在《从甲午到戊戌:康有为〈我史〉鉴注》一书中说,《我史》中有两个"定理":之一,康没有任何错误,错的都是别人;之二,变法失败,是守旧派阻挠导致的。在这两个"定理"之下,写到慈禧,会说怎样的话,也就可想而知。何况,康把慈禧看作是头号对手,是动他奶酪的人。康连杀她的心都有,还会在乎说她几十句几百句坏话?

紧随康有为向慈禧大泼污水的梁启超，在政变三个之后，写出《戊戌政变记》，在《清议报》上连载。在这部真话与谎言参半的著作中，梁假借已被处斩的太监寇连材的"笔记"，攻击慈禧对光绪多年如一日的"虐待"：

……名分可以亲爱皇上者，惟西后一人。然西后骄侈淫泆，决不以为念。故皇上伶仃异常，醇邸福晋每言及则涕泣云。

……

西后待皇上无不疾声厉色，少年时每日呵斥之声不绝，稍不如意，常加鞭挞，或罚令长跪。故积威既久，皇上见西后如见狮虎，战战兢兢，因此胆为之破，至今每闻锣鼓之声，或闻吆喝之声，或闻雷则变色云。

皇上每日必至西后前跪而请安，惟西后与皇上接谈甚鲜，不命之起，则不敢起。甲午五六月高丽军事既起，皇上请停颐和园工程以充军费，西后大怒，自此至乙未年九月间凡二十阅月，几乎不交一言，每日必跪至两点钟之久，始命之起云。

你个梁启超，你让我说什么好。茅海建说他初读《我史》时，"心情十分混乱"。我读《戊戌政变记》，跟茅海建读《我史》的感受完全相同：心情十分混乱。

这里不想对梁的虚构逐条加以反驳，我只想说一个事实，《戊戌政变记》一书，附有《烈宦寇连材传》一文，把这个愤青太监好一通拔高。实际上，这太监是清宫里的一个笑柄。甲午战后，此宦心血来潮，给慈禧上过一个折子。晚清史学家戚其章，曾在清宫档案里见过这个折子的复件，发现文法不通，错别字连篇，观点也迂腐可笑，如反对修铁路用轮船吃洋药等。再看梁启超"引用"的寇连材"笔记"，根本不存在"文法不通，错别字连篇"的问题。略加考究，还不难看出是"启超笔法"。此外，语气也不对，完全采用"审视"视角。

史学界很多人都知道，戊戌政变之后，康、梁师徒刻意伪饰他们在变法期间的所言所行，以混淆视听。他们的作伪行径，给史学界造成很大的混乱。国际知名的"中国近代史专家"史景迁，竟也采信康、梁师徒的说辞，在《天安门：知识分子与中国革命》里，继续为他们鼓吹造势，读来还是让人"心情十分混乱"。

不客气地说，很多史籍，尤其是通俗历史读物，对慈禧的随意涂鸦，都跟康、梁有关。可恼的是，如今网上的"百度百科""互动百科"等，关于晚清的某些条目，仍然采信康、梁的说辞。可笑的是，关于"寇连材"，这两个"百科"的内容，都是梁文《烈宦寇连材传》的今译和重组。

想不到的是，外国人也来凑热闹，加入向慈禧泼污的舆论队伍。1910年，在英国和美国同时出版了一部《慈禧传》，作者是两位在中国生活多年的英国作家和"汉学家"，一位叫奥特维·布兰德，另一位叫埃特蒙德·白克豪斯。我读到的是2014年出版的中译本。这书在我眼里，是一本还算好看的"历史小说"。史学界已有公论，说它是一部"伪书"。其第三章第四节《谁谋杀了慈安太后》，里边有这样的文字：

> 到了1881年3月，由于总管太监李莲英骄横，两位太后又起了争执。慈安认为李莲英是慈禧宠信的人，眼中只有慈禧，没有自己，太看不起自己，致使其他太监都仿效李莲英。又说李莲英权力太大，别人都称呼他为"九千岁"。她们的争论很激烈，没办法调停。有人就说慈禧这次的愤怒没法忍受，慈安就死在这一点上。有不少谣传说慈安是中毒死的。中国的内宫，容易发生这种可怕的说法，虽然不可信服，但也不能说是空穴来风。但不幸的是，凡是慈禧猜忌的，或者对她的权力有威胁的人，都不能长寿。这就不能不让人怀疑，不可能都说是凑巧的事情。否则的话我们也绝不会相信这些传言。开始没听说慈安生病，突然去世，这的确很令人奇怪。

作者绕来绕去，尽管没使用肯定的语气说慈安是慈禧毒死的，但倾向性很明显。这种写作方式，我给它起了一个名字，叫"貌似公允法"。

慈安是病死的，史料确凿，这一点毋需置疑。而李莲英，从来一言一行都非常谨慎，岂敢"骄横"，更岂敢"九千岁"。

从"政治"角度，疯狂向慈禧泼污的，当以那本奇怪的《光绪传》（孙孝恩、丁琪著）为代表作。此书对慈禧贬斥的词句，融化在所有涉及慈禧的叙事当中，很难剥离。这里只摘取两段在戊戌政变后的议论：

> 自从政变后，西太后的暴虐行径，已在广大官民中"议论纷腾"，使"民情，颇觉惶惑"。因此，西太后在大肆搜捕维新人士和爱国官员的过程中，

又以光绪帝扮谕自省的方式，企图一为缓解日益浮动的"民气"以求稳住政变后的局面；二又以光绪帝的名义废除新政的一些主要改革措施……
……

在这毛骨悚然、是非颠倒的时日里，西太后已把康有为、梁启超等维新人士视为与其不同戴天的死敌，大兴冤狱。与此同时，光绪帝也成了弥天的"罪人"，西太后必欲将其置于"死地"方可罢休。

说实话，这两段剑拔弩张的以阶级斗争为基调的议论，也把我的阅读感受弄得"毛骨悚然"。

更有甚者，2014年1月出版的《大清后宫秘史》（陈靖宇编著，中国华侨出版社），对慈禧的态度最为邪乎：

慈禧在咸丰死后，利用皇帝年幼的有利时机，诱胁慈安太后，勾结恭亲王奕䜣等人，发动祺祥政变，从王公大臣手中夺取朝政大权，垂帘听政，一跃成为清王朝的最高统治者。她曾总揽同治、光绪两朝的军国政要，主宰大清国的一切，其统治时间长达半个世纪之久，仅次于康熙、乾隆而位居第三。

慈禧在她统治的半个世纪期间，干了大量祸国殃民的坏事，罪行累累，真可谓罄竹难书。

在针砭慈禧的大合唱声中，也有少数比较公允的旁白，如《戊戌风云录》（李济琛主编）中的某些陈述，读来稍稍让人心安。在这本就稀少的旁白中，我对张鸣《再说戊戌变法》一书对慈禧的历史定位，比较赞同。张鸣的看法，慈禧"是一个高明的权术大师"，同时也是"一个很明智又很功利的政治家"，很多时候，"她都很清楚政局的利害所在，总能把握住全局的要害，顺利地把握各种势力间的平衡，无师自通很纯熟地玩弄一打一拉，联甲制乙、联乙制甲的手段"。当然，这一评价，说的是义和团运动之前的慈禧。我至今对慈禧在义和团运动中的歇斯底里，感到不可理喻。

好了，既然承认慈禧是"政治家"，我们就不必从道德角度对她加以苛责。在专制社会里，没有一个政治家的个人道德，经得起显微镜的审视。比较而言，慈禧可能是那群非道德的人群中，比较内敛的一个。

主要参考书目

1. 隋丽娟著，《说慈禧》，中华书局，2013年。
2. 张戎著，《慈禧：开启现代中国的皇太后》，麦田出版社，2014年。
3. 张建伟著，《温故戊戌年》，长江文艺出版社，2011年。
4. 刘耿生编著，《光绪事典》，紫禁城出版社，2011年。
5. 茅海建著，《从甲午到戊戌：康有为〈我史〉鉴注》，生活·读书·新知三联书店，2009年。
6. 〔澳大利亚〕雪珥著，《帝国政改：改革需要顶层设计》，线装书局，2012年。
7. 〔英〕奥维特·布兰德、埃特蒙德·白克豪斯著，《慈禧传》，时代出版传媒股份有限公司、安徽人民出版社，2014年。
8. 孙孝恩、丁琪著，《光绪传》，人民出版社，1997年。
9. 陈靖宇编著，《大清后宫秘史》，中国华侨出版社，2014年。
10. 李济琛主编，《戊戌风云录》，金城出版社，2014年。
11. 张鸣著，《再说戊戌变法》，陕西人民出版社，2013年。
12. 吉辰著，《昂贵的和平：中日马关议和研究》，生活·读书·新知三联书店，2014年。
13. 〔澳大利亚〕雪珥著，《危险关系：晚清转型期的政商赌局》，山西人民出版社，2015年。

卷三 思絮

从此不再受骗了

羽戈随笔集《岂有文章觉天下·后记》,是写给朋友"C君"的一封信。羽戈说自己的写作已转向近代史,但还是摆脱不了现实的刺激,"只能试图在现实与历史之间寻找平衡点"。这其实是大多数历史写作者的共同体验。我看重羽戈的文章,比如这本书里收录的《从戊戌到辛亥:改革与革命的双重变奏》和《为什么是黎元洪?》等等,原因在于,里边既有历史感,也有现实感。

羽戈说完这些,又跟"C君"提到几本近代史著作,包括徐中约《中国近代史》、蒋廷黻《中国近代史》、郭廷以《近代中国史纲》、唐德刚《晚清七十年》。这几本书,笔者也都读过,称得上是近代史的入门书。我不厌其烦地把作者和书名都抄录在这里,等于是给这几本书做个广告,期待更多对近代史感兴趣的读者,都去读读它们。

在这些话题之外,羽戈还说:"切记,近代史花果飘零,满目疮痍,读来易动肝火、伤心肠……"

这话让我感同身受。我这几年有点"肝火旺",除现实原因以外,也不排除近代史著作带给我的负面影响。我理解羽戈为什么要劝告他的朋友:"读史当如治史,平常心至关重要,不要有过高的奢盼,否则将得不偿失。"看得出来,这话是羽戈掏心窝子说的。

我跟羽戈最大的共鸣,是他写在《后记》里的最后一句话:"我相信,等你读通了近代史,最大的收益未必是找到了什么真理,而是从此不再受骗了。"

我不敢说自己已经"读通了近代史",不过几年来在史书中的阅历,让我可以坦然地说,真的"从此不再受骗了"。

我的近代史阅读,起点不是严肃的学术专著,而是比较轻松的通俗读物,比如端木赐香《那一次,我们挨打了:中英第一次鸦片战争全景解读》《这一次,我们又挨打了：中英第二次鸦片战争始末》等，比如雪珥《绝版甲午：从海外史料揭秘中日战争》《绝版恭亲王》《天子脚下：1860—1890晚清经改始末》等，之后才渐渐攀爬到学术专著的峰巅上面，比如茅海建《近代的尺度：两次鸦片战争军事与外交》《天朝的崩溃：鸦片战争再研究》《戊戌变法史事考》《戊戌变法史事考二集》等，当然也包括上文提到的五部史学著作，等等，如此这般，历经七八年的思风绪雨之后，我说从此不再受骗了，不算故作玄虚吧？

今天我要说的，仍然是一个不再受骗的话题。话题里有一本书，《李鸿章政改笔记》，作者雪珥。此君对晚清历史人物的认知，时有超凡之处。我想跟读者一起分享他的所见所思。

老李是个啥样的人？

李鸿章这人，少有大志，二十郎当岁，曾写诗道情："一万年来谁著史，三千里外欲封侯。"那时候的小李，很瞧不起玩弄闲情逸致的人，人家说了，"哪有闲情逐水鸥"啊。

雪珥给李鸿章做过一个小结，精练，也准确："鸿章少年科第，壮年戎马，中年封疆，晚年洋务，风云际会间，扶摇而上，诸事顺利。"这是指甲午战争之前。梁启超写《李鸿章传》，说老李不是大清国的权臣，雪珥大大不屑。雪珥的理由是："何为权臣？手握重权之臣也。鸿章位极人臣，手握雄兵，统率海陆，先后巡抚江苏，总督湖广、两江、直隶、两广，内则开府建衙、起居八座，外则周旋列强、合纵连横，参赞机枢，决策庙堂……遍观大清朝野，与鸿章同期之人，似都不能如鸿章般历久弥坚。"言外之意，老李如果不是权臣，谁是？

还是曾国藩看得明白，说："俞樾拼命做学问，李鸿章拼命做官。"恩师此番评价，谅他老李不敢否认。

老李是权臣，但不是奸臣。他不小心成为中华民族第一个也是最大的一个"汉奸"，是甲午战争惹的祸。一纸《马关条约》，似乎夯定了李二先生的"汉奸"恶名，而战争期间"鸿章身当前敌，军事、外交、财政，日理万机"的辛苦，都被罡风吹去，了无痕迹。不幸中的万幸，大清国军机处对老李所作的组织结论是："汉奸"云云，"皆系影响之词，暧昧之事，碍难查办"。

雪珥为老李愤愤不平："自鸿章于同治十年（1871）首订《中日修好条规》，

三十余载,无时无刻不告诫朝野上下应警惕日本,未雨绸缪,却都如对牛弹琴。功计于预定而上不行,过出于难言而人不谅,此中苦况,却向何处叙说?"

说来让人气短。无论在战前还是战争期间,能体谅老李之"苦况"的,竟然是几个日本人。

日本间谍宗方小太郎,在呈交天皇的《对华迩言》中说:"中国实属不明日本之真相,虽识者亦甘于表面之观察,轻侮指笑,自以为得者滔滔皆是也。独李鸿章一人能知日本之大体,又有对付日本之策。彼往年上书清廷,请整顿海防,文中曰'日本阴柔有大志,宜阳与之结好,阴为只备'云云。彼确实期望兵备完成之时,再对日本有所行动。故彼至今为止,以所谓阳交阴备对待我国。"这话要是让老李知道,大概会含泪一笑,当然笑中必有苦涩。

日本外相陆奥宗光说:"北京政府徒呈党争,对李竟加以如此儿戏般的谴责。清政府也可说是(推行)自杀的政策……李鸿章在这样的艰苦环境之下,终能支撑中日交战的局面,日夜孜孜从事于外交和军事上的活动,其处心亦甚可悯。"

除了拼命做官拼命做事拼命"卖国"当"汉奸"以外,老李还是晚清改革开放的吹鼓手和实干家。他的改革关键词,两个字,"裱糊"。

庚子年义和团起事以后,老李曾对身边的晚辈说:"我办了一辈子的事,练兵也,海军也,都是纸糊的老虎。何尝能实在放手办理?不过勉强涂饰,虚有其表,不揭破犹可敷衍一时。如一间破屋,由裱糊匠东补西贴,居然成一净室,虽明知为纸片糊裱,然究竟决不定里面是何等材料,即有小小风雨,打成几个窟窿,随时补葺,亦可支吾对付。"

老李随后又说:"乃必欲爽手扯破,又未预备何种修葺材料,何种改造方式,自然真相破露,不可收拾,但裱糊匠又何术能负其责?"

雪珥感叹:老李宦海浮沉一生,晚年终于明白,避风避雨之正道,在人而不在屋。无国民之改造在先,什么主义、什么思潮,都扯淡,都会走样变形……倒不如踏踏实实把现居之屋裱糊起来。

老李做裱糊匠的苦心、艰难和坚毅,在国内难觅知音。反之,很多很多人不仅不理解不谅解,还对他多有嘲讽之语。此一情状,直到目下也并无多少改变。

我以为,老李是晚清社会极少数几个头脑清醒者之一。

有一个广为人知的典故,老李初任直隶总督,前总督曾国藩问他,与洋人交涉,打算作何主意?"老李答:"门生也没有什么主意。我想,与洋人交涉,不管什么,我只同他打痞子腔。"曾老师不悦:"嗬,痞子腔,痞子腔,我不懂得如何打法,你试打与我听听?"老李虽然跟曾老师认错,接过一个"诚"字,但在日后的外交中,仍时有"痞子腔"出口。雪珥认为,在外交上,"痞子腔"与"诚",并不矛盾。前者是"术",后者是"道"。

雪珥担心中国会出现在内政上大打"痞子腔"的人。我觉得雪珥的担心,不是杞人忧天。

不管公鸡母鸡,能打鸣就是好鸡

李鸿章大有作为的时代,也可以叫作慈禧时代。按雪珥的说法,同治、光绪年间,大清国类似西人所谓的"公司"。辅政的王爷为"公司"总经理,恭亲王,醇亲王,庆亲王,都是;东家是皇上,因皇上年幼,由太后"行监督之职",拥有最后的否决权。看官弄清楚没有?所谓"同光中兴",大多数时间,是慈禧当家。换句话说,那些年,大清帝国,一直都是母鸡打鸣。

从实用主义角度来说,不管公鸡母鸡,能打鸣就是好鸡。

李鸿章一生的事业,先得益于恩师曾国藩的提携,后得益于慈禧的信赖倚重。调侃一点说,没有慈禧的倚重,他老李想当"汉奸"还当不成哩。

慈禧第一次召见李鸿章,在同治七年(1868)八月。那时,不光太平天国被剿灭,捻军也已荡平。老李心中忐忑,知道自己拥兵过重,已招嫌疑,所以在觐见时自陈,请速裁撤淮军,以减轻朝廷负担。慈禧却认为此君忠勇可嘉,不仅不裁撤淮军,反而大举北调,环卫京城。不久,又让老李接替曾国藩,出任直隶总督兼北洋大臣,位列疆臣之首,集军权、政权、财权和外交权于一身,延续二十五年之久。倘若没有慈禧的一双慧眼,他老李这坨金子,能这般闪光乎?

甲午战败,国人皆曰老李可杀。慈禧却曲为保全,令老李出访欧美诸国。戊戌政变后,拳民蜂起,与洋人互相摩擦激荡,势成水火。正当黑云压城之际,太后一声号令,老李出任两广总督,远离京师是非之地。此一任命,后世史家中有人认为是"顽固派"调虎离山,将老李驱逐,以便放手收拾京中的洋务派。此言大谬。彼时的京中大佬荣禄,一眼看破慈禧的囊中妙计,于老李辞别京城之日,对他揭开谜底:"南海虽边远,实一大都会,得君往,朝廷无南顾之忧。君行将高举远引,跳出是非圈外,福诚无量。"日后京师祸水鼎沸之日,老李联合刘坤一、张之洞等,貌似抗命,实质上护佑了半壁江山的安宁,功在朝廷,更在百姓。

有意思的是,慈禧和老李之间,还有过一场"绯闻"。戊戌政变后,《纽约时报》登出八卦新闻,说大清帝国皇太后下嫁老臣李鸿章,此时俩人在旅顺口欢度蜜月哩。这消息由康有为和梁启超师徒捏造,是康、梁抹黑慈禧和李鸿章的开端。日后越抹越黑。梁启超晚年承认,当年那些抹黑文字,多为政治鼓动,万不可作为信史。可有人偏偏把伪史当宝藏,挖掘不已,以至于真相蒙尘,难见天日。

雪珥在书中这般评价慈禧:

> 在"垂帘听政"和"亲王辅政"的"一国两制"框架下,慈禧太后从来就不是一个独裁者,即便她或许经常能主导政局的走向。但无论框架如何,在晚清五十年的风云变幻中,慈禧太后驾驭复杂局面的能力之强,超出当时的任何一个政治家。如果考虑到她的性别,尤其是考虑到这种性别令她在二十六岁之前基本无缘于政治,她的进步是神速的,甚至可以说她的确有政治的天赋。
>
> 从1861年慈禧太后、慈安太后与恭亲王联合掌权开始,清王朝面对的是"三千年未有之大变局",内忧外患频仍,而中央权威则不断削弱,地方诸侯日益坐大,这种时候最容易导致政权易手、群雄蜂起,慈禧等人不仅维持了政权,甚至还创造了"同光中兴"的业绩。这当然不是偶然的,其中有许多深刻的治国之道、治乱之术值得总结。
>
> 可以肯定的是,政治家甚至政客的优秀与否,与性别绝对毫无关系。

对慈禧的评价,在史学界和乡井间,都有很多说辞,总体是负面居多。我的看法跟雪珥非常接近。

"伪君子"的真面孔

晚清权臣荣禄甲午年"会办军机"未久,对翁同龢大肆抱怨,说此人"奸狡成性","几乎无日不因公事争执",活脱脱一个"伪君子"。

说翁帝师是伪君子,还真就没有冤枉他。翁帝师在甲午年间,堪称爱国典范,与李"汉奸"形成鲜明对比。某某在大著中这样称赞翁帝师:"在光绪帝面前,翁同龢不仅是其尊师,又是文雅、慈祥的长者;还是智慧的化身。"呵呵,好一个"智慧的化身"!

读甲午战争前后的诸多史料,翁帝师的身影常在我眼前晃悠。三天两头,动不动就出来晃悠一番。我看到,此"智慧的化身",总跟李鸿章作对。老李让他整的,焦头烂额兼一肚子苦水。

且看翁帝师的光辉业绩:其一,甲午前,翁为军机大臣兼户部尚书,但凡北洋舰队有造船购械等等之请,莫不多方阻挠,十次"恩准"一两次;其二,停止对北洋舰队的拨款;其三,私下频频指责李鸿章昏聩无能,甚至有贪腐行为;其四,朝野皆知"甲午之战,由翁同龢一人主之";其五,海陆两军皆败,虽知不可再战,却竭力反对议和,不知是何居心。

很长时间,我都想不通,为何老翁要处处跟老李作对。我以为肯定有深层原因,可惜找不到相关史料来证明。感谢雪珥,我的疑问,在他的书中,找到了明确答案。

雪珥明明白白告诉我,老翁与老李,两人之间有私仇。我心一惊,陡然醒悟,原来老翁是把很多国事,都当作"复仇"的机缘。

现将这老翁与老李之间的私仇简述如下:

平定太平天国期间,翁同龢他哥翁同书,时任安徽巡抚,先是作战不力,弃城逃跑,后招抚江北匪首,又不力,导致群匪暴动,杀戮甚重。大清军纪,督抚级大员,失守逃遁,皆应重刑。可清军主帅曾国藩,考虑到翁的父亲是同治帝之师,非常犹豫是否上奏弹劾,此时李鸿章替曾老师解围,在奏稿中加入一段说辞:"臣职分所在,例应纠参,不敢因翁同书之门第鼎盛瞻顾迁就。是否有当,伏乞皇上圣鉴训示。"奏折呈上不久,清廷依律定为斩首,后加恩改成新疆。为这事,翁氏一门,跟老李结下深仇。

了解到这一段史实,我骤下结论:翁同龢因私废公,国之贼也。

我这样说,有更为翔实的史料依据。正当清廷与日本决裂,战事将启之际,翁对自己的门生王伯恭说:"正好借此机会让他(李鸿章)到战场上试试,看他到底怎样,将来就会有整顿他的余地了。"老翁这一招相当狠毒。雪珥说:"前敌自有鸿章,翁师傅黄雀在后,胜则揽功自矜,万一略有挫败,则鸿章即是现成的替罪羔羊。"此外还有一证,与翁帝师关系密切的潘祖荫,私下跟朋友说:"我与彼(翁同龢)皆同时贵公子,总角之交,对我犹用巧妙,他可知矣。将来必以巧妙败,君姑验之。"这"巧妙",后来也用在康有为身上,惹得光绪大怒。

在识人用人方面,潘祖荫对翁的评价是:"叔平(翁同龢字)实无知人之才,而欲博公卿好士之名,实亦愚不可及。"雪珥为此还举出几个例子,这里略去不提。

行文至此,读者大概已不难理解,为何恭亲王临终之时,要在光绪帝面前痛斥那个伪君子:"聚九州之铁,不能铸此错者,甲午之役也。同龢唯一味夸张,力主开战,以致数十年之教育,数千万之海军,覆于旦夕,不得已割地赔款。外洋乘此机会,德踞胶澳,俄租旅大,英索威海、九龙,法赁广州湾。此后相率效尤,不知何所底止?此皆大司农(翁同龢)之厉也。"

我的个人观点,甲午年前后,翁同龢是大清帝国的第一罪人。

"野狐"也想登庙堂

甲午战后,大清国朝野,痛定思痛,倡言变法者,大有人在。普遍认为,在器物之外,更需变更制度。在这人声鼎沸之际,康有为之所以夺人耳目,是因为他跳得高、叫得响,几至歇斯底里状态。

雪珥说:"变法既成时鲜,众人一拥而上,高谈阔论,指点江山。读几册倭人编撰之西学书本,囫囵吞枣,将几个新名词吊在嘴边,即以为天下皆醉我独醒。究其实,变法亦如八股一般,成了名利的钓竿、官场的敲门砖。"

又说:"戊戌之际,不懂变法而好言变法之虚骄之气已成,一如甲午前不能战而好言战者一般,其间又以南海康有为者为甚。"

雪珥以上两番言论,都说到了要紧处,一箭命中靶心。我对康有为的评价,是才胜于德(小人也)。可即便谈才,他的才,也是东鳞西爪,强不知以为知,翁同龢叫他"野狐",倒也贴切。

雪珥说:"其(康有为)倡言变法,所言皆拾人牙慧,并无创新,而其文名虽不彰,却志在垂钓功名,极能造势,颇谙西洋人所谓'宣传'之法,倒也做得有声有色,名满京师。"但这"名",是指"知名度",而不是"美誉度"。

恭亲王辞世前,留给光绪帝的遗言中,有这样一段话:"闻有广东举人主张变法,当慎重,不可轻任小人。"

恭亲王的担心没错。事情确实就坏在"野狐"也想登庙堂上面。而光绪小儿，有权就任性，偏偏不"慎重"，偏偏"轻任小人"，国事终于不可收拾。我等晚生后辈，除了感叹，还能做些什么？

关于戊戌变法期间的种种事端，我在《康有为究竟何为？》和《关于慈禧的五个话题》这两篇文章中，多有涉及，这里略去不叙。不过，在康有为的"二心"方面，我倒是还想啰嗦两句。史料证实，康不仅仅有"围园杀后"之心，就是对光绪帝，他心里也曾发过狠。戊戌年变法之前，他曾跟身边人说："此时若有人带兵八千，即可围颐和园，逼胁皇太后，并逼胁皇上，勒令变法，中国即可自强。"注意这段话中，有"逼胁皇太后，并逼胁皇上"字样；再请注意"勒令变法，中国即可自强"字样。前者对皇太后和皇上，都无丝毫尊重；后者是康的惯用语式，把复杂问题简单化，吹牛不怕上税。在康日后的奏折中，类似语句频频可见。光绪小儿，做事急于求成，自然会受到蛊惑，信赖了那只"野狐"。

此外还有一件让我迷惑多年的事，光绪为什么不信任袁世凯？

关于变法，袁世凯多有"老成谋国"之言。举两个例子。一是甲午战后，袁上奏光绪帝："窃谓天下大事，递变而不穷者也。变局之来，惟变法以应，则事变乃消弭于无形。此次军兴（指甲午战争）失利，势诚岌岌，然果能中外一心，不忘仇耻，破除积习，因时变通，不过十数年间，而富强可期，是亦更始之一大转机也……试观三代之际，行井田设封建，秦汉而后，农政钞法，兵律官制，迭经更易，降至今日，旧制所存者，百难一挙。以汉宋大儒名臣，亦不能强违时势，追复三代成规。盖因时制宜，人心运会，有必不能相沿者也。"二是戊戌年初，光绪召见，垂询变法事宜，袁的对答颇为得体："古今各国变法都不容易，非有外患，即有内忧，请忍耐待时，步步经理。如操之过急，必生流弊。而且变法尤在得人，必须有真正明达事务、老成持重如张之洞者，出而赞襄主持，方可仰答圣意。至新进诸臣，固然不乏明达勇敢之士，但阅历太浅，办事不能缜密。倘若疏误，累及皇上，关系极重。总求十分留意。天下幸甚。"

第二个例子，尤其让笔者感叹。戊戌变法的败因，就藏在袁的那段话里。光绪轻信"野狐"等激进小臣，导致变法没有"步步经理"，而是"操之过急"；那些"新进诸臣"，确实"阅历太浅，办事不能缜密"；最终结局，也果然"累及皇上"。

写到这里，笔者脑门上咔嚓一声，顿时开窍，知道光绪在戊戌年，犯了"政治浪漫主义"的错误,而在甲午年,是犯了"军事浪漫主义"的错误。

我对浪漫主义向来嗤之以鼻,用它来写诗作文倒也罢了,用它来治理国家,等于是自蹈深渊。读者诸君还记得1958年蔓延全国的"经济浪漫主义"吧?其后果我就不说了。

雪珥说:"惜乎变法自强之公器,终被自居变法者以为私用……葬送变法前程,毁坏人心,致令求变之潮流逆转,反洋反变法之义和拳勃兴,乃有庚子之惨剧。野狐当道,竟成气候,谁为圣贤谁奸邪耶?"

痛哉斯言!

1896年,李鸿章的得意与失意

李鸿章不可能事前知道,1896年,本已将他闲置的清政府,会派他出访俄、德、法、英、美等七个欧美国家,横跨三大洋,行程九万里。

这事的起因,是俄国新沙皇尼古拉二世要在5月份举办加冕典礼。清廷初选的出使大员被俄国公使否定,说是最好能派宗室王公或大学士出使。清廷于是把这活儿交给了老李。之后又让老李顺路访问德、法、英、美等国,商量一下提高关税的事。那时候大清国欠了日本一屁股甲午赔款,这是想让列强也发发善心帮着分担点儿。

老李推辞不掉,只好谢恩上路。此行,老李所到之处,都受到热烈欢迎。在此情态之下,老李难免会有几番暗中得意。

老李的得意,数量不少,举例如下:

俄国,对老李的迎宾礼,有红地毯、仪仗队和十九响礼炮,排场仅次于沙皇夫妇的入城仪式,而老李,是各国嘉宾中唯一的非皇室成员。沙皇多次接见老李,两人叽咕叽咕,谈了很多事。

德国,老李得到的礼遇比俄国更隆,接待规格之高,等于把老李当成国家元首。"凡口之于味,目之于色,耳之于声,莫不投其所好",连他喜欢的雪茄和画眉鸟,都事先安排妥当。寝室内还高悬老李和德国"铁血宰相"俾斯麦的照片,以示敬重。德皇夫妇隆重宴请大清代表团,亲自陪同老李观看军事操演,之后首相、外交大臣一干人等,轮流宴请……特别值得一提的是,同期访问德国的日本著名政治家山县有朋,竟受到德国政府冷遇。

法国,举行阅兵式,还在塞纳河上大搞烟火晚会。老李在法国逗留的二十多天,一举一动都是报刊追踪的热点。《法国画报》以头版整版篇幅,刊登老李的大幅彩色画像。这家报纸仅此一次以东方人的肖像做封面。

英国,老李足迹所到之处,都挂满大清帝国的黄龙旗。

美国,两百骑兵做仪仗队和护卫队,华盛顿车站张灯结彩、鼓乐喧天,黄龙旗和星条旗在风中并列飘扬。政府竟然派出军人和警察,充当老李的轿夫。老李要上楼,主人的仆役就抬他上去。媒体纷纷用老李的肖像做广告。老李俨然明星矣。

其他两国,荷兰,比利时,自然不在话下。

欧美七国对老李这般热情洋溢,自然有自己的利益考量。共同的利益是,他们想"亲华反日"。当时,西方世界掀起了一浪"黄祸论",担心强健的日本"领导"庞大的中国龙迅速崛起。从1895年起,德皇威廉二世和沙皇尼古拉二世,不断通信交流这事,威廉二世还请人画了一幅油画《黄祸图》,赠送给尼古拉二世,并下令雕版印刷,广为散发。威廉二世在画上题词:"欧洲各民族联合起来,保卫你们的信仰和家园!"你瞅瞅,这位德皇紧张成什么样子。

欧美各国的担忧心理,必然促使他们在中日间进行分化瓦解,"亲华反日"也就成为他们的权宜之计。这是老李受到普遍礼遇的政治背景。此外,还有眼前的现实利益,比如俄国要借东北之地修铁路,因而撒出"联中抗日"的诱饵。而清廷上下,都有迫切的"联俄抗日"之心,因此一拍即合,很快签订《中俄密约》。这事在当时,也是老李的得意之处。在北京举行的换约仪式上,翁同龢等当朝权臣要员,全都出席,并在签字后"举酒互祝"。这是谋划成功的一例。也有不成功的例子,比如德国,很想卖一批军火给大清国,可老李并不肩负买军火的使命,弄得德国政商两界大失所望。

此行老李也有失意的地方,他那个提高关税的谈判,谈得不太顺利,等于说是"有辱君命"。此外,他肯定也想不到,以七十四岁高龄远涉重洋,颠簸一百九十天,回国之后的境遇,跟出国前没什么两样,该坐的冷板凳,还得继续坐下去。前后相加,这一坐,长达五年之久。诡异的是,老李早请示、晚汇报小心翼翼签订的《中俄密约》,在俄国强租旅顺、大连之后,很快成为他"卖国"的有力证据,而当时鼎力主张联俄的翁同龢、张之洞等,竟跟"卖国"一点关系都没有。

雪珥对老李的七国之行,给予高度评价。他说,老李"高大的身躯,以及雍容的气质、坦率的谈吐,令西方朝野为之倾倒。从此,脑后拖着'猪尾巴'的中国人,在欧美报刊的漫画中,不再只是丑陋粗鄙的代表;中国人第一次以健康、正面的形象,出现在不少欧美产品的广告中"。不说别的,只凭这一点,老李在中国近代外交史上,就应该占据一个闪光的制高点。

并非多余的话

雪珥在《李鸿章政改笔记》中,提到一本"恶搞"老李的书,我觉得有必要在这里做一简要介绍,目的是提醒读者小心上当。

那本书叫《李鸿章回忆录》,1913年在英国和美国同时出版,两年间七次印刷,轰动世界。该书主编是美国人曼尼克思。此人号称此书是从老李多达一百六十万字的手稿和日记中,节选编译而成。

曼尼克思在闹义和团期间到过中国,是八国联军中的一员,但他在中国只待了几个月时间,既不了解中国,更不了解老李,所谓老李的手稿、日记云云,都是信口雌黄。

雪珥用大量史料证明,《李鸿章回忆录》是曼尼克思的虚构,绝不可当作信史看待。雪珥的论证材料,这里略去不提。

这部伪书的中文译本,据我所知,至少有两种:一种是中国书店2011年的译本,声称"国内首次独家出版";另一种是2013年哈尔滨出版社的译本。两种译本都自称"传记"。我手中有中国书店译本,初读时一阵狂喜,后来读到雪珥的证伪文字,一下子心里冰凉。好在,我还没有来得及引用这本书中的任何"史料"。

现在看来,骗子文人曼尼克思的这部大著,只能当小说来翻翻。此外我还觉得,梁启超的《李鸿章传》,读者也要瞪大眼睛去读,切切不可偏听偏信。

在这里,我要抄录《李鸿章政改笔记》一书中的一段话,作为本文的结束语:"吾国吾民最缺者,乃是踏踏实实把现居之屋裱糊起来,不可动辄拆迁。中国之所缺,正在于以实心'做事'者少;中国之所滥,正在于以虚言'做人'者多。吾国民之聪明才智,毫不逊色他族,只因把聪明才智都放到了'做人'而非'做事'上,以致内耗殆尽。"

听唐德刚讲甲午战争和戊戌变法

历史学家高华在《和研究生谈几本史学名著》一文中,对历史学家唐德刚(以下简称唐老)有一番中肯评价。高华说,唐老的"研究方法基本上是传统的,也就是不太运用西洋框架,而是根据若干史料,以中国人和中国知识分子的是非观、价值观,结合他个人的感悟,发表看法……一般而言,他在史实陈述方面着墨不是很多,重点在议论,而这就是他作品的精彩之处。他的文笔非常流畅,但也有一些戏谑之气"。高华说的没错。我读唐老,读到戏谑之处,常常嘎的一声大笑起来。

高华是我非常敬重的历史学家之一,他的考据和叙事,严谨度都在唐老之上。唐老的长处,如高华所言,在于"史识,即洞察历史的眼光"。正是这"史识",让我成为唐老的铁杆粉丝。《晚清七十年》《袁氏当国》《李宗仁回忆录》等,只要能淘到,无一不读。我几乎读过他所有的著作。

唐老的《晚清七十年》,几年前是我的案头书。最近一段时间,我又把它放在案头。不过这一回,不是全文阅读,而是重点阅读"甲午战争与戊戌变法"这一桥段。

我需要借用唐老的史识为自己开悟。要是读者也愿意跟我一起开悟,最好不过。

现在我们一起开悟吧,一二,开始。

历史转型论

唐老说:"近一个半世纪中国变乱的性质便是两千年一遇的'社会转型期'的现象。在历史的潮流里,'转型期'是个瓶颈,是个三峡。长江涌过三峡是滩高水急、波翻浪滚、险象环生的。在这激流险滩中,摇橹荡舟、顺流而下的大小船夫舵手,风流人物,触礁灭顶,多的是可歌可泣和可悲可笑的故事……在转型期接近尾声的阶段,回看百年史实,便知一部'中国近代史',实在是一部……'中国近代社会转型史',也可叫作'中国现代化运动史'吧!"

在唐老看来,中国有个两千年不变的文化定型,叫"帝王专制"。基本造型是秦始皇的那个"秦法政",但不太成熟。实验了一百多年,到汉代,慢慢搞出一个"霸王道杂之"(汉宣帝刘询的话),才终于定型。其过程,从秦始皇之前,到汉武帝之后,三百年才完成。定型后的帝王专制,有两个特点,中央集权文官制和重农轻商。这一定,便是两千年不变。到鸦片战争爆发,这个帝王专制,屡屡受到西方文化的强力冲击,有点玩不下去(那个重农轻商的观念首先受到冲击)。怎么办?只能再次转型。这回的转型运动,有其鲜明的阶段性。甲午战争,是一个极其重要的转折点。它标志着一个阶段的结束和另一个阶段的开始。也就是,从洋务运动阶段,进入戊戌变法阶段。

在唐老眼里,近代欧洲社会的转型,始于14世纪初的"文艺复兴",一转也是三百年,到17世纪才定型,变成以自由个体为社会基础、以大规模机器生产为财富来源的资本主义……

唐老感慨日本转型速度之快,说1868年"明治维新"后,不出一代,日本已跻身世界先进强权之列。其主要原因,一是维新前日本的"封建制度"与中古欧洲最为接近,实行"欧化"(欧洲式的现代化)也就比较顺利。另外还有一点,日本是"岛居小邦"。西方的现代化,都从"小邦"开始。中国这样的大国,搞现代化,不会像日本那么轻松,需要迂回曲折、一个阶段一个阶段慢慢爬行。戊戌变法,就是爬行的一小段,即"政治改革阶段"。

清末的政治改革势力,分激进和缓进两派。唐老认为,前者的代表人物是孙中山,后者是康有为。无论激进派还是缓进派,都是受了甲午战争的刺激,才产生改革的诉求。日本海军司令伊东佑亨说:"清国而有今日之败者……盖其墨守常经不谙通变之所由致也。"这话出自伊东送给丁汝昌的劝降书。劝降书的内容一经传出,朝野大哗,对大清帝国产生极大震撼。此后,从甲午年到戊戌年,四五年间,"主张变法改制的时论和奏章,真如狂风暴雨,雪片飞来"。

唐老告诉我们,晚清的现代化之路,是从大炮开始的。那时候清政府对船不感兴趣,只要炮。用白花花的银子,到外国买。旅顺口,大沽口,吴淞口,虎门,都建造了数十个海防炮台，安装了不少开花大炮。1937年，淞沪会战，吴淞口震天响的开花大炮，就是曾国藩和李鸿章他们安装的。

唐老说，在弄炮过程中，还闹出过笑话。林则徐从美国买回一条大船，剑桥号，一千多吨，装有三十四尊英制大炮。他把剑桥号停在珠江口内，一动不动，做炮台用。后来被英国水兵爬上去，把船开走。

唐老在文章中写道，炮可以买，炮弹什么的，还有鱼雷、水雷，总得自己造，于是大清国有了江南机器制造厂，有了金陵兵工厂。这两个厂，都是引进外来技术建造而成。那时候洋人船炮不分家，能造炮弹，必能造船，随手牵羊，大清国又有了马尾造船厂。

唐老说，你以为北洋舰队为什么要建？那是为了抗日（相关史料：1868年，日本以对外侵略扩张的"大陆政策为基本国策"；1874年，日本发兵入侵台湾；1875年，日本用舰炮轰击朝鲜江华岛；1879年，日本吞并琉球国；1884年，日本策划朝鲜甲申政变）。李鸿章是大清国高层抗日意识最强的官员。日军频频在周围海域闹事，给老李以极大刺激。他知道，日本"祸在肘腋"，建军抗日，刻不容缓。

日军侵台时，李鸿章派淮军宿将唐定奎率精锐六千入台助战，乘商船跨海南渡途中，唐惴惴不安，担心日军"半渡腰击"。唐的担心，二十年后化为事实，甲午年，清军乘商船高升号去朝鲜，果然被日舰"半渡腰击"，殉难者近千人。唐老小时候，曾经听到爷爷的客人"高声谈论此两役（赴台湾抗日和高升号沉没）的惊险场面，而自庆未死"。

唐老认为，在"同光中兴"阶段，衰老的大清帝国，一时颇有振兴气象，尤其是在发展海军这件事上。可惜事与愿违。李鸿章知道海军的重要，但别人是不是也知道，是不是也愿意把海军作为当务之急去办，就难说了。实际上，在有些人眼里，海军衙门，不过就是一个大"肥缺"而已。那些家伙，都是社会转型的绊脚石。

大清国的腐败核心

在《晚清七十年》里，唐老一说到慈禧就来气。这态度，是他"民众本位"的立场所决定的。他生气，主要是生在慈禧太能花钱了。康熙皇帝曾感慨，他一年的用度，不足明朝皇帝一日之费。唐老说，康熙那是说他自己，他哪能知道自己的五世孙媳妇叶赫那拉氏，一天的生活费，竟然高达白银四万两！

唐老说："这个数字意味着什么呢？试把它折成实物就知道了。那就是宫廷半月之费，就可购买吉野级巡洋舰一艘。两月之费，可购买一超级主力舰。一年之费，至少可装备一支高居全球六七位的海军舰队。"

慈禧的花销，怎么这么大呢？一个原因，是排场大。第二个原因，很多银两被后宫的办事人员揣到自己兜里去了。

唐老说，康有为曾对宫中的花销有过调查，一切用度都是三七开，三成是实际费用，七成是经手人的利润，这叫"例规"。

唐老觉得，那三成是不是都用到实物上，也待考证。他举了一例子，慈禧在颐和园请王公大臣看戏，怕下雨，搭建了一个凉棚，花销竟达三十万两！按三成算，是九万两。唐老惊呼："一个凉棚要九万两银子？那就天晓得了。"

唐老对清廷的腐败，对公开卖官鬻爵等情事，颇有恨恨之声。唐老说，到清末时，大小不分，什么官衔都拿出来卖，多小的官都卖，连不是官的"功名"也卖。有个叫严复的人，在水师学堂干不下去，一怒之下，去"捐"（"捐款救国"或"捐助军费"之意）了个秀才，之后参加乡试，竟然考上了举人。

唐老对严复捐款的数额很感兴趣。经过考证，他认为严复大概捐了几千两银子，或者是几百篓茶叶（茶捐）。没想到，那时候，一张小学文凭（唐老语），能这么贵。读者切记，满清一朝，一个县令，年薪才不过四十两银子。几千两，还不吓死人那？

唐老说还有更蹊跷的事，清廷连官员死后的"谥法"也卖。刘铭传打台湾有功，礼部暗示他的家属，如果愿意多花一万两银子，便可让死者戴一顶"草帽子"。刘家认为价格太贵不肯出，结果就成了"刘壮肃公"。肯花钱的话，会谥为"刘莊肃公"。"壮"和"莊"，同音异形，两者有什么不同呢？唐老不肯说，让读者自己弄清楚。我查《说文解字》，知道这两个字都含有"大"的意思，但后者，是汉明帝的名字。等于说，给你加一个草帽，能跟皇帝沾边。

旧时所谓"谥法"，是朝廷对过世功臣补发的一种"勋章"。唐老说："连个死人的勋章，都要按等级卖钱，则孟子所说'上下交争利而国危矣'，也就发展到最高限度了。"

实在是出乎意料，晚清的"商品经济"观念，竟然"先进"到这种程度。

在唐老看来，满族亲贵，是官僚体系腐化的核心。满人进关后，有个不成文的规定，高官厚禄，满汉各半。但那时满人才三十万人口，汉人高达两千万，满人当官的比例，自然远远高于汉人。何况满人一出生就拥有某些特权，高出汉人一等。满人权贵，自然就成为腐败的核心。

唐老说，到发展海军的当口，大清帝国的满人权贵，已经执政二百多年，在李鸿章急于进行"国防现代化"的紧要关头，他们成为最大的反动势力。

皇帝任性，国家遭殃

1894年7月中旬，大清与日本在朝鲜的外交缠斗，已到白热化阶段。此时，在朝日军人数，远超李鸿章的淮军人数。牙山清军将领叶志超急电老李，提出应急三策："大举进兵为上策。派舰撤兵为中策。守此不动为下策。"唐老说，鸿章自知其陆海军无能，转电总理衙门，建议清廷接受叶电之"中策"。言外之意，无非是，咱打不过小日本，不跟他玩儿。不料，此电引起朝中主战派强烈反弹。

我的理解，在老李眼里，叶的"中策"，才是真正的上策。

唐老说，鸿章由此成为众矢之的。本来，主战声中，小皇帝光绪嗓门最高，情绪最烈。见李"汉奸"这般畏缩，光绪大为气恼，后来竟然"赐翁同龢、李鸿藻、恭亲王'尚方剑'，命对言和者先斩后奏"。闹到这份上，连慈禧也唱起了抗日之歌。

"尚方剑"一事，写在《清实录》里，不会有假。我只是稍稍有点意外，那时候，恭亲王还在靠边站，光绪怎么给了他这么大权力？

唐老说，他曾经研究过鸦片战争时期道光皇帝的上谕，之后又研究英法联军时期咸丰皇帝的上谕，跟甲午战争时期光绪皇帝的上谕做一比较，发现这祖孙三人，应对这三次严重的外战，心态发展的套路，如出一辙。

这个套路是什么呢？唐老的总结是，开战之前之初，都意气风发斗志昂扬，坚决主战，谁敢言和，杀无赦；战争爆发后，清军作战失利，立马惊慌失措，抱怨当初主战者，欺君罔上，误国误民；最后阶段，则是对胜利者百依百顺，恨不得"青衣行酒"。

"青衣行酒"原本是一个历史典故，指晋怀帝被俘受辱的往事。大清朝皇帝，咸丰也好，光绪也好，都很擅长逃跑，既不肯青衣，更不肯行酒，唐老这样说，显然是气话。

唐老提到的晚清三大历史事件，笔者自然也都熟悉。只是经唐老点拨才意识到，果然这祖孙三人血脉相连，个个都任性，而任性的后果，都是国家遭殃、百姓遭殃。

唐老说，甲午开战之初，小皇帝光绪主要的"政绩"，是辱骂李老头，骂他个狗血喷头（老李的爱将丁汝昌，一度被光绪骂得头脑发热，要不顾生死与倭人一拼，被老李严令禁止）。主战派翁同龢、李鸿藻之流，顺势鼓噪，要小皇帝撤掉老李，甚至说到太庙请出专杀宰相的青龙刀，把老李就地正法，然后由万岁爷"御驾亲征"！

我浑身一个激灵。外有强敌的坚船利炮，内有皇帝任性的唇枪和同僚恶意的舌剑，甲午年的李鸿章，在屡战屡败的境遇下，还能保住项上的一颗人头，近乎奇迹。难为他日后还能忠心耿耿地去"卖国"。由此说来，这老李绝非一般战士，处境再苦再难，也无负气之举，始终由理性主宰感性，可敬可佩。

用今天的眼光看，光绪帝和一干主战大臣的做派，实在匪夷所思。既然要战，就应该充分做好战争准备，像日本那样，设立运筹帷幄的大本营或参谋部，以及调动补给的后勤体系。这些一概不论，只一味将千斤重担，都压到李老头一个人身上。你说这叫个什么事啊？难怪有人说老李是"以一人而敌一国"。

为康有为画像

唐老对康有为的议论，是本书最为精彩的桥段，也是我收获极大的桥段。现在我来复述唐老笔下的康有为，是一副怎样的嘴脸。

其一，康有为的家世。广东南海人，生于1858年，也就是英法联军入侵大清那一年（不久，咸丰帝驾崩。之后有"两宫垂帘"、太平天国和捻军相继灭亡、洋务运动、甲午战争等重大历史事件发生）。据其本人在《康南海自编年谱》中的说辞，康家乃岭南的书香之家，世代官宦。高祖是嘉庆举人，当过广西布政使（从二品）；曾祖当过福建按察使（从二品）；祖父是道光朝举人，当过广州府教授（候补教育长官）；父亲在江西做过知县，不幸早死。其他近亲有官至巡抚、知府的（笔者注：康氏之言，不可轻信）。

其二，康有为所受的教育。康的受教育环境，跟其他人相比，可以称得上是

"得天独厚"。他爷爷就是搞教育的嘛,家里书多,什么四书五经,《明史》《三国志》之类,都有。但康的早年所学,跟别人一样,重点是"贴括"(唐老解释,所谓"贴括",就是"考试指南"和"托福捷径"之类,八股文那一套。当年大多数青年学子,都如梁启超所说,"贴括之外,不知有所谓经史也")。"业余"翻翻经史之书,那就大大不得了啦,一下子"异于群儿",养成他一生孤傲不群的坏脾气。不过非常不幸,康的科举之路,在举人这个节点,相当坎坷,相当闹心,十三年间,六考六败,前后当了二十年秀才。到进士这一级,运气来了,一枪命中。郑板桥诗云:"如今脱得青衫去,一洗当年满面羞。"这两句诗,不仅仅是板桥自况,按到康进士头上,也正合适。唐老说了,康考举人费劲,考进士容易,原因是,府试(考秀才)和乡试(考举人),"文采重于学识"。有文学天分的青少年,弄点"贴括"训练一下,就可以应付。"笔端常带感情"的梁启超,十二岁中秀才,十七岁中举人,有文采而无学问。康则相反,有"学问"而无文采,考举人特别费劲。所以科举时代,不通的举人多,狗屁的进士少。为啥呢?考进士,全靠文采不行,得有点真才实学才能通过。这也可以从侧面解释,当年,为什么梁举人要做康秀才的门徒。

其三,康有为的学问。康在他的秀才年代,先当塾师,教几个小小蒙童,之后自我升级,移居广州,大办"万木草堂",教徒讲学。彼时彼地,康无疑是一个大学问家。康的学问(也是他讲学的主要内容),分"西学"和"中学"两种。他的"西学",来自当时的翻译作品。唐老直言,说那时候的翻译作品,数量有限,且所译都是初级作品,其社会科学方面的内容,大致可以跟五四运动以后的高中课本相比,科学方面的内容,则在初中课本之下。此外,康研究"西学"的手法,也相当出人意料,是"闻一知十"加"望文生义"加"东拉西扯"。唐老说,这也是"文化转型期思想家的通病"。康的"中学"修养,主要是儒教的"今文学"(由"罢黜百家、独尊儒术"的西汉儒生董仲舒所创。董专治《春秋·公羊传》,学术思想独霸两汉四百年,强调"义理",强调学术要为现实服务;与"今文学"相对应的"古文学",以西汉大学者刘歆为鼻祖,以"古文"《春秋·左氏传》为研究对象,其学术思想经王莽短暂弘扬之后,很快沉寂山林。"古文学"强调实事求是,强调"有一分证据说一分话,有九分证据不说十分话",被康斥之为"数百年无用之学"。后世学者也称之为"汉学")。康在"今文学"上的最大"成就",是《孔子改制考》和《新学伪经考》两部著作。前者说古之"六经",都是孔子所写,目的是"托古改制";后者说《左传》是刘歆拼凑而成的"伪经"。康把这两部著作,当成戊戌变法的指导性文件,可见他狂妄到什么程度。而早在万木草堂时期,康与众弟子的狂妄,已经让人瞠目。康自号"康长素",长于素王(孔子)也;弟子某号"超回",超过颜回也;又弟子某号"驾孟",骑在孟子头上……

藐视史学真伪的"今文学",为何在清末"回光返照"?这个问题,不妨在此稍加解释。唐老说,东汉之后,该学说失去政治靠山,很快衰败。到宋朝时被小范围承袭。清乾嘉年间,"古文学"大兴。晚清时,龚自珍、魏源等人亲历鸦片战争之败,思想发生变化,龚认为"自古及今,法无不改",魏则认为"知"出于"行",主张"师夷之长技以制夷"。号称为现实服务的"今文学",由此风行开来。梁启超说:"今文学运动之中心,曰南海康有为,然有为盖斯学之集成者,非其创作者也。"

康的学说,遭到很多人抵制。在翁同龢眼里,康不过是让人"惊诧不已"的"一野狐"而已。持类似观点的还有张之洞及晚辈学人章太炎、胡适、钱穆等。用现在的眼光看,汉代之后逐渐被人鄙弃的"今文学",在晚清之际,却被康、梁等视作救国救民的理论指南,实在有些诡异。

康有为"问政"

在唐老看来,戊戌年之前,康有为"是一个要求政治改革的单干户"。1888年(光绪十四年),是一个重要时间节点。那年康三十一岁,到北京参加乡试再度落第的经历,加上他在香港、上海、天津一带外国租界里的见闻,让他既感觉到个人身世之落魄(他认为科举制度和传统官制很没道理),也感觉到国事之不堪。在双重煎熬之后,他决定挺身而出,模仿古人,以低贱之身向权贵投书,议论国是。他把目标定在当朝三权贵,翁同龢、潘祖荫和徐桐身上,投书呼吁变法维新,并很快引起注意,尤其翁帝师,对他颇为器重。随后,康在文化界和官场的知名度,日渐高涨。康于是趁热打铁,搞出一个"上皇帝书",除继续呼吁变法维新之外,还指责朝廷不能选人用人。这封信他打算让翁帝师代为传递,不料"翁氏览书胆怯",拒绝帮忙。以康氏之性情,岂肯让此信沉寂无闻?他很快通过类似今日之"微信""微博"的渠道传播开来,名声顿时大噪。康从北京回到广东,趁热打铁,开办万木草堂。三年后梁启超投入门下,成就了一段"秀才老师、举人学生"的佳话,更是身价倍增。

1894年（光绪二十年，甲午），是康要求政治改革的另一个重要时间节点。前一年，这位三十六岁的老秀才，竟然中了举人，这才有进京会试的机会，为"进士"学位而奋力一搏。恰逢中日战争大清海陆军频频战败，朝野震动，人心惶惶。待马关议和条件传出，一群在京的举人，群情激昂，闹出"公车上书"的举动，康是积极参与者之一。唐老在这一桥段的叙事，不完全准确。我在《康有为究竟何为？》一文中，有比较详细的介绍。这里略去不提。

唐老说，公车上书的小闹剧，没闹出立竿见影的效果，却闹出一个"庶民问政的风气"。一时之间，各种闲杂人等，纷纷组织社团，报效国家。"强学会""保国会""义民社""兴中会"等，相继成立。据梁启超考证，从甲午到辛亥，有章程可寻的各种公开社团，共有一百六十多家。这里边，声势最夺人耳目的，莫过于康、梁领导的强学会。那时候，包括慈禧太后都认为，改制维新是大清帝国的必走之路。康则自认为是这必走之路的一盏路灯。

强学会成立后，很快得到翁同龢、王文韶、刘坤一等大僚的支持和帮助，但内部分歧和外部芥蒂，也相继而生。先是有人提出，学会要从事文化出版事业，这样可以自给自足，长久维持。这一提议很有道理。不料康氏大怒，认为这是"以义始而以利终"，一场口角，弄得举座不欢。之后，又发生李鸿章赞助学会白银两千两却被拒绝一事，决策人还是康。翁同龢在日记里说："康祖怡（康的原名）狂甚。"再之后，康又跟支持变法维新的一群"高干子弟"（张之洞的儿子、曾国藩的孙子、陈宝箴的儿子、沈葆桢的儿子、左宗棠的儿子等数十人）矛盾迭出。结果是，到1896年，御史杨崇伊一纸弹章，强学会烟消云散。

唐老说，康犯了一个教条主义的大错误，把自己弄得身价暴跌。强学会被解散以后，康很是绝望，一度打算移民巴西，另觅前途。不料，转过年来，大清帝国不幸遭遇"帝国主义瓜分中国的狂潮"，青岛、旅顺、大连、威海、九龙、广州湾，一块一块都变为西方列强的"势力范围"，满朝文武惊恐不安，"变法图强"陡然成为当务之急。这对改革"先知"康氏而言，是难得的"天时"，岂能白白错过？于是携带自己的变法著作和奏稿，匆匆赶往北京，寻找"人和"去也。

一百多天的"胡闹"

此番赴京，康有为运气不错。1898年6月11日（农历戊戌年四月二十三），光绪帝下诏"变法改制",五天后召见康氏。这是光绪和康的第一次见面,也是最后一次。这次召见,是康一生中最大的荣耀。他自称在召见中,向光绪献上了废八股、练洋操、"小变不如大变""缓变不如急变"等很多金点子。

唐老说,康的这些话,其实都多余。光绪这时已决定按康氏的条陈变法,召见只是一种形式。那时候,康的纲领性变法主张是设立"制度局",说白了,是建议光绪绕开权贵大臣,重用小臣主持实政,推动改革的进行。光绪依计而施。

光绪首先重用的小臣当属康氏无疑。召见之后,康由原先的六品工部候补主事调任总理衙门"在章京上行走"(唐老说,行走者,有事则行,无事则走也),官升一级,五品。品级不高,但属于天子近臣,令人侧目。

绝对出乎康的预料,光绪后来启用谭嗣同、杨锐、林旭、刘光弟四个年轻干部,以"四品卿衔在军机章京上行走",襄赞天子,柄理政务。这四位,论年龄,比康年轻,论官阶,比康高一品,论重要性,人家是"四小军机",可以把军机处和总理衙门全都架空。这下弄得老康一肚子酸葡萄,嘀嘀咕咕说他们四人事实上已居相位,只是个个相貌单薄,没有威仪,望之不似宰相。呵呵。言外之意,他康长素才有当宰相的威仪。

唐老说,老康心里酸到这程度,满朝权贵大臣的心境,也就可想而知。

谁成想,那些个小宰相小权贵,气焰一天天越发嚣张,竟公开讨论某职、某官应该废掉的话题,弄得满朝文武惶惶不安。

唐老说,康、梁二人,误以为用小臣架空大臣的办法,是他们师徒的新发明。错啦。这"架空政治"在中国是前有古人、后有来者。为这事,唐老有一段洋洋洒洒的议论,笔者以为跟变法关系不大,按下不提。

在历时一百多天的变法维新运动中,光绪共下发一百好几十份红头文件,平均每天都有,有时还"一日数下"。结果呢? 在疆臣当中,除了湖南巡抚陈宝箴有所动作,其余各位都翘首观望,或者阳奉阴违,甚至阳也不奉。尤其是位居全国督抚之首的直隶总督、北洋大臣荣禄,简直可以说是公开抗命。他认为光绪这小孩子,完全是任性胡闹。荣禄对身边的官员说:"让他去胡闹几个嘛!闹到天下公愤,恶贯满盈,不就好了嘛!"嘴上这样说,行动上却是另一套,不仅把红头文件视若无物,还联合朝中要员刚毅、李盛铎等,不断向慈禧吹风,"以遏乱萌"。

慈禧面对那些向她哭诉的官员,曾有笑骂之语:"你们为什么要管这些闲事? 难道我的见识还不如你们?"

慈禧的笑骂语,我们可以只当花絮看。荣禄的话,却不可小视,它具有相当的重量,沉甸甸地压在历史的胸口上,让人气短。

后来的事,果然"闹到天下公愤"。光绪的一群小章京们,竟然要请伊藤博文来大清国任职,竟然还要对慈禧太后萌生杀机(此一杀机,让袁世凯"魂飞天外")。在慈禧和荣禄眼里,这不是"天下公愤",这不是"恶贯满盈",又是什么呢?于是很快有了菜市口"六君子"喋血的一幕。一场轰轰烈烈的以变法为名的"胡闹",到此终于落下帷幕。其恐怖氛围之浓郁,导致日后的大清官员,很长时间不敢跟外国人近距离接触。

唐老评价康的逃亡,两个字:"命大"。

唐老评价可逃而不逃的谭嗣同,是"真君子""中华民族的好男儿"。

在唐老看来,戊戌变法的失败,是个历史上的"必然",但"必然"中,又有"偶然"的元素,最主要的"偶然",便是康的"人格"太出格。如果把"康有为"换成"康无为",戊戌变法对下一历史阶段所产生的作用,可能会完全不同。

唐老认为,在戊戌年那段历史中,"康氏所扮演的角色,应该是理论家、思想家和政治家。不幸康有为在这三方面,连最起码的条件,亦不具备"。

唐老说,教条主义为害中国,康氏是始作俑者。

唐老还说,康氏在科举阶段,久经折磨,弄得"哭笑无常",这是初期精神病的迹象。唐老的话让我相信,从精神病角度切入康氏,应该是一个很好的研究视角。

说康氏有精神病迹象,不光是一个"哭笑无常",还有更出格的行为。明清两代旧俗,学子考中举人或进士,都要拜主考官为"房师",以报答对方对自己才华和学问的赏识。可这位康圣人中进士后,拒绝拜主考官、礼部尚书许应骙为师,弄得狂名满天下。后经朋友相劝,好歹拜了一下,"师生"关系却一直形同水火。戊戌年,对康氏痛心疾首、弹劾最厉的正是许应骙。你说康的脑袋是不是有病?此外还有一事。康与荣禄谈变法,荣说:"法是应该变的,但是一二百年的老法,怎能在短期内变掉呢?"康的答复是:"杀几个一品大员,法就可以变了。"一个五品小官,借变法而受宠,却时时以激愤之言为自己树敌,你说他到底是不是精神病?

唐老在《晚清七十年》中写道:"以古方今,鉴往知来。摩挲旧史,涉猎时文。掷笔几上,吾欲何言?!"此番倾诉,读来让人心酸。

遗落在日本的甲午战争碎片

甲午战争的硝烟早已散尽，很多战争遗迹却历历在目，尤其旅顺口和威海，遗迹非常密集。这两个地方，现在都是"爱国主义教育基地"。前者我去过多次，黄金山炮台，以及别的什么什么，都很熟，我甚至还去看过当年的北洋舰队军营。后者只去过两回，现在印象有些淡薄。只记得第二回，2010年5月22日，我在刘公岛上，看过一场电影，《甲午海魂》，买过两本关于甲午海战的书。那时候，我对近代史有很浓的兴趣，视线已经触及洋务运动，距甲午战争只有一步之遥。

我是最近两年才知道，"蕞尔小国"日本，竟然也"供奉"许多甲午战争的碎片。我能感受到，那些碎片上，至今仍反射着命运的寒光。

2014年6月，《法制晚报》组织记者到日本，"寻访甲午战争的历史遗存"，归后整理出版一套电视资料片和一本书。我没看过电视片，只读过《甲午遗证》一书。不瞒诸位，我从书中读出许多别样的滋味。

早在《法制晚报》萌发"历史责任感和社会使命感"之前，近代史学者萨苏的"史眼"，已经将那些战争碎片仔细地巡视过一遍，并在《史客》杂志发表长文《寻找北洋海军的踪迹》，予以介绍。后来我在祝勇散文集《隔岸的甲午》里，也看到过一些类似的碎片。

此刻，我有很强的冲动，要说说那些遥远的碎片。我承认，此举是借他人酒杯，浇心中块垒。

福冈，定远馆

福冈县，太宰府天满宫神社（中国游客称之为"日本的孔子庙"，供奉"学问之神"和"书法之神"菅原道真公,每年大约有七百万人到此参拜)内,有一座"定远馆"。确切说,是一座带有庭院的单层别墅,只有六十平方米左右。它的大多数建筑材料,都来自大清国北洋海军的旗舰定远。

定远舰,德国制造,长91米,宽19.5米,1883年下水。其装甲之厚,其吨位之重,其火炮口径之粗,均居世界前列。甲午黄海大战,"受弹百余而不沉"。确切说,是中弹159枚。

日本流传这样一个故事:围攻定远的日舰松岛号上,有一个叫三浦虎次郎的水兵,战斗中受伤倒下,司令官过去查看,三浦抬起头,问了一句:"定远还没有沉吗?"听说定远已失去战斗力,三浦才含笑而死。有人据此创作了一首军歌,叫《勇敢的水兵》,1895年开始传唱,一直唱到今天。这首军歌里有这样一句歌词:"还没有沉没么,定远号啊!"

在这故事之外,还有一件每天都发生的事实:甲午战争之前,日本的儿童,都会玩一种叫"打沉定远"的游戏。

这两件事,说明定远舰在日本人心中的分量有多重。

定远馆,也有故事可讲。

1895年2月4日,定远舰在威海港遭日本鱼雷艇偷袭,重伤搁浅。几天后,舰长刘步蟾下令炸毁该舰,随后自尽身亡。

一年后,日本富豪小野隆介出资两万日元(相当于今天的两千万日元),从日本海军手里,购买了一部分定远舰残骸,运送到故乡福冈县太宰府,以舰骸为建筑材料,建造了一座小别墅。小野后来把定远馆交给天满宫,天满宫先把它当作贵宾室,后改为神社职工宿舍。再之后,有人租借定远馆,在院子里开办玩具跳蚤市场。2011年,天满宫收回定远馆的使用权,不再出租,闲置至今。

据说,小野还把不少定远残骸,赠送给别的寺庙和神社,以彰显日本在甲午年的赫赫战功。

2014年6月,《法制晚报》记者走进天满宫神社,正赶上定远馆在装修。记者在采访中得知,装修后作何用场,主人似乎并没有想好,只是说,希望它还能继续使用一到二百年,还说打算申请为当地的文化遗产。

定远馆里的定远元素,主要有以下几种:舱壁装甲板,被加工成大门,布满弹洞和修理时留下的铆钉孔;桅杆变成房间里的柱子;船桨变成房屋底座部分的横栏;弹药库的门变成浴室的门;船底板变成护壁,上面寄生的藤壶隐约在目；水密舱门变成隔扇；军官的座椅被拆散，变成栏杆……

萨苏说他早年到定远馆考察时，是个下雨天，随行的一个女孩，把雨伞举在定远舰的海兽雕花木栏上面，久久不肯离去。她说："我是大连海边出生的人，让我给定远撑一会儿伞。"

那个名叫杨紫的大连女孩，让我心里一动。

有一种传闻，说北洋海军官兵的幽灵，经常在定远馆里游荡。日本作家秋山红叶写过一篇文章，《定远馆始末记》，说有人在定远馆过夜，半夜时分隐约看到馆内有走动的人影，都穿着北洋水师制服。还说有人半夜到定远馆拿东西，跟穿北洋水师制服的人相撞，当场吓疯。最有意思的一个细节是，小偷夜闯定远馆，听见有人厉声喝问："税？"这个"税"，在山东方言里，是"谁"的意思。在我的出生地辽东半岛，也是"谁"的意思。

定远馆里的鬼故事，据说还有其他版本。秋山在文章中感慨："定远舰当初负伤阵亡的士兵，就是倒在这些材料上，他们都是死战到最后的勇士，这样善战的定远舰的后身，有如此怨灵的传说，不是正常的吗？"

小野的后代在定远馆里设立灵位，"为那些尽管是敌人，但是只要不葬身鱼腹就开炮不止、对国家忠诚勇武的官兵们的冥福而祈祷"。这一举动，似乎夯实了那些灵异故事。

日文书籍《太宰府天满宫的定远馆》里，有这样一段话："定远馆为何物？在国防重镇太宰府，作为日清战争的'战利品'遗留着清朝北洋舰队的旗舰定远的残骸。"这段话的汉语译文很别扭，不过意思倒还明确，定远馆是日本的"战利品"，是日本的荣耀。在这个话题上，我们只能无言以对。

大阪，真田山清军墓

在大阪府的真田山陆军墓地一角，有六座清军官兵墓，墓前有一多米高的石灰岩墓碑，部分已经酥化。墓碑形状为方形尖顶，跟旁边的日军墓碑完全相同，这是日本习俗中为勇敢军人专用的墓碑形状。每一座墓碑前面，都有一个接近二十厘米高的瓷管。据萨苏观察，那瓷管是用来插花的。他当年考察这六座清军墓的时候，发现瓷管里有两束枯萎的鲜花。《法制晚报》记者前去考察时，给每个瓷管都插上菊花，默默祭奠清军官兵的亡灵。我为记者的举动而感动。那些亡灵,都是我中华民族的子孙嘛。

奇怪的是,每座清军墓碑上,都有大约三十厘米长的一段白色斑痕。萨苏考证,那块白斑所在之处,原本是"捕虏"二字。后被凿掉。为什么要凿掉?这里边有个故事。故事跟德国有关。这片墓地里,有"一战"时期德军战俘墓。那些战俘应该是被日军从山东捉来的。到"二战"时,日德关系亲密,驻大阪的德国领事,认为德国战俘墓碑上的"捕虏"字样具有侮辱意味,请求日方凿掉,日方照办。据说,当时日方也考虑对清军战俘的墓碑做同样处理,不知为什么被耽搁下来。日本"二战"战败后,听说一个中国将军要来日本,墓地管理方担心清军墓碑上的"捕虏"字样,会引起那位将军的不满,赶紧凿去。但传说中那位将军,根本没去日本。

萨苏介绍,在这一传说遮盖下的事实是,一个名叫钟汉波的民国时期海军少校,利用他的中国特使身份,在日本工作期间自作主张,把遗落在日本的定远、镇远两舰的铁锚和锚链,以及两艘被掠的小轮船,都送回国内。可悲的是,送回国内的定远和镇远锚链,被官员当作废铁卖给了铁匠铺。之中的定远舰铁锚,现存于中国人民军事博物馆。

埋葬在真田山的清军官兵的名字是:吕文凤、刘起得、李金福、刘汉中、杨永宽、西方诊。前四位,墓碑上刻有"清国"字样;后两位,刻的是"故清国"字样。据考证,杨永宽和西方诊死于民国年间,所以被称为"故清国"。

吕文凤的身份是"朝鲜皇城内清国电信使"。中国海军史研究所所长陈悦介绍,清政府当时在朝鲜设有电报局和电报员,1894年7月23日,日军攻占朝鲜王宫,吕文凤应该是在那个时段被俘的。

刘汉中的墓碑上有"清军马兵五品顶戴"字样,是六位官兵中死亡最早的一位,葬于1894年11月。此君也可能是六位官兵中军衔最高的人。一位在日本当过多年报刊编辑的老华侨,从历史档案中找到刘汉中的身份资料,得知这个死时年仅二十三岁的小刘,祖籍辽宁,世代务农,是家族中第一个当官的人,难怪他至死也要把这份荣耀带入墓中。

陈悦告诉《法制晚报》记者:"刘汉中可能是日军从花园口登陆时俘获的,也可能是从鸭绿江登陆的日军俘获的。"这话当然没错。甲午年日本陆军,在11月份,已兵分两路侵入辽宁地界,刘汉中肯定是被其中一支部队所俘虏。

另有一位"河盛军步兵卒"李金福,陈悦认为可能是在山东战场被俘的。

六座清军墓中,有四座面向北方。萨苏的解释是,在日本的中国劳工曾经误以为,日本的北方跟中国接壤,因此都是往北逃亡。也许清军战俘也认为北方是中国吧。

真田山墓地自2013年起,不再设有专人管理。《法制晚报》记者看见,有不少当地居民到墓地附近遛狗散步。

在这块墓地之外,是否还有别的甲午战争清军战俘墓地?这事不好说。至少到现在为止,没有新的发现。史料记载,1895年《马关条约》签署后,双方交换战俘,日方在当年的八九月间,陆续放还了大清国被俘的官兵、洋员和百姓共计941人。这九百多人是不是战俘的全部,也很难说。

萨苏在考察中得知,在日本还有四处八国联军侵华时期的清军墓,位于广岛的比治山陆军墓地。这个墓地成分复杂,除了日军、清军,还有法军、德军等,都是八国联军侵华时期的各国官兵遗骸。萨苏在文章中说,此处清军墓碑,跟周围日军的相比,质量低劣很多。

长崎,定远舰炮弹

长崎县第二大城市佐世保,有一座日本海军墓地。这里的一个特定区域,埋葬近五十位海军官兵,都死于1894年9月17日。那天,大清国北洋舰队与日本联合舰队在黄海拼死激战。日本海军里那位"勇敢的水兵"三浦虎次郎,就葬在这里。甲午年担任浪速号巡洋舰舰长,后来出任日本海军元帅,与陆军的乃木希典并称为"军神"的东乡平八郎,也葬在这座墓地,不过跟三浦等人,不在一个区域。

定远舰上的四枚炮弹,在这座海军墓地矗立了一百二十多年。两枚实心弹,立在墓地路口,两枚开花弹,立在墓地之中。开花弹上,有甲午年日本联合舰队司令伊东佑亨的题词:"为慰灵魂。"每个字都有手掌大小。旁边刻一行小字:"清国军舰定远三十珊半之炮弹,海军中将伊东佑亨"。

这里是日本四大海军墓地之一。墓地管理员宫里说,每周的周一和周五,他都要打扫墓园,并擦拭定远舰的四枚炮弹。让宫里感到自豪的是,此处环境之洁净,在日本海军墓地中首屈一指。

宫里向《法制晚报》记者介绍,这座墓园,每年十月份都会举行一次大型祭祀活动,"市长是祭祀活动的主办人,日本国会议员、佐世保议员、战争老兵、阵亡海军家属等人员都会前来出席"。这个祭祀活动,最多时有上千人参加,最少也有四百多人。

定远舰的炮弹,为什么会出现在这里?日本甲午战争研究专家原田敬一的解释是:甲午战后,日本成立了一个"战利品"研究会,负责把缴获的物品,分发到学校、神社和寺庙等机构,以此激发日本国民的自豪感。

有关这座墓园的一份资料说:"今天的日本人甚至都不知道定远和镇远的名字,但在当时连小学生都知道这两艘清朝的铁甲舰。当日清两国局势紧张之时,日本国民多么担忧啊!"

与国民的态度完全相反,甲午年日本联合舰队在黄海发现北洋舰队时,海军官兵个个兴奋异常。时任松岛舰大尉的木村浩吉,在日记中记载,大家都兴奋地换上新衣服,等待战斗打响。

日本海军的气势如此旺盛,出人意料。

冈山,镇远舰主锚

冈山县吉备津市的山岭中,有一个小小的神社,福田海神社。这神社的神主,是牛。据说,日本人好吃牛肉,他们希望那些被吃掉的牛,灵魂早日升天,不要怨恨人类。

这个小神社里,有一只巨大的铁锚,来自北洋舰队主力舰镇远,是镇远的主锚。《法制晚报》记者看见锚的"整个表面呈赤红色","在周围青山的映衬下",那赤红色"显得格外刺眼"。

铁锚两边的石台上,端坐两尊石质神像。一尊持长枪,留长须,类似中国的关公;另一尊很像中国的十八罗汉造型。记者采访得知,这哥俩,一个叫"行之使者",一个叫"理源大师"。

神像和铁锚放置在一起,什么意思?记者没说。

谁都一样,看见镇远主锚,不可能不想起镇远。

陈悦在《北洋海军舰船志》中,这样介绍镇远:"黄海海战中,定远镇远二舰结为姊妹,互相支援,不稍退避,多次命中敌舰……(1894年9月17日下午)3时30分,镇远305毫米巨炮命中日本旗舰松岛,引发大爆炸,日方死伤近百人,松岛失去战斗力……"

镇远于1894年11月14日凌晨,在威海湾触动水雷浮标受八处擦伤,不久旅顺船坞失守,这意味舰伤可能永远无法修复,舰长林泰曾为此愧愤自杀。1895年2月17日,镇远被日军俘获,修复后仍用镇远之名编入日本舰队,列为二等战舰,后来参加日俄战争,与俄国舰队对阵三次,分别是进攻旅顺、黄海之战和对马海战,之后被列为一等海防舰。1911年4月1日退役后充当靶舰。1912年4月6日在横滨解体。解体后遗留的部分船锚、锚链、炮弹等物件,有些陈列在东京上野公园里。

据陈悦考证,福田海神社里的镇远舰主锚,是当时日军西京丸号舰长鹿野勇之进赠送的。镇远被俘后,由西京丸拖回日本,当时的主锚,锚爪已断。镇远编入日本舰队时,配备了新的主锚。鹿野是冈山人,他把替换下来的镇远主锚送回老家,有纪念战争胜利的意味。

神社的讲解员长谷川悦子告诉《法制晚报》记者,第二次世界大战时期,日本政府号召百姓捐铁制造军舰,当地人决定把镇远主锚捐出去,可是抬不动,又决定将铁锚切割,可还没等切割,战争已经结束。

镇远主锚被福田海神社封为"不动尊","供祭祀所用"。长谷川悦子说,主锚所在之处,是神社的中心。锚重,锚下的大石头也重,两个非常重的大东西一起"镇在这里",什么妖魔鬼怪都别想作乱。

《法制晚报》记者在报道中写道,镇远主锚"卧在这异国他乡的石台上,仿佛在默默地诉说着当年清朝战败的耻辱,却无人倾听"。

东京,旅顺要塞炮

东京,靖国神社内,有一座"游就馆"。馆名来自《荀子·劝学篇》:"故君子居必择乡,游必就士,所以防邪僻而近中正。""游就",是"游必就士"的简称。这让我稍稍有些奇怪。明明是一座战争博物馆,怎么起了这么个文绉绉的名字?馆内的藏品,主要是日军在近代战争中使用过的武器、军用装备和战争资料等,有十万件之多,另外还有五千多张日军的影像。

这里有一件特殊的藏品,是一门大炮,炮口正对着博物馆大门。此炮口径十二厘米,通体漆黑油亮。展示牌上写着:"战利品,清国要塞炮。该大炮由德国克虏伯公司于1885年（明治十八年）制造，由清国将其安放在旅顺港港口要塞，以用来对旅顺进行防御。甲午战争后，该炮保存在位于大阪市辎重兵第四连队的军营（现为国立疗养所近畿中央医院）之中，后于昭和三十九年六月捐献给靖国神社。大炮的尾部刻有克虏伯公司三轮交叠的标志以及制造的编号。"

参观者喜欢一边阅读展示牌，一边抚摸大炮的炮口。炮口被摸得油光铮亮。

陈悦对《法制晚报》记者介绍，那门旅顺要塞炮，不是陆炮，而是舰炮，很可能是北洋舰队广乙舰的主炮之一。陈悦说，这里边，有个故事。甲午战争爆发前夕，北洋舰队安装了仅有的六门速射炮，广乙舰更换下来的主炮，被安置到陆地，成为要塞炮。读者注意到没有？陈悦的话，透露出一个不幸的事实，整个甲午战争期间，北洋舰队只有区区六门速射炮！而日本参加黄海之战的军舰，共有二百四十门大炮，其中多数是速射炮！

可怜的广乙，是北洋舰队第一艘为国捐躯的军舰，早在1894年7月25日丰岛海战时，就受伤搁浅自爆沉没。

现在我们一起重温旅顺军港的历史沧桑。

晚清时节的旅顺军港，由"卖国贼"李鸿章耗时十六年、耗资数千万两银子建造而成，被西方人称作"远东第一军港"。黄遵宪曾写诗赞颂："海水一泓烟九点，壮哉此地实天险！炮台屹立如虎阙，红衣大将威望俨。"

1894年11月21日拂晓，日本陆军第二军向旅顺发起总攻。清军守军共一万四千人，仅一天时间，二十多个炮台全部失守。清军死两千多，日军死四十，失踪七人。从死亡人数的对比上看，我怎么也弄不清这仗是怎么打的。

11月24日，"旅顺大捷"的消息在东京广为散布，第二天，日本所有报纸头条都在报道此事，"渤海的咽喉、东洋的要害，世界之大军港被我军魂攻破"。在这议论声之外，全国各地，到处都挂满日本国旗，到处都是集会、游行，整个国家陷入狂欢。

没等这狂欢的气氛散去，一缕不祥的阴云就笼罩在日本头上，英国《泰晤士报》和美国《纽约世界》，率先报道日军在旅顺的大屠杀事件，随后更多媒体跟进，一时之间，日本的国际形象狼狈不堪。

据宗泽亚在专著《清日战争》中披露，旅顺大屠杀事件发生以后，整个清廷上下，竟没人出来为那些冤死的百姓说一句话，哪怕哼哼一声也没有！倒是那些被国人一向当作野蛮人看待的洋人，在遥远的异国，为大清子民大鸣不平。这是甲午年间非常诡异的一个事件。说句让人寒心的话，那时候的大清国统治者，可能并不认为日军屠杀百姓有什么错，他们大概会觉得，这很正常啊，换成是俺，也会这么干！

让我们把目光从历史深处收回来，回到游就馆。

《法制晚报》记者提到，他们在参观时看到一个日本人的留言："日本现在是一个强大也是一个富足的国家，之所以有这样的成果，是先人拼了命换来的。日本是一个突破了很多灾难的国家，正是因为这些死去的人保护了自己的国家和民族，日本才有了这样的突破。现在的日本人必须要去怀念他们，必须要去记住他们所做的事情，现在日本又迎来了第二次世界大战以后新的危机，我们不能浪费对前人的思念，我们必须要从这种长久的睡眠中苏醒过来。"

与此相对照，一位参观过游就馆的中国人在网上发布感言："在馆里的观览是悲痛与气愤的，刺刀每展出一次，我都会浑身血涌，仿佛看到了无辜百姓的惨死。在馆外的留言簿上，很多日本人留言，大概（意思）是现在的好生活是先烈换来的之类的。日本的欺骗教育，确实为右翼及军国主义的复辟不断提供土壤。"

《法制晚报》记者还注意到，不少日本人从靖国神社门前经过，会停下脚步，毕恭毕敬地鞠躬，拍两下手，再鞠躬。鞠躬很好理解，日本人爱好这一口嘛，有事没事，都整天躬来躬去。可拍手是什么意思呢？是这样，拍第一下，代表"人神之间的沟通"，第二下则是表达对神"深切的崇敬"。

我的目光在记者的这段报道上停留很久，然后轻轻叹一口气。

结　　语

遗落在日本的甲午战争碎片，远不止上面提到的这些，在《甲午遗证》的视线内，还有福冈的刘步蟾办公桌、冈山的平远舰炮弹、神奈川的致远舰机关炮、长崎的定远舰舵轮等等。但我不想再说它们了。

审视上文提到的这几枚碎片，不难看出，它们之所以遗落他乡，有些是私人行为导致，如定远馆和镇远主锚，此外都是国家行为导致，如真田山清军墓、定远舰炮弹等。不管是私人行为还是国家行为，里边都凝聚着日本人的自豪感。随着时间的流逝，昔日那些自豪元素，又逐渐演变成前人对后人的激励。对此，我们没有理由去责备他们。类似的事，我们也在做嘛。

最让我心动的一个细节，是在真田山清军墓，日本用国家行为，表达了对清军亡灵一定程度的尊重。这个细节让我陷入深思。当然，值得我和我们深思的，不仅仅是这个细节。

在隔岸的碎片之外，还有很多关于甲午战争的人和事，都值得我和我们深思。

马关旧梦：小山枪击李鸿章

宗泽亚在《清日战争》中，这样评价李鸿章遇刺事件："一贯高傲的老人……甚至遭到日本浪人暗杀，用血的代价给大清国赢得了喘息的机会。"

刺客名叫小山丰太郎，时年二十七岁，后改名为六之助。日本群马县人士。其父曾任县议会议员。小山是家中长子，"为人放荡无赖"，被父亲废除嫡子身份。读中学后，两度退学，没有固定工作，时常受雇充当打手之流，两次因打人毁物入狱。在日语中称这种人物为"壮士"。

刺杀李鸿章事件，让小山一度成为日本举国唾弃的"名人"，报界异口同声骂他为"狂汉"。著名政论家福泽谕吉在《时事新报》发表文章说："非独一凶汉而已，乃我等日本国民不共戴天之国贼，虽百千年亦不能忘也。"

福泽谕吉怕刺杀事件让日本的甲午战争果实减少分量。这也是当时日本朝野的普遍担忧。

吉辰在《昂贵的和平：中日马关议和研究》（生活·读书·新知三联书店，2014年9月）一书中，转引日本外相陆奥宗光《蹇蹇录》对此事的议论：

当中日开战之后，我国各种报纸，以及在公私集会上，对中国官民的弱点，莫不夸大其词，极尽谩骂诽谤之能事；甚至对李鸿章的身份，也痛加诋毁，发出不堪入耳之词。但是这些人，今天在对李鸿章的遇难表示惋惜时，却一改过去态度，往往说出类似阿谀的恭维言词。甚至有人列举李鸿章已往的功业，而说东方将来的安危，系于李鸿章的生死。全国到处与其说惋惜李氏的被刺，毋宁说是畏惧因此而产生的外来责难。直至昨日，尚沉醉于因战胜而极端狂欢之社会，今日恰似陷于居丧的悲境，人情反复如波澜，固无是非可言，但对此种卑怯行为不能不为之惊叹。

李鸿章遇刺后，日本的"卑怯"感，先从首相伊藤博文开始，态度强硬的外相陆奥，作为重要当事人，也绝不会神色坦然。那时候，几乎整个日本朝野，都陷身于"危机公关"之中，用吉辰的话说，是"挖空心思，花样百出"。陆奥的《蹇蹇录》，是事后所写，风波已然平息，自然要站着说话，不提腰疼的往事。

刺客小山，很快被判为无期徒刑，押解到北海道服刑。两年后赶上大赦，减为十五年徒刑，1907年假释出狱。之后，他把狱中的十三年经历，写成《活地狱》一书。他在该书前言中说自己获罪的原因："乃因思国家之真心深切也。"1938年，日本侵华战争全面爆发之际，他在杂志上发表回忆录《旧梦谭：马关狙击事件的回忆》（以下简称《旧梦谭》），回顾刺杀李鸿章的前因和经过。

吉辰在书写《昂贵的和平：中日马关议和研究》过程中，将《旧梦谭》翻译成中文，并作为前者的附录，呈现在读者眼前。

虽然时过境迁，但我还是觉得，对《旧梦谭》这一文本，大有品味和剖析的必要。

小山眼里的大清国

小山在《旧梦谭》里传达出来的情绪，值得我们注意。那里边有浓郁的民族主义元素。而在我们这边，直到辛亥革命前后，民族主义情绪才被逐渐激发出来。这说明，甲午战争期间，在日本一方，有民族主义的精神力量存在；而大清国的陆海军，都缺失这种精神力量。

我们来仔细端量，小山如何描述大清国。

首先，小山把朝鲜亲日派"开化党"首领金玉均在上海被暗杀一事，直接归罪到大清国头上。

宗泽亚在《清日战争》中这样描述金玉均被杀事件："1894年3月，闵妃派出的刺客洪钟宇，诱使金氏去上海与清国高官李经芳会晤，拿出五千圆资金作诱饵，在美国租借的日本旅馆内将金氏杀害。"之后，"朝鲜宫廷闵妃派得知金玉均被暗杀的报告……请求清国政府将洪钟宇和金氏遗体一并交给朝鲜国处理。李鸿章同意了朝鲜的请求……朝鲜宫廷对金氏遗体处以凌迟刑"。

宗泽亚在书中还写道："金玉均在上海被朝鲜刺客暗杀的消息传到日本，社会舆论激愤，朝野上下纷纷谴责政府的软弱政策……日本友人会为金玉均在东京浅草寺举行约两千人参加的葬礼,众议员犬养毅等社会名流指责政府,将金氏遗体解回朝鲜是对日本帝国的极大侮辱,要求对清国采取报复措施……日本国内反清、反朝鲜的呼声高涨,'征韩论'、'征清论'在新闻媒体连日大肆渲染报道……金玉均被暗杀事件演变成日本挑战大清国的导火索,加速了朝鲜半岛的紧张局势。"

这事在小山笔下,被虚构成另外一个故事:"支那政府唆使名叫洪钟宇的恶间谍,将我们的金玉均诱至上海暗杀。"小山认为,这事,分明是清政府在向日本挑衅,同时也是对日本的侮辱,认为这是日清战争爆发的一个起因。

其次,小山还提到1884年朝鲜"甲申事变"之后,伊藤博文到天津跟李鸿章缔结《天津条约》时被李傲慢对待。李"在总理衙门的内室和妖媚的官妓混在一起,让她唱安来节(日本民谣,一般在酒席上演唱)一类的歌,做着巫山戏",听说伊藤来了,"不得不去见个面",可"完事之后,又说要接着听刚才的歌,就像没睡醒一样,慢吞吞地从会客室走出来,傲态摆得十足"。

小山的叙述,显然经受不住史实的检验。这里只说一点,李鸿章怎么可能在总理衙门里办公?总理衙门怎么会在天津?他的办公地,应该是直隶总督衙门对不对?

有史料证明,慈禧对《天津条约》的签订很满意,夸李鸿章:"相机因应,迅速完结,甚为得体。"赫德也高兴,说:"昨天日本人在天津签了约,我们大赢。"在"我们大赢"的过程中,李确实对伊藤说过硬气的话,稍许的傲慢大概也免不了,但绝不至于像小山描述的那种程度。

这里抛开真假不论。我想说的是,这种"传闻",当年在日本广为散布,负面影响很大,让"不是伊藤身边的人,也会气炸了胸膛"嘛。

小山版李鸿章侮辱伊藤的故事,也等于是大清国对日本国的侮辱。

所以,后来听说张荫桓、邵友濂使团被日本政府驱逐一事,小山很开心;听到曾"引起公愤的李鸿章"不得不作为战败国使节前来日本,小山说那"是再愉快不过的事情了"。

第三,小山形容被驱逐的张、邵使团:"穿着演马戏一样的东缝西补的衣服,打着庙会上用的阳伞,简直像被大雨浇成落汤鸡的'叮咚帮'(指穿着花哨衣服、敲锣打鼓给商品做宣传的日本人)一样,哭丧着脸上船的西洋景,真是值得一看的。"

此外，小山对大清国还使用了诸如"无药可救""好了伤疤忘了痛""麻木到了那种不可收拾的程度"和"迟钝"等语句。

就是在这样的心理背景下，小山走上了刺杀李鸿章之路。

为何要杀李鸿章？

从小山的立场出发，最大的行为冲动，是为了破坏和谈。他在回忆录里这样写道：

> 听说西洋的战争，剑戟刚刚相交，连像样的战事都没有，只要认为有讲和的必要就会讲和。如果打了仗，讲和是很容易的。
>
> 这是和日本人不一样的地方。要让日本人来说，男人一旦拔剑相向，不管是国与国的战争也好，个人间的争斗也好，不是那么容易就能讲和的。意气也是这样，不达到目的地决不罢休。这就是人生意气催生的行为方式。什么用算盘计算得失，是绝不可能的。

有这样想法的日本人，不止小山一个。和谈消息一出，日本军方就有不少人跳脚反对，内心想法与小山同出一辙。小山觉得，日军"连战连胜的结果是指日可待的。用不了半年，就能让四亿支那人在北京城的日章旗之下跌倒了"。针对和谈中的关键人物，李鸿章、伊藤和陆奥，小山认为，后两位，都是日本"第一流的大政治家"，不是凡夫俗子，"如果让他们死去的话，觉得太可惜了"，"而李鸿章是外人，不如干掉他"。

实际上，小山听说李鸿章来日本和谈的消息不久，就有了一连串的情绪反应，一是胸中"骚动"，二是说不出话，三是头脑发热，四是忧郁，五是眼前出现幻觉。

小山的幻觉是，李鸿章在和谈中得到伊藤和陆奥的"温情相待"，回程时，在马关的海面上，"睥睨东京的方向，吐出红色的舌头，嘿嘿地奸笑"。小山忍受不了这一幕。他说："这么一想象，就不由得气炸了胸膛。"

有意思的是，小山实施刺杀行动期间，曾在广岛有过短暂停留。他听说作为日军统帅的天皇在广岛的一间小房子里（作者按，据《清日战争》一书所言，天皇的广岛寓所只有七十九平方米)"受着憋屈",而"伊藤伯爵下榻的旅馆每夜都会招来几个艺妓,欢声笑语响彻耳际"。小山一时激愤,"甚至想着,干脆先用我的非常手段,血祭这头好色的老狒狒算了"。但又一想,不对,能有"在大本营的天子脚下招妓嬉戏这么一股意气",足以证明伊藤不是凡物,足以证明此君可以挑起日本的大梁。想到这里,小山"一阵后怕"。

史料显示,事后在法庭上,小山有长篇陈词,列举自己的行刺理由:其一,因李鸿章之故,令天皇忧心操劳;其二,李是破坏东洋和平的元凶;其三,李要为一系列事件中丧命的日本人负责;其四,此次议和对日本有害无益,应该中止;其五,李来日本,是为了阻止日军进攻。小山还在法庭上扬言:"窃闻学者有云,两国干戈相交,战胜国未见敌国首都便即收兵乃不名誉之事。"

这番陈词一旦宣扬出去,显然对日本不利,法庭只好"虚化"处理,在公开的判决书里说小山的刺杀动机是:他认为"非去此人(李鸿章)不能保持东亚永久之和平"。不过当时就有西方媒体对此论调表示怀疑。

小山在回忆录中的说法,与当年的法庭陈词,虽然没有严丝合缝,但主体思想一致:是为了阻止和谈,才决心刺杀李鸿章。

另外小山还有一个隐秘的念头:"开了这一枪……被笑作狂人也好,被骂作贼子也罢,总之估计不会再被叫作没出息的男人了。"

小山的心绪与行动

小山对李鸿章动了杀机以后,心绪更不平静。一是乱。觉得这事吧,总得痛下决心才行。"脑子里浮现出来的,都是杀掉他的理由。"弄得自己也说不清楚,到底什么时候才真正下了决心。二是幻觉增多。"绞刑架……父亲和弟妹……东洋豪杰的死……伊、陆两雄的失望……国民的轰动……出征诸君的心理状态……美好的尘世……警吏的白刃……二十七岁的死……冰冷的尸体",所有这些,走马灯一般在他脑子里转。小山把这种现象称作"视死如归"。三是慌张。想上火车又不敢上,觉得一上火车,自己距离死亡就近了一步。后来在法庭上,他总也想不起自己是不是路过了锦带桥,那是一座很大的桥。四是妄想。老觉得自己行刺以后,会"成为三尺竿头的曝尸"。他指的是日本传统刑罚,将犯人绑在木架上施以磔刑并曝尸。这刑罚早在明治初年就已弃用。此外,小山在看戏的时候，觉得戏里的事，会立马发生在自己身上。

小山的行动，跟他的心绪一样，处在不停的运转之中。

第一步，回老家。见父亲，见弟妹，见亲戚朋友，见小时候的汉学老师，祭拜亡母，等等，有诀别的意思在里边。最重要的是，他需要从父亲手里弄点钱，才能把刺杀行动进行下去。这一环节很顺利，他弄到一笔数目不小的钱。

第二步，买李鸿章的照片，买手枪。他知道一个卖手枪的地方，横滨，于是到横滨去。在横滨先买了李的照片，以免到时候认错人。之后到"金丸铳炮店"，看中了一支"五连发上推式"手枪。买枪需要到警署领取许可证。他撒谎说，想进山区研究养蚕，需要手枪防身。警署批准。行刺事件发生后，个别日本报纸刊登消息说，"凶手用一柄生锈的手枪开火"，小山很生气，说记者对手枪的认识很幼稚。

第三步，到东京浅草公园的打靶店练习射击。用气枪练习，练了两三天，他要求用真枪试试，被店家拒绝。

第四步，打算去东京著名的花街"芳园"一游。小山想"找个让自己不留遗憾的美女"，并确定要去"河内楼"。路上突然想起以前有两个刺客在行刺之前都去过那里，心说"这家店简直就变成杀人犯的诀别之地了"，于是止步，掉头离开。

第五步，看戏。看了一场又一场。

第六步，到广岛。得知李鸿章使团的目的地是马关，才离开广岛。

第六步，到马关。一路上练习手枪射击，打死过一只山雀。

第七步，混过检查站，进入马关市区。进市区前，小山已囊中羞涩，不得已卖掉身上的衣服，买了一件"破破烂烂的筒袖"。他自己认为，能混过检查站，多亏这破筒袖。

第八步，检查手枪。到厕所里检查手枪。"灵机一动，就朝着眼前的小屋飞奔过去了。枪身检查了。扳机检查了。子弹确实装了五发。"他在来马关的路上，决定只开一枪。"否则的话……还要打第二枪第三枪，让外国人看了，会觉得警戒比想象的要松懈。"你说这小山是不是很爱国？而且，不光爱在大处，小处也爱。

第九步，枪击。小山从人群中冲出之前，他看到的李鸿章是这般模样："上身露在（轿子）外面，比起照片上的形象，眼光更是炯炯射人，的确是伟人的风貌。年龄约有七十，真是老英雄的典范。从眼睛看其人悠扬不迫的态度，不由得佩服这眼睛比照片上还要犀利。真不愧是睥睨东洋的眼睛！"这是我阅读视界中描写老李形象的最动情的文字。可惜，小山在"佩服"了瞬间之后，还是"倏的一下"，"冷不防"冲到轿子前面，心中默念"国贼天诛"，用手枪"瞄准李鸿章的胸膛和咽喉之间，扣动了扳机"。这一枪，击中了老李的脸部，左眼下面的位置。说时迟那时快，小山的"脖子、手臂连同身体，被几个警察和宪兵用捕绳捆得横七竖八"。

直到走上法庭，小山也没想到，他这一枪，帮了李鸿章和大清国很多忙。有人戏称，他这一枪，为大清国节省了一亿两银子。呵呵。

两首日本流行歌曲

小山的《旧梦谭》里，抄录了两首当年的日本流行歌曲。一首叫《日清谈判之歌》，里边有大量关于战争的内容。还有一首叫《恰恰啦卡锵》。

我觉得这两首歌里边，都有日本的民心和民气，民族主义色彩甚浓，不可小觑。而同期的大清国，老百姓连什么叫国家都不太清楚，更不必说这主义那主义。

那时候，日本国民憎恨大清国的情绪很浓郁。日本儿童把清国人脑后的辫子称作"锵锵"，后转化为对清国人普遍的蔑称。"卡锵"的意思，也差不多。

两首歌，一首点名骂了李鸿章，另一首点名骂了袁世凯。

骂李鸿章的《日清谈判之歌》比较长，说完海战说陆战，说来说去，说到李鸿章头上：

"破浪进击，喇叭齐响，
炮烟弹雨之间，日本武士横冲直闯。
日本刀闪月光，李鸿章把胆丧，
锵锵秃头逃之夭夭。"

这歌的结尾处，说要"尽杀锵锵，夺取万里长城"，还说什么"陆军万岁海军光荣"，结尾一句是"欣慕欣慕欣慕，愉快愉快愉快"。好开心啊。

小山特意强调，不管谁唱这首歌，都会在原文"锵锵秃头"中间加一个"臭"字，变成"臭秃头"，而且唱的时候，调门往高处使劲拔，"切齿扼腕，威势大张"。

甲午战争之际，以及后来很多年，日本都流行一种观念，认为甲午战争是日本的国家军队跟李鸿章的"私军"在打仗。这首歌也透露出这样的主观倾向。日本学者认为，大清国的"国家意识"，是在那场战争的刺激下才"相对形成"的。这话听着刺耳，却很难反驳。

骂袁世凯的歌《恰恰啦卡锵》，只有四句：

"支那的袁世凯是个大坏蛋，
日本人给他眼色看，
慌慌张张逃跑啦，
恰恰啦卡锵。"

那时的日本人永远也不会想到，中国人会跟他们一样骂袁恨袁，且泼墨甚多，用数百万甚至上千万字的学术著作或文学作品，再三再四说"袁世凯是个大坏蛋"。你说这袁世凯，他怎么混的呀。

宗泽亚在《清日战争》中记载，自1894年9月15日至1895年4月26日，日本明治天皇亲临广岛大本营长达七个多月时间，但他除了听取战况报告、关注部队伤亡和分享胜利的捷报之外，并不参与制定作战计划等具体事务，因此有时间有精力"监修"了很多首军歌，包括《丰岛之战》《黄海之战》《平壤大捷》《勇敢的水兵》等，并很快在前线部队中掀起传唱的热潮。可惜，宗泽亚没说，小山也没说，骂李鸿章和袁世凯的这两首流行歌曲，是不是天皇"监修"的。若是，那才有意思。

历史这东西，需要后人不断咂摸其中的"意思"，你说是不是？

迟到的声音

《甲午一百二十年祭》，是一本只有十万字的小书，《东方早报·上海书评》编辑部编辑，收录马幼垣、杨国强、姜鸣、艾尔曼等九位作者的十二篇文章。上海人民出版社2014年5月第一版。没有前言后记，只有短短数行《编者说明》，大意是，为纪念甲午战争一百二十周年，《上海书评》策划了这样一个专题，在介绍了文章的出处之后，说"希望能够对读者了解甲午战争有所助益"，就此打住，再无二话。

我心里核计，编者对这本书，是不是有点漫不经心？再一琢磨，怎么可能？甲午战争这样的大话题，谁会轻慢？看看内容再说，经心不经心一看便知。看完，嘘一口气，果然，包子有肉不在褶上。

笔者关注甲午战争，已有数年时间，读过的相关书籍，不下几十种。这本书中发出的某些声音，却是第一次听到。这当然跟我的孤陋寡闻有关。换一个角度，也可以说，是这声音来得太迟。此刻，我很想说说这迟到的声音里，那些对我"有所助益"的论点。不说不行，不说心里堵得慌。

睡狮论与睡觉论

很早之前，应该是在学生时代，我听到一个广为流传说法，中国是睡狮，一旦醒来，会如何如何。我以为这说法广为流传的原因有二：其一，这睡狮论的创始人，是大名鼎鼎的拿破仑；其二，这话让国人听了，很舒服啊，浑身上下，每个毛孔，都无比通畅。

舒服是舒服，不过这睡狮论，是如何"论"出来的，却很少有人知道。学者姜鸣接受记者访谈，在访谈录《甲午战前的中日关系》一文中，谈到它的由来。

真是说来话长。早在1816年，英国国王派一个名叫阿美士德的使者，来大清国商谈贸易。那时候是嘉庆帝执政，对"英夷"强硬得很，贸易个屁呀，从哪来回哪去，别在我天朝扯那个哩根楞。阿美士德在嘉庆那里碰了一鼻子灰，回国途中，搂草打兔子，到圣赫勒拿岛，看望因滑铁卢兵败被囚禁在那里的拿破仑。两人有一番对话。阿美士德说，只有战争，才能让中国人明白，打开国门对谁都有好处。拿破仑说，跟中国打仗，是"世上最大的愚蠢"。接着，睡狮论出笼，"狮子睡着了连苍蝇都敢落到它脸上叫几声。中国一旦被惊醒，世界会为之震动。"这话，阿美士德并不赞同。他说："中国在表面强大的背后是泥足巨人，很软弱。"这个"泥足巨人"论，在中国，知道的人很少，原因也有两个：其一，说这话的人，名气不响；其二，这话让国人听了，怎么那么不舒服啊。

之后接近七十年，大清国的劲敌，日本政治家伊藤博文，捡起拿破仑的话茬，制造了一个睡觉论。他把狮子撇开不提，只说睡觉。

1885年4月，作为特使的伊藤跟李鸿章协商朝鲜"甲申政变"的善后事宜，两人有过一段时间正面接触。事后，李给总理衙门写信，要中枢留意这个日本人，说他才学非凡，"大约十年内外，日本富强必有可观"。就是这个才学非凡的伊藤，跟李鸿章谈判之后，向日本政府汇报说："有人担心三年后中国必强，此事直可不必虑，中国以时文取文，以弓矢取武，所取非所用；稍为变更，则言官肆口参之。现虽经历中法战争，又开始努力整顿海军，依我看来，皆是空言。现在法事甫定，似乎发奋有为，殊不知一两年后，则又因循苟安，诚如西洋人形容中国所说又'睡觉'矣。倘若此时日本与中国作战，是催其速强也。若平静一两年，言官必多参变更之事，谋国者又不敢举行矣……"

应该说，李鸿章和伊藤两人的眼光，都很毒。李看伊藤看得准，伊藤看中国看得准。伊藤的睡觉论，是振聋发聩之论。他看得很清楚，这会儿大清国醒了也没用，别刺激他，过几年他自己还会睡觉。这番话，后来都一一言中。对大清，是不幸言中；对日本，是幸而言中。仅以北洋舰队为例，1888年成军之后，连续六年不再增添一舰一炮，等于又昏睡过去。

伊藤的睡觉论诞生两年之后，晚清外交家曾纪泽也有谈论睡觉的文字发布。1887年，他从驻英国公使任上卸职，回国担任总理衙门大臣，在香港《德臣西字报》发表《中国先睡后醒论》，认为中国只是睡觉，不是垂毙。文章写道："沿自道光末年，沉睡之中国，始知己之境地，实在至危至险，而不当复存自恃巩固之心。"继而论述，第一次鸦片战争后，中国从沉睡中稍稍醒了一下，但没全醒，第二次鸦片战争，圆明园被烧，俄国吞伊犁，法国吞越南，中国全醒了，从1860年起，李鸿章整顿军务，日渐起色，与他国再有战事，不至于像以前那样吃大亏了。

很明显，曾纪泽的"先睡后醒"论，是对伊藤睡觉论的驳斥。据姜鸣说，曾纪泽的文章在国际上引起很大反响。

做一次事后诸葛，用目下的视角回望，曾纪泽显然过于乐观，有明显的浪漫主义倾向。确切说，那时候，大清国里，有些人醒了，比如李鸿章和曾纪泽都醒了，但要说整个中国都醒了，显然不是事实。即便在清政府高层，也还有很多人在睡觉，比如那个后来权倾一时的翁同龢，以及一群清流党，直到甲午战败，仍然睡得懵懵懂懂。

曾纪泽也帮办过海军事务，对大清新式海军寄以厚望，北洋舰队的致远和靖远二舰，就是他主持订购的。可惜，他的"先睡后醒"论，被一场甲午战争击得粉碎。

曾纪泽死于1890年，未能目睹北洋舰队的全军覆没。若是亲眼看见，他又会怎么说？

甲午战前，正当大清国为慈禧的六十"万寿"忙得不可开交之际，掌管大清国总税务司的英国雇员赫德，为睡觉论又添一笔重墨。作为旁观者，他的见识，远在曾纪泽之上。

赫德说："恐怕中国今日离真正的改革还很远。这个硕大无朋的巨人，有时忽然跳起，呵气伸腰，我们以为他醒了，准备看他做一番伟大事业。但过了一阵，却看见他又坐了下来，喝一口茶，燃起烟袋，打个呵欠，又朦胧地睡着了。"

好一个恼人的睡觉论，读来让人气短。

回想起来，洋务运动，北洋舰队，戊戌变法，君主立宪，这些都是"忽然跳起，呵欠伸腰"……不说它了，睡觉吧。

危机感与自信

美国学者艾尔曼在《甲午战争再检讨》一文中，说了不少让人犯糊涂的话。最让人犯糊涂的，是他对中国战败的总结。他说，中国战败，不是文化不行，也不是科技水平不行，关键是枪炮问题。这段话让我特别纳闷，枪炮问题，不就是科技水平问题么？抛开他的自相矛盾不谈，把一场战争的胜败原因，仅仅归结在非常细小的具体问题上，这种思路本身，我认为也有问题。

但艾尔曼的文章，也不是毫无价值。他在文章中陈述的部分史实，引起我的注意。跟李永晶的文章《甲午前日本的战争准备》对照阅读，对我更有启发。我从这两篇文章中，看到了两种情绪，一种是危机感，一种是自信。具体说来，战前，日本有危机感，中国自信；战后，中国有危机感，日本自信。这一颠一倒，对国运影响极大。

先说战前。有论者称，甲午战争，有偶然性。我也承认有偶然性，但比例不大，必然性的分量更重。我的看法，战争的导火索，以及具体的哪一场战役，都有偶然性，而战争的爆发，不以中国的意志而转移，是必然的。也就是说，日本早已做好战争预案，早晚必有一战。诡异的是，日本蓄意开战的同时，对这场战争也充满恐惧。它们对自己能不能打赢，没有绝对把握。中国的老话，不打无把握之仗。这老话其实是胡话。世界战争史上，哪一场战争是绝对有把握之仗？无把握也要打，才是战争的常态。历史学家唐德刚常说的一句话，形势比人强，还有一句成语，大势所趋，意思都差不多。对日本而言，跟中国作战是大势所趋，不战不行。为什么说不战不行？这是日本蔓延多年的危机感所造成的。

早在1883年，日本政治家、"陆军之父"山县有朋就发表《对清意见书》，说日本与中国自建交以来，发生过不少纠纷，出兵台湾，吞并琉球，朝鲜政变，日本一向态度强硬，这对日本来说都是"不得已而为之"，本质是要"凌驾于其势之上"，大杀中国的威风。为什么这样做？山县说，中国"对我国抱有不平之意，已非一日。乘彼武备充实、内治稍修之机，或有人起而献策，称霸东洋，问罪我国，实不可测"，接着大谈日本应该做好战争准备。

在甲午战前，抱有同样危机感的日本人，大有人在。陆奥宗光算一个，伊藤博文当然也算一个，恰恰是这些人，共同主导了甲午战争的发动。

说到底就一句话，日本发动甲午战争，根本原因，是担心哪一天中国去打它。由此，日本学者深谷博治，在20世纪30年代公开宣称："日清战争是我国以全部国运相赌的最初的对外战争，同时是把国家将来发展的全部命运寄托其上的大战，可谓生死攸关。"这"生死攸关"一语，也透露出日本人的后怕。

相反，直到甲午中日开战，中国这边，朝野上下，显得特别自信，一千个人中,九百九十九个都认为中国能打赢。只有极少数人,比如"汉奸"李鸿章,认为打不过日本。

甲午战后,形势彻底逆转。中国这边,一下子失掉了自信。我的天,连小日本都打不过,以后的日子怎么混?于是有了危机感,于是派大量青年学子到日本留学,于是吵吵嚷嚷要变法自强。说起来,这真是一个自强的好机会,可惜,好端端一个戊戌变法,因操之过急,竟然闹出一场大祸,国运从此不可收拾。而派遣到日本的那些个留学生,回过头来,毫不犹豫革了大清国的命。

可笑的是,日本那边,由于打赢了中国,危机感顿时消失,整个国家都变得自信起来。不光是自信,还有些抑制不住的自我膨胀。一幅版画,描绘清朝军队在朝鲜向日军投降,清朝官员卑躬屈膝,日本将领趾高气扬。这幅版画,暴露出整个日本的心态。这种膨胀延至1937年日本全面侵华之前到达极点,日本内阁曾研究要不要发布对华的宣战书,研究的结果是,不需要发布,因为"中国不是日本的对等国,因此无发布宣战布告的必要"。与此相对照的是,甲午战前,日本连续多年在外交上跟中国纠缠,目的之一,就是要求中国把它当成"对等国"。

历史在中日之间开了一个很大的玩笑。以甲午战争为界,战前,中国自我膨胀,战后,日本自我膨胀。膨胀的结果,都是走向深渊。

从这件事情上,我得出一个结论,危机感,对一个国家来说,是一剂强身健体的良药,每天服用三次,都不算多。而且我确信,这药,没有任何副作用。

北洋舰队的短板

《甲午一百二十年祭》中,收录马幼垣两篇文章,一篇《甲午海战中日军力对比》,另一篇《再论北洋海军人才之庸劣》。前者是跟《上海书评》记者之间的对谈,后者是回应某人质疑而写的文章。客观上说,后者也是对前者的补充。两篇对照读来,所获甚多。

马幼垣是美国夏威夷大学的退休中文教授,也是中国海军史专家,他的大著《靖海澄疆:中国近代海军史事新诠》,是海军史研究中的重磅之作,学术价值很高。他在这两篇文章中表达的观点,其实也是这部著作中的观点。

针对海军史研究,马幼垣特别强调:"海军是高科技的兵种,写海军史不从科技角度去交代舰只就会沦落为重心失调的货色。"国内的海军史研究者姜鸣,对马氏此说,持完全肯定态度,并由此感叹:"在甲午战争和北洋海军史研究中,历来存在着简单地用政治评价代替学术评价的倾向,这和前些年养成的僵化的观念体系有很大关系。……直到今天,这类浅薄的文风仍在继续着重复着,和高质量的学术研究各据半壁江山。"马氏和姜氏,都是我信赖的研究者,他们所痛斥的那种"浅薄的文风",在下也读过不少,读得眉头紧皱,苦不堪言。

马幼垣的文章,让我想到那个著名的"木桶理论",一只木桶,容量多少,由短板决定。对甲午战争中的海战而言,只要看看北洋舰队的短板,就知道胜负并无悬念。

笼统说来,北洋舰队的短板,有两大块:一是器,不如日本;二是人,也不如日本。

器不如日本,表现在以下几个方面:

之一,舰船陈旧。所有舰船,都是1887年8月以前建造。黄海海战中,北洋舰队有四艘舰船是1887年建造,最旧的建于1881年,铁壳木质,一着火便烧个没完。而日方参战的舰船,有六艘是1887年以后建造,其中两艘,是1894年当年建造。那时候,海军发展迅速,三五年就面目一新。由此可见,北洋舰队的舰船性能,明显低于日本联合舰队。

之二,北洋舰队的舰船排水量,差距甚大。最大的两艘铁甲舰七千多吨,最小的一千多吨,接近七比一,等于是两位巨人领着一群孩子跟别人决斗。日本联合舰队,最大的四千多吨,最小的两千多吨,体型相对均衡,等于是一群小伙子。

之三,北洋舰队船速慢,炮速慢,日本联合舰队则反之。从黄海海战的结果看,战后回到旅顺口军港的北洋舰队,每艘舰船中弹都在一百多发到两百发之间。马幼垣分析,被击沉的舰船,中弹数不会低于两百发。而日舰,中弹最多的三十发,最少的五发。

之四,北洋舰队的蚊子船和鱼雷艇都是废物。蚊子船,是北洋舰队成军之初购置的舰船,体小、炮巨、吃水浅、速度慢,是海岸防御的辅助舰船,相当于移动炮台。它的致命伤是舰首巨炮只能上下有限移动,不能左右瞄准。这一局限,让它不可能成为海战利器。有意思的是,马幼垣说,在世界海军史上,竟然找不到蚊子船在作战中发射过一两炮的记录。而北洋舰队的鱼雷艇,同样也是摆设。不是东西不好,是不会用。参加黄海之战的福龙号鱼雷艇,连发三枚鱼雷,都没有打中目标。而日本联合舰队,根本没有配备蚊子船,鱼雷艇也在威海之战中派上用场。

之五，马幼垣还对北洋舰队主力舰定远号和镇远号的"炮塔斜置法"提出异议，认为这种炮塔有三大危害，在海战中，等于是往孙悟空的头上安了一道紧箍咒。关于这方面的论述，有兴趣的读者可直接阅读《靖海澄疆：中国近代海军史事新诠》一书，此处节略。

人不如日本，主要是指北洋舰队统帅和部将不如日方的素质高。北洋舰队主帅丁汝昌是骑兵出身，没有留洋学习海军的履历，也不懂英语，而北洋海军的训练和作战口令，都使用英语。这也难怪马幼垣会揶揄丁汝昌，说他这个海军提督无论当多少年，都停留在门槛之外。何况，丁对有留学经历的部将刘步蟾、林泰曾等，始终驾驭不了。而马氏对这些部将，评价也不高，认为他们自留学回国之后，海军知识也随之停滞不前。相反，马氏对日本联合舰队司令伊东祐亨评价甚高。伊东也是陆军出身，却能说流利的英语，擅长跟欧美各国驻远东海军司令交流，通晓海军事务。英国的战术专家，甲午战争前后的英国远东海军总司令斐利曼特，这样评价伊东，说他在甲午海战中的表现中规中矩，几乎无懈可击，换成欧美诸国的海军司令来指挥，也不敢期待有更好的表现。

人不如日本还有一个例子，甲午战前，中日海军都分别搞过两次演习，演习的方式完全相反。北洋舰队的演习，像中小学生出操，选好阵式，依章上演，连打靶也如同儿戏。在场观摩的斐利曼特对此有过记录，说，定远号打靶，固定靶设在一千米的短距离，担心打不中丢脸。这种演习在斐利看来，毫无备战意味。而日本海军的演习，备战意味甚浓。每次都把参演舰船，分为敌我两队进行决战，还有陆军配合，直到决出胜负为止。每次演习，明治天皇都临场观摩鼓励。

看见北洋舰队的短板，我们才能理解甲午战争之后，西方海军界人士为什么要说，北洋舰队没有在黄海之战中全军覆没，算得上是"奇迹"。可惜在这"奇迹"之后，再无奇迹发生。

韩国人的看法

我关注晚清史，已经有些年头，国内出版界，除了出版自家人的言说以外，还比较热衷于译介欧美人士对甲午战争的看法，出版的作品比较多，仅2014年，就有三卷本《遗落在西方的中国史》和《甲午：120年前的西方媒体观察》等多种书籍出版。诡异的是,出版界对作为战争当事国的日本和朝鲜,他们的叙述,他们的看法,都不放在眼里。从我个人的阅读兴趣出发,我觉得听听他们怎么说,很重要。老祖宗有话,兼听则明嘛。

直到2014年下半年,我的苦苦寻觅,终于得到一点微薄的回报,淘到来自日本的两本书,一本是日本人撰写的《日本史》,还有一本是日本人撰写的《中国的历史》,都不是关于甲午战争的专著。至于另外一个当事国的出版物,连影子也看不见。

由此看来,想当一个"称职"的读者,并不容易。

在此种心态之下,当我从《甲午一百二十年祭》里,读到孙科志的文章《韩国人怎么看甲午战争》,那种意外之喜,实在难以掩饰,同时也很愿意跟读者分享。

我也要在这里强调,下文所说的"韩国",指目下的韩国,所说的"朝鲜",指甲午战争期间的朝鲜。这里的区别,想必大家都能会意,我也就不再啰嗦。

先说韩国官方的看法。代表性出版物,三种,一是韩国国史编撰委员会撰写的多卷本《韩国史》,二是韩国的高中历史课本,三是韩国的初中历史课本。

《韩国史》对甲午战争的定性:

> 甲午战争是1894年至1895年中国与日本围绕着控制朝鲜展开的战争,战争导致以中国为中心的东亚传统的世界秩序崩溃,代之而起的是新兴的日本成为该地区的霸主,这是一场在东亚历史上具有划时代意义的战争。同时,这也是触发当时在东亚地区角逐的英国和俄罗斯等帝国主义列强展开领土分割竞争的契机,因此也具有世界史的意义。

这段话,读起来好累。译文本身让人好累,内容也让人好累。

再看韩国高中历史课本对甲午战争的叙述:

> 中国曾试图掌握与北京很近的朝鲜,将其作为防御帝国主义列强侵略本国领土的"东方屏障"。为此,以壬午军乱、甲申政变为契机干涉朝鲜的内政,扩大经济侵略。
>
> 日本一方面牵制中国对朝鲜影响力的扩大,另一方面在寻找机会扩大自己的势力。日本把朝鲜视作本国的"利益线",并进一步将其作为侵略中

国东北的跳板。在这种情况下,以伊藤博文为首相的内阁在处于遭到反对派弹劾的危机下,就想以朝鲜东学农民运动为借口寻找克服危机的突破口。

朝鲜政府为了镇压东学农民军请求中国派兵。中国决定派兵,并根据天津条约通知了日本,日本以保护朝鲜内的本国国民为借口也派遣了军队。担心中日两国发生军事冲突的朝鲜政府要求两国撤军,日本无视这一要求,强占了景福宫,控制了朝鲜政府,然后突袭中国军队,挑起了战争(1894年)。战争以中国战败、日本胜利这样出乎国际社会预料的结果而告终。

战后中国与日本签订了《马关条约》,中国退出了朝鲜半岛,割让辽东半岛和台湾给日本,支付二亿两白银的战争赔款。中国为了筹措给日本的战争赔款,以领土和利权为担保向列强借款。于是列强的侵略进一步扩大,中国也沦为半殖民地的状态。

最后看看韩国初中历史课本的表述:

成功实现近代化的日本也像西方列强一样走上了帝国主义侵略的道路。朝鲜东学农民运动一爆发,中国和日本同时向朝鲜派遣军队。这时日本突袭清军,挑起了中日战争(1894)。战胜的日本与清签订了《马关条约》,割占了辽东半岛和台湾。但是由于俄罗斯等三国的干涉,日本返还了辽东半岛。

甲午战争后,日本取代中国掌握了东亚的主导权,以从中国获得的巨额战争赔款为基础发展成为强大的产业国家。同时还全力扩充陆军和海军军备,拥有了能够侵略周边国家的军事力量。

战胜的日本确保了侵略中国东北的桥头堡,获得的巨额战争赔款加快了以军需产业为中心的产业化。同时镇压了抵抗日本侵略的东学农民运动,强迫进行了甲午改革,扩大了对朝鲜的影响力。以甲午战争为契机,长期延续的以中国为中心的东亚国际秩序宣告瓦解。

综合这三段论述,我得承认,还是《韩国史》视点最高,文字也老辣,而初中历史课本的叙述,相对比较"稚嫩"。《韩国史》对战争的定性,采用全方位视角,对中国的影响,对日本的影响,对战后整个东亚局势的影响,面面俱到。高中历史课本，倾向于介绍战争对中国的影响；初中历史课本，则倾向于对日本的影响。瞎子摸象，各执一词。

此外还有韩国学术界的看法，多数跟国内学术界的观点比较相近。但有一种看法，似乎比较另类，细细琢磨，又觉得言之成理。这种观点认为，甲午战争，日本不是最大赢家，最大赢家是俄罗斯；中国也不是最大输家，最大输家是朝鲜。说俄罗斯是最大赢家，理由有三个：一是俄通过战争看清中日谁是自己的同盟国；二是获得东出太平洋的不冻港旅顺口军港；三是从中国东北横穿而过的中东铁路，超越产业意义，具有战略意义。说朝鲜是最大输家，理由是，这场战争揭开了朝鲜亡国的序幕。

写到这里，我突然想到一个问题，中国学者，谈论甲午战争，大多就事论事。以战争对国运的影响而论，也仅仅局限于国内，很少从地缘政治角度，从东亚秩序的高度，来谈论战争的损失究竟有多大。

现在我不得不承认，甲午战争，中国在政治上输掉的东西，比割地赔款的损失，似乎还要大。原本是东亚的老大哥，呼啸一下，变成了小弟，从此看日本的脸色行事，更要看西方列强的眼色行事，对于执政者来说，你想想他心里什么滋味。

回顾与慎思：关于安重根和伊藤博文

安重根纪念馆

2014年1月19日下午，位于哈尔滨火车站的安重根纪念馆正式开馆，由候车室改建。出资方和管理方，是哈尔滨市政府和铁路局。

消息一经媒体传播，立刻成为热点，还引发中日韩三国外交上的口舌之辩。1月23日上午，我特意"百度"了一下"安重根纪念馆"，搜索到的新闻条目接近十六万条。"生"下来才五天，竟如此火爆，多少有些匪夷所思。

从公开的报道中，不难看出，安重根纪念馆的落成，跟韩国时任总统朴槿惠2013年6月的访华有直接关系。韩联社消息说，访华期间，朴槿惠公开称赞安重根，说他是韩中两国人民共同敬仰的历史人物，并表达了希望能在哈尔滨为安重根竖立纪念碑的愿望。这一提议得到中方的积极响应，"并建立了更高规格的纪念馆，这体现了韩中两国在涉日历史认识问题上的共识"。

针对韩国在哈尔滨竖立安重根纪念碑的动议，日本内阁官房长官菅义伟在2013年11月19日上午发表言论，说"不利于日韩关系"。下午遭到韩国反驳，说菅义伟的发言是"无稽之谈"。傍晚，菅义伟在记者会上声称，韩方"反应过度，我只是不带感情色彩地表达了我国的一贯立场而已"。当天，中国外交部表态说："安重根是历史上著名的抗日义士，在中国也受到尊敬。中方将根据设立涉外纪念设施相关规定研究推进有关工作。"日媒认为，这个表态，显示出支持韩国的倾向。

不难得出结论，安重根纪念馆，是中国"研究推进"的结果，变韩为中，变碑为馆。至于韩国是不是还要按原计划竖立纪念碑，不得而知。

安重根纪念馆人气飙升的原因，我认为至少有三点：一是安重根是中韩公认的"抗日义士",中日关系眼下正处在紧张而微妙的时段,中国需要这个"抗日"元素;二是安重根刺杀过日本前首相伊藤博文,自认"这是韩国独立战争的一部分",有重大事件为背景;三是韩国对纪念馆的建立,表现出极大关注和热情,而韩日关系,眼下也处在紧张而微妙的时段,韩国也需要这个"抗日"元素。

简而言之,安重根纪念馆,是中韩联合抗日的一个符号。

消息刚刚传出,日本就有了反应。2014年1月19日当天,日本政府向中韩两国政府表示"遗憾"。20日,菅义伟再次表达官方立场,向中韩两国政府提出抗议,以安重根是"恐怖分子"为借口,说纪念馆是"对恐怖分子的礼赞"。

韩国的反应也非常迅速。开馆当天,韩国外交部表态说,韩国政府对纪念馆的落成表示欢迎并给予高度评价。第二天,韩国强硬回应日本,称菅义伟"无知和反历史"的言论令人惊愕。还说,安重根义士是为实现祖国解放与东方国家真正和平无私捐躯的伟人,伊藤博文则是主导对朝鲜半岛的武力侵略、破坏朝鲜半岛和东北亚地区和平的罪魁祸首。

中国外交部在22日也反驳了菅义伟的言论,肯定安重根是"历史上著名的抗日义士",还接连发出两个反问:"如果说安重根是'恐怖分子',那么靖国神社里供奉的十四名二战甲级战犯算什么?如果把设立安重根纪念馆称作是'对恐怖分子的礼赞',那么日本领导人参拜供奉有二战甲级战犯的靖国神社的行为又算什么?"

由好奇心驱使,1月23日上午,我还"百度"了"安重根"和"伊藤博文",前者的条目有一百六十七万,后者条目达五百一十九万。都很"热"。伊藤博文更"热"。这种广泛的关注度,跟安重根纪念馆的建立有多大关系,我说不好。要说一点关系也没有,显然不符合事实。

我在"百度"过程中,看到一篇万字长文,是《北京日报》1月21日发表的《震惊世界的枪声:解密安重根刺杀伊藤博文》(以下简称《解密》)。这篇文章对刺杀过程叙述得很详细,相关背景,也都做了有选择的交待。奇怪的是,网上找不到作者的名字,只在文末,见到编辑的名字。这里向作者表示歉意,我找不到纸媒的《北京日报》,只能让作者"佚名"。

安重根和伊藤博文的名字,我早就知道。对他们的初步了解,是通过阅读阿成的短篇小说《安重根击毙伊藤博文》(以下简称《击毙》)而来。阿成是我喜欢的作家,也是感情笃厚的朋友,他的小说,我最喜欢的有三篇,《击毙》是其中之一。这篇小说发表之初我就读过,至今有些年头了,结集出版后又读过几遍。这一回的安重根纪念馆风波,又勾起我阅读《击毙》的欲望。躬身屈膝,在书堆里找到收录这篇小说的文集。再读,还是感触颇深。我看得出来,小说中的叙述,哪些是作者的虚构,那些是严谨的史实。阿成是有志于为哈尔滨作传的作家,涉及"史"的部分,他不会戏说的。

　　依据阿成的小说,我想告诉大家,安重根纪念馆所在的哈尔滨火车站,不是当年安重根刺杀伊藤博文的火车站。那个老火车站,已经扒掉了。这个火车站,是20世纪60年代重建的,延至今日,也算是老火车站。那个更老的老火车站,是个什么样子呢?小说《击毙》里这样说,"那座老火车站的确是一座珍贵的艺术品,它属于俄罗斯摩登风格的建筑",外形"比较简洁",门框、窗框和部分装饰,用的是"比较有力的弧曲线,窗户也很宽大",总之,"俄罗斯风格的哈尔滨火车站显得是那样地豪华而富有气派,而且功能与形式合理而统一"。阿成很遗憾,说,"它不应当扒掉",还说,"如果不扒,留着它供后人参观,会是一件很有风度的事"。

　　那些到哈尔滨火车站参观安重根纪念馆的人,都感受不到俄罗斯风格火车站的风度了。同样,也感受不到俄罗斯风格的老哈尔滨的风度了。

　　小说《击毙》里这样描述老哈尔滨:20世纪初,"这座城市里到处都是榆树,很像俄国的新西伯利亚,所以又被称为'榆树之城'或'森林之城'。而且这里的街道也多以树命名,像'森林街'、'柳树街'、'夹树街'等等。总之,许多这样的树在簇拥着这座城市,也簇拥着这座火车站。太迷人了"。

　　这么迷人的风景没有了。那些以树命名的街道,是不是也都改名了呢?

　　再去哈尔滨,我一定要参观安重根纪念馆,看看布置成什么样子。也一定要拜访阿成,听他谈谈老哈尔滨。阿成的心里,有一座完整或比较完整的老哈尔滨。

安重根击毙伊藤博文

　　"佚名"的《解密》一文,完全可以满足读者对事件发生过程的好奇,我没必要再絮叨。我只想把事件分解一下,把几个关键的节点,凸显出来,有助于分析研究。当然也能满足部分读者的好奇。

　　事件发生的时间,1909年10月26日上午九点半左右。

事件涉及的人物，主角两位：一位是韩国抗日武装"大韩义兵"参谋中将、特派独立队长安重根，是年三十岁；另一位是日本明治维新后曾四次担任首相、时任日本枢密院议长伊藤博文，是年六十八岁。配角很多，重要的也是两位，俄国财政大臣戈果甫佐夫（另译柯克甫策夫），以及主管哈尔滨海关的大清国滨江关道施肇基。

安重根来哈尔滨的目的，已经用他的行动告知整个世界。伊藤博文和戈果甫佐夫在哈尔滨见面，是为了什么呢？史料说，是为了修订《日俄密约》。这样说当然没错，就是太缺少耐心，无助于我们对事态的充分了解和理解。

国际政治这东西，是很吊诡的，国与国之间，是敌是友，何时为敌，何时为友，全凭利益所系。以大清为例，甲午战争之后，迅速跟俄国结成战略伙伴关系，以俄制日；等受了俄国欺负，在日俄战争中，又暗助日本；日俄战争后，又跟美国结成战略伙伴关系，抗俄抵日。安重根刺杀伊藤博文事件，正是在大清国抗俄抵日、引进美国资本进行"东北大开发"的背景下发生的。

当时的美国，对大清并没有领土要求，出于地缘政治和经济发展双重考虑，提出东北地区铁路中立化的要求，同时向日俄施加压力。德国也行动起来，积极筹划德美中三国同盟。这种局势，导致日俄迅速化敌为友。伊藤博文和戈果甫佐夫的会见，本质上是为抵抗共同的国际压力，为日俄寻找积极有效的出路。这就是为什么俄国对这次会见特别看重，专门派遣一个电影摄制组拍摄这次高峰会议，为伊藤博文安排了专列，还布置了两个排的铁路警卫队负责安全保卫，当然还有不少便衣警察。这里随便说一句，《解密》中说有"几千名俄国军警严阵以待"，不可能是事实，也不合乎常情。事实是，除了俄国的铁路警卫队，还有大清的警卫队，毕竟这是在大清国土上的会见，大清是东道主之一。这次会见对大清也很重要，涉及东北地区铁路的中立化和"东北大开发"，哪能掉以轻心？雪珥在《国运1909：清帝国的改革突围》（以下简称《国运1909》）一书中对此有比较详细的分析。

关于"击毙"瞬间的描述，《国运1909》和《解密》大致相同，只有稍许的差别，足以采信。比较而言，《国运1909》提供的信息更多，特别是凸显了施肇基的"特别安排"。这个人物很重要，没有他的精密运筹，刺杀事件的"后事"，说不定会给大清惹上麻烦。

《解密》里提到，伊藤博文被刺的整个过程，都有俄国随军记者、摄影师考布切夫的镜头在跟踪,尽管现场一片混乱,考布切夫还是镇定地把整个事件全部拍摄下来。当时的报纸报道说,这部纪录片的胶片"共长五百尺","先为伊藤到哈之情状,次为与科克淑夫(戈果甫佐夫)相见之状、各官相见之状,次被弹状,次将伊藤尸骸装入火车,及刺客被获之状"。这部纪录片随后在哈尔滨公映,轰动甚巨。几天后,一个自称来自日本东京印刷局的日本人,用当时堪称天价的一万五千日元买走全部拷贝,纪录片从此销声匿迹。

仅就阅读感受而言,我更偏爱小说《击毙》中对"击毙"瞬间的描述。小说的魅力不可小视。第一次阅读,我就被小说中的安重根给震住了。"他掏出枪后,微微地向后侧身,然后举枪,扣动扳机。整个风范有点像'牛虻'。"这刺客,太潇洒了!

小说《击毙》中,还有更为离奇的笔墨,弥漫着浓厚的"浪漫主义"。阿成说,早年哈尔滨城里的蝴蝶非常之多,"就在年轻人举枪击毙伊藤博文的几分钟之前,他还像一个大孩子一样,凝神地观看落在他袖子上的那只蝴蝶"。用真实的生活情状去考量,我怀疑这个传神的细节。10月26日,不管是哪一年,在我居住的辽南小城瓦房店,都是深秋季节,几乎是正北方向且相距八百四十多公里的哈尔滨,应该是一片初冬景色。初冬的哈尔滨,会有很多蝴蝶飞飞停停么?不过我还是喜欢小说中的离奇和"浪漫主义",从气氛上,一下子把安重根的潇洒给"烘"出来了。

刺杀事件中的两位主角和一位重要配角,是在不同的时间,从不同的方向汇聚到哈尔滨的。最先到达的是戈果甫佐夫,从西往东,沿俄国的西伯利亚铁路,进入中东铁路,到达目的地。当时的报纸,10月24日报道了他视察"东清铁路管理局"时发表的言论,第二天又报道他"到远东考察来哈"的消息。第二个到达的是安重根,从东往西,出发地是海参崴,沿中东铁路于10月22日晚到达,途径绥芬河小镇的时候,还在停车的一小时零九分时间内,雇用一个叫柳东夏的中国人做他的俄文翻译。阿成在小说中强调,那时候,"俄语是哈尔滨市面上很流行的语言"。最后到达的是伊藤博文,从南往北,沿南满铁路再进入中东铁路到达,下车不久就摊上大事了。

事发之后,另一位重要配角施肇基走上前台。别说大清官员都昏庸无能,这位官职不高的道台,可谓精明强干。据《国运1909》陈述,这位施道台的处置手段相当明快老辣,先命令电报局停发所有对外电报,严密封锁消息,同时急报北京大清外务部,建议此案调查清楚之前,绝对不可对外发表任何正式声明,"若有人问及此事,政府千万不可有'保护不周'之道歉语句,贻日人以口实"。此后,凶手招供"车在中国地段,恐累中国官吏,乃改在车站俄国队伍中乘间击之"。参与审讯的施道台闻言,迅速电告外务部,并草拟一份英文新闻通稿(此君留学美国多年,精通英文),委托外务部转交北京的英文媒体发表。等新闻稿见报后,也就是抢占了话语权的先机之后,才下令电报局恢复正常业务。一场潜在的外交危机化为乌有,日本对大清连一声抗议都没吭出来。

施肇基这事办的,也很潇洒,可赞!

三个关键词

在安重根刺杀伊藤博文事件中,有三个关键词,有必要在这里解释一下。这三个关键词是:中东铁路,南满铁路,大韩帝国。不过,要解释这三个关键词,还必须把甲午战争之后,中、日、俄、韩之间繁复而又纠结的利益冲突,先作简要交待。把这些说清楚,三个关键词,也就迎刃而解。

1895年4月中日签订的《马关条约》,让大清跟朝鲜名义上的藩属关系,也化为乌有,朝鲜随后宣告独立。这所谓的独立,也仅仅是名义上的,严格说来,是被日本控制。日本驻朝鲜先后更换三任公使,都强压朝鲜改革内政,同时由日本为朝鲜"代练新兵",也就是编练新型军队。朝鲜这个国家很倔强,跟大清一个德行,特别讨厌改革,谁让它改革就反抗谁。由于厌日,朝鲜倒向俄国,朝野出现了一股"亲俄狂流"。1895年8月,喜欢弄权的闵妃以一个偶然事件为借口,解散新军,导致新军勾结大院君和日军联合兵变,史称"乙未事变",混乱中闵妃被杀。此后日本对朝鲜的控制越发加强。朝鲜不甘心,俄国当然也不甘心,眉来眼去的结果,是1896年2月朝鲜国王离宫出走,到俄国使馆躲藏,联俄抗日,史称"俄馆播迁"。这又导致日俄之间爆发冲突。为平息此次政乱,日俄先后签订《日俄汉城协定》和《日俄莫斯科协定》。日俄在朝鲜的缠斗,为后来的日俄战争埋下隐患。而日俄战争更直接的诱因,是它们在中国东北的利益之争。

受到战败刺激,尤其是俄国牵头搞的"三国干涉还辽"(1895年5月,日本明治天皇发布诏书,要求全体国民"卧薪尝胆",把俄国视为头号敌人),让大清对俄国顿生好感,"以夷制夷"的国策,具化为"联俄抗日"。1896年5月,李鸿章赴俄参加沙皇尼古拉二世的加冕典礼,其间签订《中俄密约》。第二年,德国占领山东胶州湾,俄国出兵进驻大连和旅顺,名为帮助大清对付德国,实则为了占据旅大,并于1898年3月,与大清签订《旅大租地条约》,5月又签订《续定旅大租地条约》,名正言顺占据旅大。此举让日本感到深受威胁。1900年由"义和团运动"直接导致八国联军进攻北京,俄国除了派出军队进攻北京,还派出军队打进东三省。大清很受伤,转而联日抗俄。日本的表现非常积极,驻华公使小村寿太郎为俄国撤军一事忙得团团转,好不容易促成1902年4月签订的中俄《交收东三省条约》。可俄国撤走第一批军队之后,突然停止撤军,提出七条苛刻的"追加条件"。大清很愤怒,日英美也提出抗议,尤其日本,利益攸关,更是坐立不安。1903年5月,俄国远东舰队还在旅顺口外的黄海,举行一场大规模军事演习,向中日示威的意图很明显,日本受到强烈刺激,于同年8月,向俄国发出"最后通牒"。通牒也不见效,只能开战。1904年2月,日本突袭俄国舰队盘踞的旅顺军港,日俄战争爆发。这场被后人称作是"第0次世界大战"的战争,一直持续到1905年9月,在美国的调解下停战。日本惨胜,随后签订日俄《朴次茅斯和约》,接管俄国在辽东半岛的全部利益。此后,两国关系逐渐缓和,并由共同利益驱使,转而结盟,于1907年7月,签订《日俄密约》,到1916年,这个密约总共签订了四次。所谓密约,实质上是指《日俄协议》中的秘密部分。第一次密约的主要内容是:将中国东北划分为南满和北满两个部分,分属日本和俄国势力范围;两国不插手对方势力范围的任何事务;俄国承认日本在朝鲜的利益,"不阻挠此种关系之继续发展";日本承认俄国在中国外蒙古的"特殊利益",不加任何干涉。1909年,伊藤博文和戈果甫佐夫的会见,是打算在这份密约的基础上,继续协商合作与发展事宜。

下面该说说那三个关键词了。

第一个关键词,中东铁路。

中东铁路是俄国根据《中俄密约》的相关条文修建的,1897年动工,1903年全程通车。初名为"东清铁路",民国后改名"中国东方铁路",简称"中东铁路"。雪珥在《国运1909》中采用旧称"东清铁路",是有来由的。

中东铁路以哈尔滨为中心点,西至满洲里,东至绥芬河,南至旅顺,全程约两千四百公里。

俄国修筑中东铁路的最初目的比较单纯,是为了西伯利亚铁路能够直达海参崴。此路如果不进入中国东北，只能在俄国境内穿越黑龙江流域，需要多绕五百多俄里，而且施工困难。早在《中俄密约》签订前的1895年5月，关于修建东清铁路的议论，在俄国报纸上好一阵沸腾，弄得大清驻俄公使许景澄赶紧向北京汇报，提醒清廷注意俄国的舆论动向。同年7月，俄国不经大清同意，擅自派人到东北勘察路线，对大清地方官的干预置若罔闻。大清受此震动，亮开嗓门一通嚷嚷，俄国你别扯淡，要修铁路，也是俺大清自己来修。结果呢，等第二年李鸿章到了莫斯科，俄国如愿以偿。

第二个关键词，南满铁路。

南满铁路是中东铁路的支线，是俄国以《中俄密约》为背景，根据《旅大租地条约》和《续定旅大租地条约》以及随后签订的《东省铁路公司续定合同》兴建的，由哈尔滨通往旅顺。1897年与中东铁路干线同时动工，1902年底完工，1903年7月通车。

1905年日俄《朴次茅斯和约》规定，以长春宽城子站为界，以南的铁路交给日本，改称"南满铁路"。日本于1906年11月在东京成立南满铁道株式会社，管理南满铁路。此后加修多条支线，与韩国的铁路线衔接，在南满地区铺下了一张铁路网。

与南满铁路相对应，俄国原东清铁路没有割让给日本的那部分，后来也称为"北满铁路"。

第三个关键词，大韩帝国。

1897年10月，朝鲜国王李熙对国王这个称号感到厌烦，自称皇帝，改国号为"大韩帝国"。李熙早就想当皇帝，朝野也有一股强大势力，推动他当皇帝，还在1895年10月演习过一次，改国号为"大朝鲜帝国"。这个帝国运气不佳，由于俄美英三国公使坚决反对，很快流产。这次称帝，只得到日本的支持。等李熙跟日本人闹翻，玩了一次"俄馆播迁"的游戏之后，局势稍微稳定，他的皇帝瘾又发作了。

大韩帝国的运气，比此前的"大朝鲜帝国"要好一些，延续了十三年，到1910年8月与日本签订《日韩合并条约》之后，才消失在风中。

李熙当皇帝，朝野那股强大的力量推动他当皇帝，是为了摆脱以往充当大清藩属国的阴影，也是为了彰显以后不给任何国家当藩属的勇气，期望从此走向真正的独立。

有趣的是，大清帝国对大韩帝国予以正式承认，用雪珥的话来说，展现出一种"奇怪胸怀"。

李熙以及他身边的那些人,可能没有想到,"独立"这件事,不是用嘴说说就行;"朕"也一样,不是用嘴说说就当得成真皇帝。那时候,俄国与日本的争斗,还远远没有结束,韩国的亲俄势力和亲日势力之间的较量,也还在继续。这就注定韩国的这湾水,不可能长期平静。幸运的是,当时俄日两国,对韩国的利益诉求,都是"以经济建设为中心",政局的水面相对平静。

日俄战争爆发后,事态发生巨变,日军迅速开进汉城,捅破韩国的"中立"水泡,强迫签订《日韩议定书》,约定韩国必须协助日本跟俄国作战,随后又强迫韩国签订《日韩新协约》,控制韩国的财政和外交。日俄战争后,日本对韩国更加不客气,数万大军包围皇宫,用枪口和刺刀起草了《日韩保护协约》。韩国哪敢不签字啊!这一签,让日本"名正言顺"成立"韩国统监府",掌控韩国内政外交主权,把韩国完全"保护"起来。日本向外界公开了保护协约的内容,大韩帝国名存实亡。随便说一句,在韩国扮演"卖国贼"角色的,共有五个人,为首的是外部大臣朴齐纯。这件事跟韩国皇帝无关,皇帝"病了",不能理事。

《日韩保护协约》的签订,在韩国掀起滔天巨浪,民族主义思想肆虐成海啸。韩国《皇城新闻》把签约真相公开,并发表《是日也,放声大哭》社论,称协约公布之日是韩国"全民哀悼的日子"。韩国成为一个哭声震天的国度,不久,"大韩义兵"蜂起,抗日游击战全面爆发。这场游击战非常惨烈,有史料说,从1907年7月到1908年年底,就牺牲了一万五千名游击队员。

在这一重大事变中,日本的领衔主演,是伊藤博文。强迫韩国签字的是他,担任韩国统监府第一任统监的,还是他。

韩国人恨伊藤博文。一个叫金台根的农民,在大街上向他投过一块石头,可惜没打中。没打中就更恨他了。安重根是"大韩义军"的骨干成员,当然更恨他。

1909年6月14日,伊藤博文辞去朝鲜统监职务,担任枢密院议长。此时距离他的死亡,不到四个半月。

我对安重根和伊藤博文的看法

这个话题,说,还不是不说,让我颇费思量。我知道,稍有不慎,就会引来误解。误解，是一件很让人头大的事。但想来想去，还是觉得，说说吧，简单说几句也好。一句不说，心里堵啊。

先说对安重根的看法。

我对安重根个人的大义之举，非常敬佩。不是站在"抗日"的角度，也不是站在中国或韩国的立场。是从人的角度，人眼看人。我对安重根的敬佩，从早年阅读阿成小说《击毙》的时候，就开始了。那么潇洒的刺客！小说中写道："安重根完成任务后，并没有离开，而是站在那里没动。"没动就对了，是一种从容就义的态度。他要是贪生，选择逃跑，我对他的敬佩会大打折扣。既为国恨而来，何妨为国恨而就义。阿成是一个狡黠的小说家，他故意忽略了一个真实的历史细节。真实的情况是，安重根扔掉手枪，用俄语高呼："高丽亚乌拉（朝鲜万岁）！"好多史料都提到这一点，阿成不可能不知道。知道，故意不说，是觉得不说话更潇洒，一切尽在无言中。我也这样认为。

刺杀案发生以后，面对世界舆论的高度关注，日本方面也不敢造次，关东都督府高等法院对安重根进行审判时，指定两名日本律师为之辩护，还同意一名俄国律师和一名英国律师参与辩护。安重根对刺杀行为供认不讳，只是辩解说，他不是刺客，而是"战俘"。他把这次刺杀行动，看作是"大韩义兵"针对伊藤博文的一场游击战。

让人难以理解的是，安重根这位抗日英雄，竟然赢得日本法官和宪兵的极大尊重。有些日本人还到处游说，希望能免其一死。在旅顺监狱关押期间，安重根也得到优待。读书，写信，写文章，都可以。有些日本宪兵还经常向他索要题词。那些题词，如今已成为文物，常常在某个拍卖会上扮演"珍品"。

比较而言，那时候的"有些日本人"，也让人尊敬；眼下日本政府中的"有些日本人"，也就是把安重根说成是"恐怖分子"的那些日本人，实在太没有风度了。

我在敬佩安重根的同时，又被一种说不清道不明的雾霾情绪所笼罩。当时的伊藤博文，在吞并韩国的问题上，是日本"鸽派"首领，力主缓进。安重根把鸽子头拧下来了，"鹰派"自然要大显身手。这个角度上看，安重根的行动，是盲目的。你个子矮，眼界也不高，为韩国的未来考虑，你应该去把鹰头拧下来嘛。由此我说，爱国可嘉，盲目去爱，反倒添乱。

1910年3月，安重根在旅顺监狱被处以绞刑。五个月后，一纸《日韩合并条约》让大韩帝国彻底灭亡，连国名都没有了。

安重根的刺杀行为,也让中国和美国不爽。大清与美国合作的"东北大开发",因此受阻。伊藤博文和戈果甫佐夫,当时都同意把本国在东北的铁路卖给美国,两个人的会见,自然也会谈到这个问题,结果伊藤一死,计划泡汤。英国《泰晤士报》发表文章说:"伊藤博文未被暗杀的话,历史的进程可能会走向与以后的事态完全不同的方面。"这个分析是中肯的。

有些中国人倒显得很爽。身在日本的梁启超写了一首《秋风断藤曲》,诗云:"黄沙卷地风怒号,黑龙江外雪如刀。流血五步大事毕,狂笑一声山月高。"

再说我对伊藤博文的看法。

伊藤博文在韩国当统监,所作所为,与甲午战争前在朝鲜的袁世凯有相似之处。差别在表面上,伊藤博文是名副其实,袁世凯是有实无名。本质是相同的,都是为本国利益对朝鲜严加控制。我在随笔《甲午揭秘:袁世凯的锋芒》里边,对袁世凯在朝鲜的作为,有比较详细的叙述,这里懒得再详叙伊藤博文在韩国的作为了。性质相同嘛。

我对伊藤博文的敬佩度,要超过安重根。这也是抛开国界,从人眼看人的角度来说的。安重根的大义之举,是外在的,破坏性的,是感性的宣泄,成就的是个人名声,于国运无补。伊藤博文却用他几十年的辛苦奔波和唇剑舌枪,为日本谋得巨大利益,说他是日本明治维新之后的国宝人物,绝不过分。他的言行是内在的,建设性的,是理性的思考,成就的是国家民族大业。这样的人,即便是我们的敌人,也值得我们敬佩,这是最起码的胸怀。当然,假如伊藤博文是中国人,我的敬佩度还会升高,高到顶礼膜拜的程度。

伊藤博文有很多中国"粉丝",李鸿章应该排在首位。

早在1885年,六十二岁的李鸿章跟四十四岁的伊藤博文,为《中日天津条约》的签订进行谈判时,就对伊藤博文的才能赞赏有加。条约签订后,李鸿章给清廷上过一道奏折,《密陈伊藤有治国之才》,说伊藤博文是"强干之政客""实有治国之才",预测"十年之内,日本必将成为强国""必将成为我国之大患"。仅仅因为日本有个伊藤博文,李鸿章竟忐忑到出此不祥之言。可叹的是,李鸿章的乌鸦嘴,说得千真万确。

十年后,七十二岁的李鸿章到日本,跟五十四岁的伊藤博文为签订《马关条约》进行谈判。两人谈及十年来两国国力的进退,感慨万千。一番言语之后,李鸿章开始掏心窝子,说"贵大臣相劝,云中国地广人众,变革诸政应由渐而来。

今转瞬十年,依然如故,本大臣更为抱歉!自惭心有余力不足"。有意思的是,两个人还换位思考了一番。李鸿章说,我要是在你的位置上,不会比你干得好。伊藤博文说,你在我的位置上会干得更好,我要是在你的位置上,也干不出什么名堂,你们的"国情"不对头啊。

可以看出,李鸿章在十年之后,对伊藤博文更加敬重。

梁启超也是伊藤博文的"粉丝",在赞美安重根的那首诗中,他也赞美了伊藤博文,称其:"千秋恩怨谁能讼,两贤各有泰山重。"并称他们为"两贤"。遗憾的是,这"两贤"都被安重根精心改制的"十字花子弹"葬送了未来。

耐人寻味的是,伊藤博文年轻的时候,跟安重根拥有同样的侠肝义胆,排外思想特别严重,多次策划对外国公使的刺杀行动,还焚烧了法国使馆,后来走出国门,眼界大开,立场迅速改变,成为明治维新的风云人物。

安重根本来有望成为伊藤博文那样的重量级人物,是满腔仇恨遮蔽了他的双眼,主动放弃了这样的机会。

旧事重温,两声叹息!

主要参考书目

1. 阿成著,《安重根击毙伊藤博文》,新世界出版社,2004年。
2. 〔澳大利亚〕雪珥著,《国运1909:清帝国的改革突围》,山西师范大学出版社,2010年。
3. 冯学荣著,《日本为什么侵华:从甲午战争到七七事变》,金城出版社,2014年。
4. 王芸生编著,《六十年来中国与日本》,生活·读书·新知三联书店,2005年。

尾声

"以满人为本"与晚清国运

1865年4月,大清国慈禧太后和恭亲王奕䜣之间,爆发了一场激烈冲突,大有不共戴天之势。此时距离慈禧和恭亲王联手打倒以肃顺为首的"八人帮"才四个年头。为什么在这么短时间内,慈禧和恭亲王之间的"统一战线",就出现了裂痕呢?

表面看,事情的起因,是翰林院编修蔡寿祺于3月31日上的一道奏折,指控恭亲王"揽权纳贿,徇私骄盈"。史学家唐德刚高度概括这一事件,说:"蔡寿祺一搭台,慈禧太后赶紧唱戏,并且雷厉风行,两天内就宣布将恭亲王'双开':'革去一切差使,不准干预公事'。"后经王公贵族和文武百官再三请愿,强烈挽留"人民的好总理"恭亲王,加之恭亲王做了触及灵魂的深刻检讨,"伏地痛哭,无以自容",慈禧才收回成命,恢复此前"叔嫂共和"的政治局面。但"议政王"的头衔,永远收回。

这场激烈冲突持续了三十九天。

那时候,大清官场的游戏规则,是"官不举君不纠",比目下流行语"民不举官不纠"高一档次。最顶层无论做什么,都要借助官员的言论。谁都不说话,事情就没法办。当然,谁要是乱说话,引起顶层震怒,也要倒霉。

以一个小小的翰林院编修,敢直接弹劾大清国当权的"总理",可谓胆大包天。按目下泛起的"阴谋论",凡大事都是人为设计。慈禧与恭亲王决裂,无疑是清廷的大事,是不是人为设计,值得怀疑。只是没有夯实的史料做依据,不能轻易断言。

有确切史料依据的是,蔡寿祺弹劾恭亲王的第二天,也就是4月1日,慈禧与恭亲王之间,有一场很不愉快的谈话。《同治实录》记载,慈禧责备恭亲王重用汉人,说:"这天下,咱们不要了,送给汉人吧!"又说:"汝事事与我为难,我革汝职。"恭亲王顶撞慈禧:"臣是先皇第六子,你能革我职,不能革皇子。"更甚者,恭亲王久跪之后,陡然站起,慈禧吓一跳,大呼恭亲王想打人,太监赶紧上来,把恭亲王搡出去。

从慈禧跟恭亲王的言论冲突中,可以看出,慈禧革去恭亲王所有职务的举动,并不是由于恭亲王"揽权",而是由于"放权",也就是重用汉人。另一句,"汝事事与我为难"中的"事事",很大程度上也是指在任用汉人的问题上,恭亲王没有尊重慈禧的意见。

慈禧和恭亲王爆发冲突的前一年,太平天国刚刚被剿灭。在剿灭太平天国的过程中,汉人的权力不断得到加强,出现"楚省风气,近年极旺,自曾涤生(国藩)领师后,概用楚勇,遍用楚人"的局面。除曾国藩和李鸿章之外,还有曾国荃、胡林翼、左宗棠等多位湘淮军首领,占据地方总督和巡抚的职位。"至提镇两司,湖南北者,更不可胜数。"毫无疑问,这些人的职权,都是恭亲王提名授予。

要说清楚慈禧为什么跟恭亲王怄气,就必须说到大清国的执政理念。这个理念,用一句话概括,就是"以满人为本"。此"国策"由来已久。努尔哈赤向明朝大举进攻时,说过:"以汉人征明,对满洲有利。"这句话里清晰表达出"满洲本位"思想。大清开国之后,把全国人口分为两种,一种是"旗人",一种是"民"。"旗人"自然是以满人为主,也包括蒙古八旗子弟等;"民"是以汉人为主,也包括其他少数民族。同时规定,"旗人"不能与"民"通婚。就是说,不能把这条界线弄模糊。为行文方便,以下把"旗人"简称满人,把"民"简称汉人。

借目下的时尚语来说,大清国最大的利益集团,是满人。谁敢染指满人利益,注定没有好下场。这是有过前车之鉴的。

1653年,也就是顺治十年,汉臣李呈祥上奏,建议各衙门裁去满族官员,说他们水平太凹,不能胜任本职工作。顺治帝揽奏震怒,大骂李呈祥:"朕不分满汉,对尔等同等眷顾;尔等汉官奈何反生异心!本来按照常理,满洲优先才对!"顺治帝所谓"不分满汉",其实是迫不得已,那些满族奴才水平太凹嘛,不使用汉臣,还真就不行。另外,此举也有笼络"民"心的效用。骨子里,他还是恪守"满洲优先"理念的。顺治帝震怒之后,竟然将李呈祥"弃市"!这说明,"以满人优先"是高压线,谁也不能碰。李呈祥由此不呈祥。

1655年,清廷讨论如何处置满人所蓄汉奴逃亡问题,汉官赵开心主张"宽仁",顺治帝再次动怒,大加斥责:"汉人欲令满人困苦,谋国不忠,莫此为甚!"赵开心由此不开心。

有史家做过统计,大清中央重要部门,两千多个职位,近百分之七十,只任用满人。按人口比例来说,这是最明显的"以满人为本"。

由此说来,慈禧与恭亲王的分歧,是原则性的分歧。慈禧恪守"以满人为本"的理念,认为恭亲王重用作为"民"的汉人,也是"欲令满人困苦",因而提出警告。谁知恭亲王竟不买账,难怪老佛爷盛怒。

说起来,恭亲王也未必是心甘情愿重用汉人,他有苦衷,不得已而为之。太平天国动乱,一乱十几年,戡乱过程中,作为正规军的八旗兵不堪重用,绿营兵也是废物,不得已才起用"民兵"。尘埃落定,不给湘淮军首领一点甜头,还真不行。果真吝啬,日后遭遇乱局,谁还会为你那个满人利益集团卖命呢?这么浅显的道理,恭亲王不可能不懂。但慈禧一时想不开,这才促成那场激烈冲突。

恭亲王是满人利益集团的代表人物,岂能不知"以满人为本"的国策。只是,在太平天国动乱的特殊历史时期,他只能把重用汉人作为权宜之计。其实,在他的急功近利手段之外,也有为满人谋幸福的长远打算。晚清政局中,有几个史无前例的"第一次"。在这些"第一次"中,不难看出,恭亲王维护满人利益的战略步骤。

恭亲王与慈禧发生激烈冲突之前,大清国有过两个"第一次"。

第一次出洋学习军事。1862年,也就是同治元年,上谕,选派八旗兵四百五十名,绿营兵十名,出洋接受外国新式军事训练。这是同治年间大清"自强运动"中的一项重要内容。据罗尔纲《湘军新志》统计,19世纪中后期,清廷有大约二十五万八旗兵,六十四万绿营兵,而送去接受外国新式军事训练的满人和汉人比例,竟然是四十五比一,汉人只作点缀,做"不分满汉"状而已。

大清自开国以来,一直奉行重八旗兵轻绿营兵的方针政策。八旗兵驻屯务求集中,绿营兵则竭力分散;八旗兵使用最先进武器,绿营兵只配备普通兵器;京师禁卫由八旗兵负责,绿营兵不得参与;八旗子弟无差役,绿营兵有劳工之责。此外,八旗兵的薪饷,远远高出绿营兵。

恭亲王继承并发扬这一"优良传统和作风",1864年曾经上奏谈及学习洋枪洋炮事宜,说:"唯此项精秘之器,京营学成后,只可推之各省驻防旗兵学制。"

第一次创办外语学校。1862年,清廷创立京师同文馆。这是出于洋务的需要。恭亲王认识到,与外国交涉,"须先识其性情",创立同文馆,学习外语,就是这一思想的体现。恭亲王强调:"选八旗中资质聪慧,年在十三四岁以下者,稗资学习。"这等于是说,将来的洋务,要由满人负责。此后广州成立的同文馆,也是以满人为主的外语学校。

耐人寻味的是,1871年,满人权贵、大学士、两广总督瑞麟上奏,说广州同文馆,"旗籍诸生,咸皆踊跃。唯民籍正学附学各生,来去无常,难期一律奋勉……奴才等公同酌议,似应量为变通,拟请嗣后同文馆学生,专用旗人,毋庸再招汉民。"恭亲王同意,同治帝御批下发。显然瑞麟也深谙"以满人为本"的国策,用谎言跟恭亲王演出了一场双簧。什么满族学生表现好,汉族学生总是逃学,都是扯淡。从此不再招收汉族学生,才是本意。

李鸿章对此洞若观火,竟然有了对着干的举动。他也成立了一所外语学校,叫"上海广方言馆",以招收汉人学生为主。

最为诡异的是,1900年,奉命处理八国联军善后事宜的李鸿章,在香港秘密会见英国总督卜力,直截了当地问,英国希望谁做皇帝?卜力答,光绪帝对此事件没有责任的话,英国对他继续统治不会反对。李又说,听一些洋人传言,义和团要是把北京所有外国公使都杀了,列强就要重新扶植一个皇帝。之后继续追问,要是事情到了这个地步,你们希望谁做皇帝?不等卜力回答,李自言自语,"也许是个汉人?"联想到此前李倡导"东南互保",违背清廷命令,拒绝跟外国开战的事实,说明此时李跟满人利益集团,已经离心离德。后来的袁世凯,更是如此。

从恭亲王与慈禧发生激烈冲突到大清灭亡,还有三个耐人寻味的"第一次"。

第一次派遣出洋考察团。1966年,由英国人赫德率领,大清第一个出洋考察团,先后游历了法国、英国、荷兰、丹麦、瑞典等十五个国家。这个考察团的所有成员,都是满人。这是同文馆思路的继续,希望满人能在洋务运动中,发挥更大作用。

第一次派出留学生。1871年,曾国藩、李鸿章联袂上奏,请求公费派遣幼童奔赴各国留学,建议"每年以三十名为率,四年计一百二十名",没有提到满人和汉人的比例问题。恭亲王表示支持,但特意强调八旗子弟优先的原则。

第一次组建内阁。1911年,清廷颁发《新订内阁官制》,组建第一个责任内阁。内阁成员十三人,旗人贵族九人,汉臣四人。而旗人贵族中,又有七人是皇族成员。这个责任内阁,又被称为"皇族内阁"或"亲贵内阁",是赤裸裸的"以满人为本"。

组建"皇族内阁"的时候,恭亲王奕䜣已不在人世,左右晚清政局的是醇亲王载沣。这位年仅二十几岁的愣头青,在执行"以满人为本"的国策时,步子迈得过大,引发朝野舆论大哗,满汉离心离德倾向进一步加剧。原本比较保守的改良派,由此倒向革命党。"驱除鞑虏,恢复中华"的革命口号,也更加深入人心。报纸竟然公开讨论剪辫这一敏感问题,一些地区,还兴起了大规模剪辫运动。史学家做出的结论是,皇族内阁成为压垮大清的最后一根稻草。其实当时就有人看到这一点。清末诗人易顺鼎感慨,辛亥清亡,不是亡于军事,是亡于政治。

即便是在日本,皇族内阁也不得人心。日本自明治维新由伊藤博文组建内阁,直到第二次世界大战,没有一个皇族成员担任内阁要职。无条件投降之后,却突然组建了一个皇族内阁,但这个内阁,只生存了五十四天就垮台。

从历史的经验教训里,我们可以得出结论:治国者的智慧之一,是一碗水端平。针对大清来说,是把所谓"满汉不分"落到实处,不能说一套,做一套。满人的利益固然重要,但作为"民"的汉人利益,也不能置若罔闻。其实,很多时候,维护好"民"的利益,跟维护利益集团的利益是一回事。这里边,有一个微妙的辩证关系。

晚清的气味

读晚清史籍,是我近年来的最大嗜好。严肃的学术专著,不太严肃的散文随笔,都在我的视界之内。有很多的感触,很多的忧思。特别是阅读在晚清生活、工作过的外国人,也包括侵略者,当时写下的各种闲文闲书,感触更是不同。从那些闲文闲书里边,我竟然能闻到晚清的气味。最强烈的一种,是臭。多少次,我心里暗暗感叹,怎么就,那么臭呢?

我手里有一套"西方视野里的中国形象"丛书,时事出版社1998年出版,共四部,都是19世纪后半叶居住在中国的外国人所写,叙述他们所见所闻的晚清风情,也包括他们个人生活中的一些琐事。这四部书中的三部,都有臭味可闻。

一位英国女士所写的《穿蓝色长袍的国度》里边,臭味最多。可能是由于女士的嗅觉比较发达,对臭味特别敏感的缘故。在这位名叫阿绮波德·立德的女士笔下,足迹所到之处,都臭气缭绕。开篇就说,北京是臭的。"我们用褐色的双峰骆驼驮着行李离开北京城时,每次呼吸都让人觉得,那是不讲公共卫生的时代。"城里没有任何卫生设施,包括下水道。城门口更臭,大多数城门外都有化粪池,那就算是卫生设施了。北京的郊县通州也不怎么样。"回通州的路上,我的遗憾变成愤慨以至愤怒。通州的大街凌乱不堪,到处是垃圾,印满了杂乱的车辙。"北京如此这般,上海怎么样呢?阿绮波德说,"上海旧县城以脏和令人讨厌出名"。城市脏,河水也脏,"污浊不堪,与其说是一条河,不如说它是一条被滥用的水渠,流进来的什么水都有",居民就饮用那条河里的水。旁边的外国租界,却是另一番景象,干净整洁,有纯净水供应。上海周边的村庄,同样是臭的。"可以看到一些曲顶凸檐的宅院,周围有一些树,在傍晚的天空下显得十分漂亮。宅院附近还有些大草堆,走近它,它散发出的气味让我们感到不该靠近它。最后我们来到一个村庄,村里的特殊气味让人觉得这个村庄的全部事业,就是为附近提供肥料。"这哪是走进村庄,等于是直接走进粪坑里了。我的老家是一个小村庄,村口有一个大粪池,小时候经常路过,对那种气味有刻骨铭心之感。阿绮波德可以算作是奇女子,那么浓烈的臭味,都没有熏掉她的幽默感。

臭气缭绕中的大清百姓又是什么样子呢?阿绮波德说,很多"老百姓,肢体不全,身上长着疮,衣服破破烂烂仅能勉强蔽体,却用他们的保守和落后去抵制任何改变他们处境的努力"。这段话里有宿命的意味。实际上,岂止是破破烂烂的老百姓,就是衣饰光鲜的清廷首脑和达官贵人,绝大多数也在尽力"用他们的保守和落后去抵制任何改变他们处境的努力"。晚清的臭味,只能眼睁睁任它弥漫下去。

美国人罗斯在《变化中的中国人》一书中,也反复提到臭味。"城市的街道狭窄、弯曲、凸凹不平、肮脏不堪、臭气熏天。"他眼中的乡村,是"成堆的垃圾,粪堆,污池,泥坑,下陷的屋顶,倒塌的墙壁,腐烂中的草屋以及散乱的碎石"。还说"在日本,一旦屋顶、墙壁、围栏、树篱、水坝、桥梁、小路等受到损坏,立即会得到修复"。这番对比,让我心中别有滋味。

在晚清生活了五十年的英国人麦高温,在《中国人生活的明与暗》中,也有对晚清城市的景象描写:"狭窄弯曲的街道,不结实的平房,坑坑洼洼的道路,贫困人家住宅的简陋,以及无论穷人富人都具有的那可怕的、令人厌恶的气味等等,构成了这个城市的特征。这些都给那些四处游览、寻找新奇的人们留下最深刻的印象。"还写道:"我对任何一个城镇的描述,都能代表这个国家的所有其他城市的状况。"麦高温笔下"令人厌恶的气味",你想想会是什么。

以上所说,足以让人掩鼻而去。还有比这更刺激的。甲午战争期间,很多首次踏上晚清国土的日本人,士兵、记者或别的什么人,对晚清的臭味都有深刻感受。这"更刺激"有两个对象,先是一群闻到臭味的日本人,后是一个沉浸在阅读之中的我。

宗泽亚先生在《清日战争》一书中,提到这样一件史实:甲午战争爆发之后,日本《东北新闻》社发出布告,公开征集出征军人、军夫的手记、日记,也包括他们和家属之间的往来书信,由报纸公开发表。之后《国民新闻》等各家媒体纷纷效仿,激发了征集对象的写作热情,报纸销量也随之大增。

一个士兵写道:"登陆不久亲睹许多清国人的生活习惯……所到之处都可以看到土民家中饲养猪狗数只,人畜粪便臭气弥漫,肮脏之状纸笔难以描述。军医部发出通告,要求兵卒军夫注意卫生,谨防传染疾病。"

另一个士兵在日记中写道:"清国居民的暖房设备'炕'非常舒适,便所却肮脏不洁。自家的便溺流入街道与冰雪交融令人窒息,所到之处惟恐入厕。"看把这士兵挤兑的,不怕打仗,就怕上厕所。

有个士官跟上面那个士兵的感受类似,也是打怵上厕所。他在手记中写道:"尤其厕所不洁让人困惑。"

更惊人眼球的是一个摄影士官的描述:"花园口登陆后,金州沿岸诸炮台守军闻我军将至,闻风而逃,炮台被我军轻易占领。进入拥有当今世界最新锐大炮的炮台,着实让人惊讶不已。兵员室内食具、食器散乱,散发掩鼻恶臭,到处布满尘埃垃圾,不洁之状难于言表。所到沿岸炮台竟无一个便所,只是在一些角落排列许多砖石,出恭之人蹲于之上,粪便坠入坑内。堆积之粪便撒盖生土,谓之发酵制肥。各炮台恶臭满盈,方圆一公里四方之外亦闻强烈异臭。清军最新锐炮台内部甚至还运营粪便生意……买卖兴隆。"

这是真正的骇人听闻。你听说过有方圆一公里那么大的粪池么?大清帝国可谓无奇不有。

有史料显示,整个甲午战争,日军死亡总数一万三千多人,战死者不足十分之一,疾病死亡竟高达一万两千多人。写到这里,我忍不住要调侃一句,那些疾病死亡的人中,有没有被晚清的臭气给熏死的?这只是我的瞎想啊,读者不要当真。

可以当真的是,甲午战争之后,日本自古以来对华夏文明的敬仰,对东方大陆的憧憬,都瞬间荡然无存,大和民族自身的优越感,立刻转变为时代精神的主流。在这一转化过程中,晚清的臭气,或多或少,起到了催化剂的作用。

由此说来,气味对一个国家,有多么重要。

当然,晚清的臭味,不仅仅局限在形而下的层面,也不仅仅作用于人的嗅觉器官;在形而上的层面,也是随处可闻,对民族精神产生了严重的腐蚀。两相比较,后者更是触目惊心。

遥望"书之国"

在2011年的《知日》杂志上，读到一个关于书的专辑，"书之国"。意思是，目下的日本，是一个"纸书之国"，简称"书之国"。

笔者是爱书人，对"书"有特别的敏感。尤其是当"书"与"国"联系在一起，刺激更为强烈，不探个究竟，怎肯罢休。

作为"书之国"的证据，《知日》提供了以下几个方面的事实：

之一，在互联网没有普及的时代，日本几乎所有的家庭都订报，一半以上的家庭订一本周刊和一本月刊。互联网普及之后，日本的人均报刊订阅量，世界最高。

之二，1992年统计，日本共有图书代销公司一百五十家。1995年底，日本有书刊零售网点八万八千多个，书店近两万八千家，平均七百多人就有一个图书发行网点。二十四小时兼售图书的超市，有四万六千家。

之三，到2010年，日本有出版社四千五百多家，平均每天出版新书一百多种（我国的出版社，只有五百八十家）。

之四，日本地铁的乘客，大多数都在读书。在大街上或坐或站的读书人，随处可见。

之五，日本有近三千家图书馆。日本国会图书馆的藏书量，居亚洲之首，被称为"图书馆中的图书馆"。日本人自称，"明治以来，所有出版物都能在国会图书馆中找到！"

之六，图书馆是日本人日常生活的一部分。流浪汉到图书馆读书，也不会受到任何打扰。几乎每个日本人的手提包里，都有一张图书馆的阅读卡。

之七，日本中小企业总经理，平均每天读书一个半小时，每年读书四十二部。

之八，"读书立国"，是日本人的共识。而且这种共识，不是目下才形成的，是传统观念的延续。

不需要再列举，这些已经足够说明问题。"书之国"，名不虚传。

让我动容的是，2011年1月，日本前首相菅直人走访东京八重洲书店，购买六本书和一本杂志，花销一万一千多日元，合人民币九百三十元。所购书目是《思考国家》《今后如何跟中国交往》《通货紧缩的本来面目》《国家债务危机》《癌挑战生与死之谜》《无缘社会的本来面目》，以政治和经济专著为主。所购杂志是《文艺春秋》，上面刊载了参院议长西冈武夫批评菅直人的文章。

仅仅知道日本是"书之国"，并不能完全满足我的心理需求。我更想知道，日本为什么能成为"书之国"。很多时候，不知道"为什么"，你就弄不清事实的真相。

可惜，《知日》杂志没理会我的诉求，而是转向另一个方向，详细介绍"书之国"方方面面的"盛况"，只在一篇文章中，隐隐约约提到一点线索，说"明治维新对日本人的读书识字起到关键作用"，又说"明治维新一方面发展了义务教育，'邑无不学之户，家无不学之人'，另一方面则进行文字改革，推进'言文一致运动'，说白了就是要废除汉字，普及口语体"。

又是明治维新！

我在"研究"甲午战争的时候，已经多次涉及明治维新的话题。只是作为背景，没有加以细致阅读和分析。今天想弄清楚日本为什么会成为"书之国"，又遇到这个话题。看来，这明治维新，真就绕不过去。

那就迎面走进明治维新里去，特别审视有关教育的内容。

从狭义的历史视角来说，明治维新是从1868年10月23日，日本宣布改元明治开始，但史学界通常也把前一年的"大政奉还"和"王政复古"等政治事件包含在内。明治维新的主要内容，包括政治体制改革、教育改革、经济改革和军事改革等几个方面的内容。我要探究的重点，是教育改革。

国内出版的近代史籍，对明治维新要么所言不详，要么断章取义，让人好生气恼，而日本出版的近代史籍，国内出版界好似患有过敏症，有小心回避之嫌。我颇费周折，才找到一本美国人麦克莱恩所著的《日本史》，对明治维新时期的教育改革，叙述较为详细。阅读之后，不由得叹一口气。

1871年9月2日，日本宣布废藩置县四天后，新政府成立了文部省，并委托文部省制定全国义务教育制度。

此前，关于教育问题，有志之士多有建言。木户孝允提出："国家的富强扎根于人民的富强，如果人民无知识，贫穷落后，维新就只是一句空话，赶上世界先进国家的努力就必定失败。"伊藤博文认为，没有受过教育的公民，日本就不可能实现"文明开化"的目标。此外还有很多人，从不同角度诠释教育的作用。总之，认为不发展教育，国家就不可能强大。

一年以后，1872年9月4日，明治政府发布《学制令》，把日本划分为五万三千多个小学区，二百五十多个中学区，同时提出建立东京、京都、九州等八所大学。《学制令》命令日本每个儿童都要接受四年义务教育。

《学制令》下达以后，到19世纪70年代中期，日本有数十万少年儿童在中小学就读。到1880年，有60%的学龄男童和20%的学龄女童入学。文部省对此并不满意，同时在教科书问题上，也遭受到儒家学者的严厉批评。尽管如此，明治政府发展教育的大政方针没有丝毫改变。

为了满足对师资的需求，1886年，明治政府颁发《师范学校令》，规定每个县都成立一所培养小学师资的师范学校。此外，还成立东京高等师范学校，培养中学师资。

在此期间，山县有朋提出，为了国家的安全，日本必须充分注意"军备和教育"，"除非人民爱国如爱父母，并愿意以生命捍卫之，否则国家甚至一日不能生存"。他强调，"惟有教育能培养并保持人民的爱国精神"，而培养爱国精神的途径，是向学生传授"民族的语言、历史及其他科目"。

山县有朋的终极思想，体现在明治政府1890年颁布的《教育敕语》之中，该文本以虔诚的口吻，宣称教育的目的，是接受传统价值观，为天皇和国家尽忠。它劝谕学生要"孝于父母，友于兄弟……恭俭持己，博爱及众，修学习业，以启发智能，成就德器"，往大处引申，就是"常重国宪，遵守国法"。用文部大臣森有礼的话说，就是"今后教育原则，应为培养帝国所需之忠勇臣民"。

在大力推行小学义务教育、中学教育和大学教育的同时，别忘了还有一个"言文一致"的白话文运动。仅就白话文运动而言，就比中国早了接近五十年。谁都不会否认，白话文运动，对推动阅读的普及，有巨大的作用。

史实证明，无论是山县有朋的终极思想，还是《教育敕语》的中心思想，都在甲午战争中得到了有效的印证。明治维新的教育改革，取得了辉煌的"战果"。

在阅读甲午战争史料的时候，我有一个疑问，为什么当时会有那么多参战日军士兵在本国报纸上发表大量的文章？现在有了答案。可悲的是，战争的另一方，大清帝国的陆军将领，像吴长庆、叶志超等，竟然有一多半不识字，普通士兵的受教育程度，也就可想而知。由此可以说，甲午战争的陆地战场，是读书人打败了大老粗。

不可思议的是，大清帝国为日本的教育改革也做出巨大贡献。巨额的战争赔款，有相当一部分，被日本用来发展教育。到明治时代末期，日本学龄儿童入学率达到百分之百。

没有普及的教育，也就不会有广泛的阅读。特别是，这种普及的教育，已经延续一百多年的历史。这是足以沉淀成生命基因的一百年。"邑无不学之户，家无不学之人"，有此前因，百年后哪个日本人不是出生于"书香门第"？蕴含在"书香门第"的阅读惯性，岂止仅仅造就一个"书之国"？

明治维新时代，日本涌现出一大批杰出人才，吉田松阴、坂本龙马、高杉晋作、大久保利通、木户孝允、西乡隆盛、伊藤博文、井上馨、陆奥宗光，等等；而在同时期的大清国，在众庸之中脱颖而出、见识超群的，只有李鸿章和郭嵩焘等寥寥几位。

李鸿章关心教育，热衷传播西学。1864年和1874年，两次上过奏折，提出改革科举考试制度。他在传播西学方面，有一些成效；在改革考试制度方面，却是孤掌难鸣，除了招来清流党的攻击和清廷的否定之外，别无声息。至于义务教育之类，李鸿章根本就没有想过。退一步说，即便他想过，又能怎么样呢？依当时的"国情"，那无疑是痴心妄想。

李鸿章之外的"洋务巨子"左宗棠、沈葆桢、丁日昌等，只是着重于富强之术，盯紧了坚船利炮。最有远见卓识的当属郭嵩焘，在19世纪70年代就得出"西洋政教、制造，无不出于学"的结论；担任驻英国公使期间，还上书清廷说"窃以为中国之要务，莫急于整理学校"，同时也认识到日本对大清"其势且相逼日甚"。遗憾的是，郭嵩焘的观点因"望轻言微，不蒙采录"。不仅如此，就连他的洋务之论，也被"君骄臣谄"的清廷所非议，动辄"士论哗然"。后来他辞职定居长沙，竭力办学，为"思贤讲舍"注入新思想、新观念。但以他一人之力，只能拨弄一隅，收效甚微，以至于晚年悲叹，大清要振兴，还需要三百年时间。

灯下漫读，偶然读到一则史实，明朝成化年间，日本两次遣使入贡，贡物有刀枪马匹等。同时写信给明朝皇帝，先歌功颂德，再提出要求，一是钱，二是书。"今遣使者入朝，所求在此耳"。钱有数目，"愿得壹拾万贯"；书也不是乱要，而是开列了书单。

还是叹气。原来，爱书的日本，远在幕府时代，就有蛛丝马迹可寻。

图书在版编目（CIP）数据

天鼓：从甲午战争到戊戌变法/侯德云著.—上海：上海社会科学院出版社，2017
 ISBN 978-7-5520-1527-0

Ⅰ.①天… Ⅱ.①侯… Ⅲ.①中国历史-研究-清后期 Ⅳ.①K252.07

中国版本图书馆CIP数据核字（2016）第178028号

天鼓：从甲午战争到戊戌变法

著 者：	侯德云
责任编辑：	缪宏才 杨 国
特约编辑：	陈 冰
封面设计：	黄婧昉
出版发行：	上海社会科学院出版社
	上海顺昌路622号 邮编200025
	电话总机021-63315900 销售热线 021-53063735
	http://www.sassp.org.cn E-mail: sassp@sass.org.cn
排 版：	南京展望文化发展有限公司
印 刷：	上海望新印刷有限公司
开 本：	710×1010毫米 1/16开
印 张：	17.5
插 页：	3
字 数：	281千字
版 次：	2017年8月第1版 2017年8月第1次印刷

ISBN 978-7-5520-1527-0/K·361　　　　　定价：58.00元

版权所有　　翻印必究